Österreichs Kämpfe im Jahre 1866
Zweiter Band

Verone

Österreichs Kämpfe im Jahre 1866
Zweiter Band

1st Edition | ISBN: 978-9-92500-067-8

Place of Publication: Nikosia, Cyprus

Erscheinungsjahr: 2016

TP Verone Publishing House Ltd.

Nachdruck des Originals von 1868.

Österreichs Kämpfe im Jahre 1866
Zweiter Band

Verone

Inhalt des II. Bandes.

Seite

I. Abschnitt:
Die gegenseitigen Vorbereitungen zum Kriege bis zur Schlacht von Custoza . 3

II. Abschnitt.
Schlacht von Custoza 53
    Aufmarsch zur Schlacht von 3 bis 8 Uhr Früh 54
    Ereignisse zwischen 8 und 11 Uhr 72
       „   „   11 und 4 Uhr 93
       „   von 4 Uhr Nachmittags bis in die Nacht 117

III. Abschnitt.
Ereignisse nach der Schlacht von Custoza und Abmarsch der Süd-Armee an die Donau 129
    Beschiessung von Borgoforte 162
    Gefecht bei Versa 170

Beilagen.
Ordre de Bataille der italienischen Armee, den 23. Juni 1866 3
Ordre de Bataille der k. k. Süd-Armee, den 24. Juni 1866 9
Verlust-Liste beider Armeen in der Schlacht von Custoza 26

Pläne.
– Operations-Karte von Ober-Italien.
– Plan der Umgebung von Mantua.
– Plan des Schlachtfeldes von Custoza. Stand der Schlacht um 9 Uhr Früh (4 Blätter).
– Plan des Schlachtfeldes von Custoza. Stand der Schlacht um 3 Uhr Nachmittag (4 Blätter).
– Plan zur Beschiessung des Brückenkopfes von Borgoforte.
– Plan zu dem Gefechte bei Versa.

I. Abschnitt.

Die gegenseitigen Vorbereitungen zum Kriege bis zur Schlacht von Custoza.

Die italienische Armee zählte bei Beginn des Jahres ungefähr 180.000 Mann unter den Fahnen.

Die missliche finanzielle Lage des Landes hatte die Regierung bewogen, am 2. Jänner die Aushebung des Contingents für das laufende Jahr (Altersclasse 1845) zu sistiren und wurden später auch sonst noch einige unbedeutende Reducirungen vorgenommen, um das Militär-Budget möglichst zu erleichtern. Doch schon am 11. März ward durch königliches Decret die Einberufung der 2. Kategorie 1844, gleich darauf, am 25. März, vom Kriegs-Ministerium die Durchführung der im Jänner sistirten Recrutirung mit dem Beisatze angeordnet, dass dieselbe binnen 20 Tagen vollendet sein müsse.

Grössere Truppenübungen wurden als Motiv dieser Massregeln angegeben. Die hiedurch erreichte Verstärkung der Armee betrug jedoch 110—120.000 Mann, eine Zahl, welche bei der finanziellen Bedrängniss des Landes mit dem angegebenen Zwecke offenbar in keinem Verhältnisse stand.

Die Verhältnisse zwischen Österreich und Preussen hatten bereits ganz Italien in kriegerische Aufregung versetzt; die Theilnahme am Kampfe bei einem im Norden ausbrechenden Kriege ward laut gefordert, und die Regierung zu Entschlüssen und Thaten gedrängt. In Folge des günstigen Fortganges der Allianz-Verhandlungen mit Preussen, wurden die Vorbereitungen zum Kriege offen und so eifrig betrieben, dass die Einberufung der beurlaubten Soldaten der Classen 1834, 35, 36, 37, 38, 39 und 40, die Errichtung der Depôt-Körper, die Mobilisirung der Truppen und eines Theiles der Nationalgarde, die Versetzung der Armee auf Kriegsfuss, die Einberufung der zweiten Kategorie der Classen 1842, 43 und 45, die Vermehrung der Artillerie etc. nach erflossener Anordnung in raschester Weise durchgeführt werden konnten.

Die reichlichen Land- und See-Transportmittel gestatteten die schnelle Verschiebung grosser Truppen- und Material-Massen, und wurden in geschickter Weise ausgenützt.

Die italienische Armee war, wenigstens was den Mannschaftsstand betrifft, schon in der ersten Hälfte April nahezu auf den organisationsmässigen Kriegsstand gebracht.

Nicht so günstigen Erfolg hatten die Anstrengungen zur Completirung des Pferdestandes der Armee. Nachdem die Regierung durch freien Einkauf den Pferdebedarf nicht zu decken vermocht hatte, griff sie zu Requisitionen, und sah sich dennoch Anfangs genöthigt, von jedem Cavallerie-Regimente statt 6 nur 5 Escadrons zu mobilisiren und die sechste zum Depôt zu bestimmen [1]).

Der Pferdemangel war ferner Ursache, dass die Batterien nach anfänglicher Bestimmung nur mit 4 bespannten Geschützen in's Feld rücken sollten.

Gewaltsame Requisitionen, verbunden mit der Massregel, dass beinahe ein Drittheil der Artillerie-Reserven der Armee mit Ochsen bespannt wurden, ermöglichten es später, die Batterien mit 6 Geschützen in's Feld rücken zu lassen.

Der Train konnte ebenfalls nicht auf die volle kriegsmässige Höhe gebracht werden.

Die italienische Regierung war nicht zufrieden, die Armee nach dem Organisationsstatute vollständig aufzustellen, sondern ging über diesen Rahmen noch hinaus durch Neuformirung von Abtheilungen und durch Bildung von Freiwilligen-Körpern. In ersterer Beziehung errichtete jedes Infanterie-Regiment statt 2 jetzt 4 Depôt-Compagnien, welche am 26. Mai zur Bildung von 40 fünften Infanterie-Bataillons, und am 10. Juni zur Aufstellung weiterer 40 Bataillons dienten. In jedem Bersaglieri-Regimente ward ein 9. Bataillon errichtet. Die der Armee hiedurch erwachsene Verstärkung betrug, des anfänglich niederen Standes dieser neuformirten Abtheilungen wegen, nur 35- bis 40.000 Mann [2]).

---

[1]) Es scheint, dass dagegen jede der in's Feld gerückten Escadrons einen etwas (vielleicht um 10—15 Pferde) höheren Stand erhielt.

Jedes Regiment, mit 5 Escadrons normalmässiger Stärke angenommen, gäbe für die ganze Cavallerie 10.640 Pferde.

[2]) Zu den ersten 40 Bataillons gab jedes Regiments-Depôt zwei Compagnien. Diese stiessen brigadeweise zusammen und formirten das 5. Bataillon der Regimenter mit ungeraden Nummern; ebenso formirten sich am 10. Juni die 5. Bataillons für die Regimenter mit geraden Nummern. Die Compagnien hatten anfänglich nur 80 Mann und nahmen die volle Kriegsstärke erst später an, als die 5. Bataillons, in temporäre Regimenter und Brigaden formirt, zur Bildung eines allgemeinen Reserve-Corps verwendet wurden.

Eben für dieses Corps wurden im Juni auch noch eine Compagnie Pontoniers, 12 Festungs-Compagnien, 20 Batterien bei der Artillerie, 8 Compagnien Génie-Truppen, 1 Lancieri- und 1 Cavalleggieri-Regiment neu aufgestellt.

Endlich decretirte die italienische Regierung Anfangs August noch die Aufstellung weiterer 80 Infanterie- und 5 Bersaglieri-Bataillons, die des Friedensschlusses wegen nicht mehr zur Errichtung gelangten.

Zur Aufstellung eines **Freiwilligen-Corps** benützte die italienische Regierung die ausserordentliche Popularität **Garibaldi's**, welchem auch der Oberbefehl über dieses Corps gegeben ward. Schon Ende März waren für dasselbe Werbebureaus in den grössten Städten des Landes organisirt worden, und die Werbung nahm schon zu dieser Zeit einen raschen Fortgang, wenngleich das Decret für die Errichtung eines Freiwilligen-Corps erst am 6. Mai, gleichzeitig mit jenem zur Versetzung der ganzen Armee auf Kriegsfuss, veröffentlicht ward.

Das Freiwilligen-Corps sollte aus 10 Regimentern à 2 Bataillons (zu 723 Mann) bestehen. Bei dem ausserordentlichen Zudrange der italienischen Jugend zu diesem Corps ward jedoch später jedes Regiment mit 4 Bataillons aufgestellt; ferner wurden noch errichtet:

2 Freiwilligen-Bersaglieri-Bataillons à 780 Mann,
2 Escadrons Guiden à 205 Mann, 160 Pferde,
1 Compagnie Génie-Truppen,
1 Compagnie Sanitäts-Truppen.

Der Gesammtstand betrug gegen Mitte Juni 35.636 Mann, 665 Pferde [1]).

Die Ausrüstung derselben war theilweise mangelhaft, da die Regierung alle Ausrüstungsgegenstände nur für die ursprünglich angenommenen 15.000 Freiwilligen sicher gestellt hatte, und bei der bedeutenden Überschreitung dieser Zahl und der verhältnissmässig kurzen Zeit nicht rechtzeitig alle nöthigen Gegenstände beigeschafft werden konnten.

Durch all' diese Aufstellungen hatte Italien Ende Juni 483.087 Mann mit 42.552 Pferden unter den Waffen.

Bei Beginn der Concentrirung der Armee, — welche weiter unten besprochen werden wird, — schritt die Regierung auch zur Mobilisirung von Nationalgarde-Bataillons für den Dienst im Lande. Mitte April wurden 50 Bataillons, später successive noch weitere 20, im Ganzen also 70 Bataillons mit circa 40.000 Mann mobilisirt, von denen ein, wenn auch unbedeutender Theil, als Legion Guicciardi selbst im freien Felde (Tirol) verwendet ward.

Was die Bereitstellung der festen Plätze für den Krieg anbelangt, heben wir hier nur hervor, dass Piacenza, Cremona, Casalmaggiore und Pizzighettone im mittleren Po-Gebiete und Bologna, Ferrara, Guastalla im unteren Po-Gebiete in der ersten Hälfte des Monats April vollkommen im Vertheidigungszustand, armirt und mit Proviant versehen waren, nachdem Ende März zur Vervollständigung der Armirung aller erwähnten Plätze 150 Geschütze

---

[1]) Beigegeben wurden dem Freiwilligen-Corps:

Das 41. Bersaglieri-Bataillon, 3 Feld-, 2 Gebirgs-Batterien und 1 Génie-Compagnie der regulären Armee.

aus der Giesserei Parma's, weiters gegen 400 aus dem Depôt von Alessandria abgesendet worden waren.

Neue, grössere Herstellungen wurden nur bei Cremona (am 11. April) angeordnet und durchgeführt.

Wie mit den Rüstungen, so beeilte sich die italienische Regierung auch mit den **Vorbereitungen zur möglichst raschen Concentrirung** ihrer Streitkräfte in der Nähe der Grenze. Schon in den letzten Tagen des Monates März erhielten alle nach Neapel bestimmt gewesenen Truppen Haltbefehl; am 30. März wurden das 1. und 2. Grenadier-Regiment in Florenz, das 53. und 54. Infanterie-Regiment in der Maremma, das 25. und 26. Bersaglieri-Bataillon, dann die beiden in Caserta und Foggia liegenden Lancieri-Regimenter in Marschbereitschaft gesetzt.

Anfangs April war im italienischen Kriegsministerium der Mobilisirungs- und Concentrirungs-Entwurf in allen Details ausgearbeitet, und Mitte April, als die österreichische Armee in Italien noch ganz auf dem Friedensfusse stand, nahm die italienische Regierung alle Lastenzüge der Eisenbahnen für Truppenbeförderungen in Anspruch, und stellte auf einzelnen Bahnen sogar den Verkehr zu Gunsten von Militär-Transporten gänzlich ein. Die hiedurch erhaltenen Transportmittel wurden auch derart ausgenützt, dass am 20. April statt der gewöhnlichen 100.000 Mann nur mehr 50.000 in Neapel standen, dafür aber am selben Tage zwischen Bologna und Ferrara 40.000 Mann, in der Lombardie 96, in den Legationen und in Toscana 104 Bataillons concentrirt waren [1]).

Hiemit war auch der Aufmarsch der italienischen Armee mehr als vorbereitet; die noch fehlenden Ergänzungen, Bespannungen etc. wurden den Truppen rasch zugeschoben, so dass binnen Kurzem auch der volle Kriegsstand erreicht sein konnte.

Gegen die Mitte des Monates Mai wurden die in den Legationen und Toscana befindlichen Streitkräfte nach der Lombardie in Bewegung gesetzt.

Die italienische Armee theilte sich in 2 grosse Massen, von welchen die stärkere in der Lombardie, die andere am unteren Po zwischen Bologna und Ferrara sich sammelte.

Gleichzeitig mit der Concentrirung der Armee ward auch jene der Freiwilligen am linken Flügel des Hauptheeres zwischen Brescia und Rocca d'Anfo durchgeführt, welche in der Stärke von 36- bis 37.000 Mann mit 40

---

[1]) Von den in Neapel stehenden 50.000 Mann waren 28 Bataillons, 3 Cavallerie-Regimenter und 5 Batterien zwischen Capua und Neapel concentrirt und zur Einschiffung bereit.

I. Die Vorbereitungen zum Kriege in Italien.

Geschützen unter dem Befehle des Generals Garibaldi gegen Tirol zu wirken bestimmt waren.

Der Sollstand der italienischen Operations-Armee war der folgende:

Armee in der Lombardie unter persönlichem Befehl des Königs:

	Effectiv			Streitbar		
	Mann	Pferde	Gesch.	Mann	Pferde	Gesch.
I. Corps (G. d. A. Durando)	61.911	5.782	72	54.136	1.680	72
II. Corps (GL. Cucchiari) . .	60.982	5.222	72	54.136	1.120	72
III. Corps (G. d. A. Della Rocca)	61.732	5.782	72	54.136	1.680	72
Cavall.-Division (GL. De Sonnaz)	3.759	3.060	12	—	2.240	12
Artillerie-Reserve	1.710	1.242	54	—	—	54
Génie-Train etc.	689	442	—	—	—	—
Summe .	190.783	21.530	282	162.408	6.720	282

Armee am Po unter G. d. A. Cialdini:

IV. Corps	123.548	11.573	168	108.272	3.360	168
Totale . .	314,331	33.103	450	270.680	10.080	450
Hiezu die Freiwilligen unter General Garibaldi mit circa	36.000	665	40			

Dieser organisationsmässige Stand ward aber nicht erreicht. Nach den bisher veröffentlichten, theilweise officiellen italienischen Werken hätte die wirkliche Aufmarschstärke der italienischen Armee circa 270.000 Mann betragen [1]).

---

[1]) Das I., II. und III. Armee-Corps wären in diesem Falle zu circa 45.000 bis 48.000 Mann (wovon circa 40.000 Mann streitbar), die in der Lombardie concentrirte Armee zu beiläufig 160.000 bis 170.000 Mann (wovon 120.000 bis 130.000 Mann streitbar) zu rechnen. Die Armee Cialdini's hätte dann beiläufig 100.000 Mann (wovon 88.000 bis 90.000 Mann streitbar) betragen. Dagegen dürfte der Pferdestand bei der Cavallerie sich etwas höher beziffern.

Die Geschütz-Reserve und der Belagerungs-Train des IV. Corps waren mit Ochsen bespannt.

Ausserdem waren im Lande noch:

Ersatztruppen: Depôts	8800 Mann	
1. Kategorie 1845 . .	45.000 Mann	83.800 Mann,
2. „ 1844 . .	30.000 „	
Besatzungs-Truppen der Artillerie, Arbeiter-Compagnien etc.		12.662 Mann,
Besatzungen am Operationsfelde, u. z.: Piacenza, Cremona, Casalmaggiore, Pizzighettone, Bologna, Ferrara, Guastalla		25.000 Mann,
Ancona		5000 Mann,
Neapel		30.000 Mann.
Summe		156.462 Mann.

Die Armee in der Lombardie zählte 216 Bataillons, 41 Compagnien, 60 Escadrons, 47 Batterien; die Armee am unteren Po 144 Bataillons, 22 Compagnien, 30 Escadrons, 28 Batterien. [1])

Den Oberbefehl über das gesammte Heer führte Se. Majestät der König Victor Emanuel.

Generalstabs-Chef der Armee war G. d. A. La Marmora; General-Adjutant GL. Petitti; Sous-Chef des Stabes Oberst Bariola; Artillerie-Chef GL. Valfré; Génie-Chef GL. Menabrea; Intendant GM. Bertolé-Viale.

Die italienische Flotte hatte sich im Laufe des Monats Mai im Golfe von Tarent unter dem Oberbefehl des Admirals Persano gesammelt.

Sie begab sich gegen Mitte Juni nach Ancona, um dort die noch sehr mangelhafte Ausrüstung zu ergänzen, und kam erst zur Action, als die Kampf-Entscheidung zu Lande schon gefallen war.

In welcher Weise die kaiserlich österreichische Süd-Armee zur Kriegs-Aufstellung kam, ist schon im I. Bande dieses Werkes näher erörtert worden; die Armee ward erst am 21. April auf Kriegsfuss gesetzt; am 10. Juni war dieselbe in allen Theilen completirt und operationsfähig.

Se. k. Hoheit FM. Erzherzog Albrecht hatte am 9. Mai das Commando der Armee übernommen und aus diesem Anlasse den folgenden Armeebefehl erlassen:

„Mit dem Armee-Befehle Nr. 17 vom 8. d. M. hat der Feldzeugmeister „von Benedek den Allerhöchsten Befehl Seiner Majestät des Kaisers ver„lautbart, kraft dessen er für eine andere Bestimmung berufen und das „Commando der k. k. Armee in Italien Meinen Händen anvertraut wird.

„In erhebenden Worten hat der Feldzeugmeister von dieser Armee „Abschied genommen, und indem Ich das Commando hiemit antrete, fühle „Ich Mich verpflichtet, es aus dem Grunde Meines Herzens auszusprechen, „dass Ich es vollkommen zu ermessen weiss, wie schmerzlich Alle: Generale, „Officiere und Mannschaft einen mit Recht so verehrten Führer scheiden „sehen, der stets Vater seiner Soldaten, zu jeder Zeit den altösterreichischen „edlen Geist in der Armee zu nähren und, auf jedem Schlachtfelde ein Feld„herrnvorbild, das Glück an unsere Waffen zu fesseln gewusst hat.

„Im Namen Euer Aller, Soldaten der k. k. Armee in Italien! rufe Ich „somit dem geliebten Führer ein warmes, dankbares Lebewohl zu; in

---

[1]) Siehe die Ordre de bataille des italienischen Heeres, wie sie nun bekannt ist, in der Beilage 1 zum I. Abschnitte (2. Band).

Die Ordre de bataille der Freiwilligen folgt seinerzeit bei der Schilderung der Kämpfe in Tirol.

„Meinem eigenen Namen aber dem treuen Freunde und Waffengefährten „ein herzliches „Glückauf" zu seiner neuen grossen Aufgabe.

„Dasselbe Gefühl treuer Waffenbrüderschaft ist es ferner auch, mit „dem Ich die k. k. Armee in Italien herzlich und mit Freuden begrüsse. Fast „Alle, Führer und Truppen, sind Mir bekannt; mit den Meisten verbinden „Mich überdies die ruhmreichen Erinnerungen an unsere Kämpfe von 1848 „und 1849 auf diesem blutgetränkten Boden.

„Die Kenntniss des vollen Werthes derselben erhöht Meine Zuver- „sicht, dass wir den Erwartungen unseres Allergnädigsten Kaisers und „Kriegsherrn unter allen, auch den schwierigsten Umständen entsprechen „werden.

„Soldaten! Seine Majestät haben Mich beauftragt, Euch Seinen kai- „serlichen Gruss zu bringen! Mit Stolz werdet Ihr fühlen, dass des Kai- „sers Auge auf uns ruht und Sein edles Herz mit uns ist; wir werden daher „freudig in Tapferkeit und Hingebung eintreten für Sein heiliges Recht, für „die ungeschmälerte Erhaltung unseres Gesammt-Vaterlandes; wir werden „beweisen, dass wir gleich unseren Vätern die würdigen Söhne sind von „Österreich an Ehren und an Siegen reich."

„Mit festem Vertrauen auf Gott, mit der vollsten Zuversicht auf Euch, „trete Ich an Eure Spitze — wiederhole Euch, als den wahren Ausdruck „Meiner eigenen Überzeugung, des Feldzeugmeisters Benedek erhebende „Abschiedsworte; „Des Kaisers Soldaten Alle, im Süden wie im Norden, bil- „den doch nur Eine Armee, stets bereit in gleicher Treue, in gleicher „Hingebung, in gleicher Ehre für ihren geliebten Kriegsherrn zu leben und „zu sterben." — Und so hoffe Ich zu Gott, Ich werde als das höchste Ziel, „den schönsten Lohn Euerer Treue und Tapferkeit, Euerer Ausdauer und „Standhaftigkeit Euch stets verkünden können: Der Kaiser ist mit Euch „zufrieden.

Eh. Albrecht m./p.

Generalstabs-Chef der Armee war GM. Baron John; Chef der Operations-Kanzlei Oberst v. Pürcker; Chef der Detail-Kanzlei Oberst v. Stubenrauch; Artillerie-Chef GM. von Hutschenreiter; Génie-Chef GM. v. Radó; Armee-Intendant GM. v. Arbter.

Die kaiserliche Süd-Armee zählte $147^2/_4$ Bataillons, $104^6/_8$ Compagnien, 36 Escadrons, 33 Batterien.

Der Stand derselben war der folgende:[1]

	Effectiv			Streitbar		
	Mann	Pferde	Geschütze	Mann	Pferde	Gesch.
5. Armee-Corps	25.720	3241	48	20.835	313	48
7. „ „	24.528	2800	48	20.136	142	48
9. „ „	24.197	2846	48	19.541	132	48
Infanterie-Reserve-Division	12.984	725	16	11.312	—	16
Cavallerie-Reserve	3885	3661	8	—	2949	8
Armee-Munitions-Park, Pionniere, Génie-Truppe, Train	4144	1996	—	—	—	—
Summe der operirenden Armee	95.458	15.269	168	71.824	3536	168
Mobile Streif-Brigade	7616	498	8	6670	148	8
Truppen in Tirol	17.408	1552	32	13.228	141	32
„ in Istrien und Friaul	21.854	1205	24	15.783	139	24
Festungs-Besatzungen	43.909	1315	16	29.099	427	16
Brigade GM. v. John in Laibach	2008	—	—	1092	—	—
Brig. Oberst v. Tóth in Klagenfurt	2692	916	—	462	882	—
Totale der Süd-Armee	190.945	20.755[2]	248	138.158	5273	248

Die kaiserliche Flotte war zum Theile noch in Ausrüstung; die seeklaren Schiffe lagen auf der Rhede von Fasana vor Anker.

Im österreichischen Hauptquartiere war man den Bewegungen des Gegners mit Aufmerksamkeit gefolgt. Anfangs schien es, als wollte sich die italienische Armee grösstentheils am unteren Po sammeln, bis in der zweiten Hälfte des Monats Mai die schon früher angeführte Theilung des feindlichen Heeres in zwei die Süd- und Westgrenze des Venezianischen bedrohende Massen eintrat, von denen die (in der Lombardie am Oglio versammelte) gegen die Westgrenze gerichtete die bedeutend stärkere war.

Se. k. H. der Erzherzog Albrecht brachte diese gegen die Westgrenze Venetiens gerichtete Verschiebung des grösseren Theiles des italienischen Heeres, welche nach allen im Armee-Hauptquartiere eingelangten Nachrichten nicht bezweifelt werden konnte, Seiner Majestät dem Kaiser am 29. Mai telegraphisch zur Kenntniss und erwog ernstlich die Lage, welche sich durch die letzten strategischen Bewegungen der feindlichen Macht neu bildete.

---

[1] Siehe die Ordre de bataille in der Beilage 2 zum I. Abschnitt (2. Band).

[2] Darunter 483 Tragthiere.

I. Die Vorbereitungen zum Kriege in Italien.

Die dem kleinen kaiserlichen Heere dreimal überlegene feindliche Armee, welche vereint die erstere nothwendig hätte erdrücken müssen — auf welchem Punkte auch immer die Begegnung stattfand — hatte sich in zwei grosse Massen getheilt, um weit von einander getrennt in das österreichische Gebiet einzufallen: die eine von Süd über den unteren Po, die andere von West über den Mincio.

Der Erzherzog erkannte nun nicht nur den Vortheil, den ihm die Operationsweise des Gegners gab, sondern hatte auch den unter schwierigen Verhältnissen so seltenen Muth, ihn zu benützen, und zwar mit aller Energie und mit dem einzigen Ziele, seinem kleinen Heere, wenn überhaupt möglich, den Sieg zu geben.

Die Aufgabe, die er sich hiemit stellte, war aber keine geringe. Die feindlichen Massen, die mit dem Einbruche von Süden her drohten, waren dem kaiserlichen Heere allein schon an Zahl gewachsen. Jene, die sich anschickten, von Westen direct in das Festungsviereck einzudringen, sich dann über die Etsch mit den andern zu verbinden und mit diesen das ganze Venezianische zu überschwemmen, die kaiserliche Armee in ihre Festungen und verschanzten Lager zu bannen, ihr alle Verbindungen mit dem Innern des Reiches zu nehmen und sie endlich zur Capitulation zu zwingen, waren dem kaiserlichen Heere beinahe um das Doppelte überlegen.

Unter solchen Verhältnissen kämpfen zu wollen, — nicht nur der Waffenehre wegen, sondern mit dem Willen und Streben zu siegen, — war gewiss ein Entschluss heroischer Thatkraft, der an die schönsten Beispiele der Kriegsgeschichte von Feldherrnmuth erinnert.

Ohne in die Schwierigkeiten dieser Lage weiter einzugehen, geben wir im Folgenden wörtlich ein Actenstück, welches der Erzherzog am 3. Juni S. M. dem Kaiser unterlegte, und welches zeigt, mit welcher Ruhe, Klarheit und Entschlossenheit das Hauptquartier der Süd-Armee damals seine Lage, seine Schwierigkeiten und auch seine Hoffnungen überschaute.

„Seit dem — schrieb der Erzherzog — an die General-Adjutantur „Euer Majestät gerichteten Telegramme vom 29. Mai über die Stellung „der königlich sardinischen Armee hat sich im Wesentlichen darin nur das „verändert, dass die damals in Ausführung begriffene Frontveränderung „nunmehr zur vollendeten Thatsache geworden zu sein scheint.

„Lag früher die Vermuthung nahe: dass unsere Gegner durch die „Concentrirung dreier Armee-Corps in den Herzogthümern und am unteren „Po, bei fast völliger Räumung der Lombardie von regulären Truppen, es „vorzugsweise auf einen Angriff des Venezianischen mit Umgehung unseres „Festungssystems abgesehen hätten, so lässt ihre nunmehrige Aufstellung mit „positiver Sicherheit annehmen, dass der ursprüngliche Plan dahin modificirt

„worden sei: mit der stärkeren Heereshälfte unsere Kräfte am Mincio festzuhalten,
„mit der minderen aber die Forcirung der Po-Linie in der Richtung Ferrara-
„Padua zu bewirken, um, je nach Umständen und in Voraussetzung glückli-
„cher Erfolge, sich vor Verona die Hände zu reichen. Mit diesen, wahr-
„scheinlich gleichzeitig beabsichtigten Bewegungen dürfte die Flotte, auf welcher
„Nachrichten zu Folge nebst 5 Freiwilligen-Regimentern auch reguläre
„Truppen eingeschifft worden sein sollen, an irgend einem Küstenpunkte eine
„Landung versuchen, so wie die übrigen Frei-Corps ihre hauptsächliche
„Verwendung in einem Angriffe der Pässe von Tirol fänden.

„Nur diese Combination scheint unsere Gegner zu der in den letzten
„vierzehn Tagen bewirkten neuen Aufstellung bewogen zu haben, welche,
„nach allen in der Letztzeit eingegangenen Nachrichten und Notizen, sich in
„Kurzem wie folgt darstellt:

„Das Hauptquartier des Königs befindet sich in Piacenza.

„Das I. Corps (Durando, Stab dermalen noch in Lodi) mit 3 Divi-
„sionen à 8.000 Mann und 12 Geschützen = 24.000 Mann und 36 Geschützen
„auf dem Marsche an den oberen Mincio.

„Das II. Corps (Cucchiari) in gleicher Formation wie das obige,
„mit 2 Divisionen in Cremona, die 3. Division auf dem Marsche in der
„Richtung gegen Mantua.

„Das III. Corps (Della Rocca) mit 4 Divisionen in und nördlich von
„Piacenza in der beiläufigen Stärke von 32.000 Mann und 48 Geschützen [1]).

„Das IV. Corps (Cialdini) mit 6 Divisionen auf der Linie Parma-
„Bologna in der Stärke von circa 48.000 Mann und 72 Geschützen [2]).

„Die Cavallerie-Reserve-Division (Sonnaz) mit circa 2.500
„Reitern und 8 Geschützen in Cantonnements zu Crema [3]).

„Die Aufstellungsorte der bereits zur Hälfte organisirten Freiwilligen-
„Bataillons sind im Norden Como, Varese, Gallarate mit 20 Infanterie- und
„2 Bersaglieri-Bataillons; — im Süden Bari und Barletta, so wie oben, jedoch
„ohne Bersaglieri.

„Nach ziemlich übereinstimmenden Nachrichten ist ein V. Armee-Corps
„in Toscana in der Errichtung begriffen. Zur Formation dieses Reserve-Corps

---

[1]) Alle 3 feindlichen Corps hatten in Wirklichkeit vier Divisionen zu je 18 Bataillons und 3 Batterien, daher die Division ungefähr 11.000 Mann und 18 Geschütze, und jedes Corps bei 44.000 Mann und 72 Geschütze zählte.

[2]) Das IV. Corps hatte 8 Infanterie-Divisionen, 2 reitende und 4 Reserve-Batterien, also etwa 88.000 Mann und bei 200 Geschütze.

[3]) Die Division Sonnaz hatte 2 Batterien — im Ganzen 12 Geschütze.

„wären annoch disponibel: 2 dermalen noch uneingetheilte Grenadier- und
„6 Infanterie-Brigaden, 8 Bersaglieri-Bataillons und circa 20 Batterien [1]).

„Als Besatzungstruppen für die festen Plätze am Kriegsschauplatze und
„in Süd-Italien dürften nebst den neu creirten 5. Bataillons auch noch 1 Ba-
„taillon von jedem der 80 Infanterie-Regimenter verwendet werden, da die-
„selben nur mit 3 Bataillons in der Ordre de bataille erscheinen [2]).

„Die sardo-italienische Flotte ist in der Concentrirung bei Ancona
„begriffen.

„Der oben angeführte Corpsverband beruht lediglich auf Combinationen,
„indem nur die Anzahl der Divisionen sichergestellt, ihre Nummer und Dis-
„location aber nur annäherungsweise bekannt sind.

„Die äussersten Vortruppen längs der Mincio- und Po-Linie, hart an
„unsere Grenze vorpoussirt, bestehen grösstentheils aus Cavallerie. Als Ver-
„bindungsglied der beiden grossen Heerestheile stehen zu Modena ungefähr
„4—5000 Mann, während diese Stadt passagère befestigt und, so wie Cre-
„mona als Brückenkopf, nun ebenfalls nahezu vollendet sein soll.

„Was den Geist dieser Truppen anbelangt, so wird derselbe mitunter
„in der widersprechendsten Weise geschildert; dessenungeachtet möchte ich
„annehmen, dass nach dem allerorten starken Zulaufe der Jugend während der
„Bildung der Frei-Corps die Gemüther im Allgemeinen sehr aufgeregt sind, und
„dass diese Theilnahme nicht ohne Einfluss auf das Heer bleiben könne.

„Die Verpflegung hingegen scheint, nach manchen Notizen zu schliessen,
„dermalen noch ziemlich mangelhaft und ungeregelt geleitet zu werden, so
„wie auch bezüglich der Transportmittel und namentlich auch der Bespan-
„nung der Artillerie Vieles zu wünschen erübrigt, was schon daraus zu ent-
„nehmen, dass vorerst die Batterie nur mit 4 Geschützen in's Feld rücken und
„der reglementsmässig bei jeder Armee-Division vorgeschriebene Park unbe-
„spannt zurückgelassen werden soll [3]).

„Es geht übrigens das Gerücht, dass die kaiserlich französische Regie-
„rung, um dem fühlbaren Mangel an Pferden bei dem sardinischen Heere ab-
„zuhelfen, in freundlichster Weise sich zur Abgabe der Pferde von zwei
„Cavallerie-Regimentern verstand.

„Was nun die unter meinem Befehle stehenden k. k. Truppen betrifft,
„so habe ich selbe, mit Ausnahme der in Tirol befindlichen, theilweise per-

---

[1]) Die Errichtung des V. Corps unterblieb; die für dasselbe designirten Truppen wurden grösstentheils in das IV. Corps eingetheilt.

[2]) Die Infanterie-Regimenter rückten mit 4 Bataillons in's Feld.

[3]) Die italienische Regierung liess sich die Completirung der Artillerie-Bespannungen sehr angelegen sein, so dass die Batterien bei Ausbruch des Krieges mit 6 Geschützen in's Feld rückten.

„sönlich inspicirt, sie allenthalben vom besten Geiste beseelt, in ihrer kriegs-
„mässigen Ausrüstung schlagfertig und, bis auf den Mangel an Schuhen und
„Feldflaschen bei der Infanterie, mit Allem versehen gefunden [1]).

„Die Vertheidigungsinstandsetzung der Festungen und festen Plätze ist
„allenthalben nahezu beendet, — ebenso die Armirung; die Verproviantirung
„seit 25. v. M. bewirkt.

„Bis zum 7. d. M. werden auch einige zur Vervollständigung der Heeres-
„ausrüstung noch mangelnde Bespannungskörper hierlands eingetroffen sein.

„Die Standorte der 3 zur mobilen Hauptarmee gehörigen Armee-Corps
„befinden sich wie seither, und zwar: das 5. zu Verona, cantonnirt mit sei-
„nen 3 Brigaden zu Villafranca, S. Bonifacio und in der nächsten Umgebung
„Verona's.

„Das 7. Armee-Corps zu Padua, dessen Brigaden in dem Dislo-
„cations-Rayon von Padua, Rovigo, Este und Montagnana.

„Das 9. Armee-Corps zu Vicenza mit den Cantonnements Bas-
„sano, Tiene, Lonigo, Cologna und Camposampiero.

„Die Cavallerie-Brigade Oberst Pulz habe ich als solche
„noch nicht zu vereinigen befunden und die Regimenter einstweilen, u. z.:

„das 1. Huszaren-Regiment und das 13. Uhlanen-Regiment in Verona,
„das 3. und 13. Huszaren-Regiment in Padua und Rovigo,
„das 11. Huszaren- und 12. Uhlanen-Regiment in Vicenza und Citta-
„della belassen."

„Die mobile Brigade Oberst Zastavniković mit dem
„Stabsorte Conegliano hat in der Hauptsache die Beobachtung der Bellune-
„sischen und Friauler Gebirge und der Meeresküste zwischen der Piave und
„dem Tagliamento zur Aufgabe, besetzt die entsprechenden Punkte und hat
„1 Bataillon in Treviso detachirt.

„Das Küsten-Corps deckt Friaul bis zum Tagliamento und Istrien
„mit Hilfe der Gemeindewachen bis Pola.

„Die Truppen in Tirol endlich sind nach ihren natürlichen Ver-
„theidigungs-Abschnitten in Halb-Brigaden unter eigenen Commandanten in
„die verschiedenen Thäler vorgeschoben, — eine kräftige Reserve, über die
„Hälfte der ganzen Streitmacht, ist im Etsch-Thale zwischen Botzen und
„Trient für jeden bedrohten Punkt verfügbar.

„Gibt mir die in ihren Hauptumrissen skizzirte Aufstellung die Möglich-
„keit, die Vereinigung der drei mobilen Armee-Corps und der Cavallerie-Bri-
„gade Oberst Pulz in längstens zwei Märschen zu bewerkstelligen, so mussten

---

[1]) Es waren einzelne Truppenkörper noch nicht vollkommen mit der vorgeschriebenen Reservebeschuhung versehen.

„des Gegners nunmehrige neue Stellung und dessen muthmassliche Absichten
„nothwendig zu reiflichster Erwägung drängen, auf welchem Punkte bei etwai-
„gem Kriegsausbruche diese Vereinigung der eigenen Kräfte am zweckmäs-
„sigsten erschiene.

„Man kann sich nicht verhehlen, dass die nur auf zwei, höchstens
„drei Märsche von unserem Haupt-Depôtplatze und von dem Schlüsselpunkte
„unseres Vertheidigungs-Systemes Verona entfernt in der Lombardie stehen-
„den 100.000 Mann[1]) ganz geeignet sein müssen, uns an unsere Befestigungs-
„gruppe festzuhalten, wenn wir von selber, bei etwaigem Versuche, dem
„gleichzeitig am untern Po vordringenden feindlichen IV. Armee-Corps uns
„entgegenzustellen, nicht von Verona abgedrängt und bei ungünstigem Aus-
„gange eines Gefechtes nicht selbst zwischen beide feindliche Heereshälften
„eingekeilt sein wollen.

„Es ist aber ebenso als positiv vorauszusetzen, dass ein gelungenes,
„ganz widerstandsloses Überschreiten des untern Po dem Gegner in kürzester
„Zeit unsere Verbindungen in die Hände spielen und der im Lande ange-
„häufte, bisher schlummernde Zündstoff der revolutionären Elemente ihn die
„Mittel wird finden lassen, alle Ressourcen zu seinem eigenen Vortheile aus-
„zubeuten und sich in diesen Provinzen mehr und mehr festzusetzen.

„Unter diesen Umständen nun kann ich, um beide Gegner gleichmässig
„im Auge und in Schach zu halten, mir nur eine Centralstellung an der Etsch
„zwischen Montagnana und Lonigo als zweckdienlich denken, weil ich von
„dieser aus, theils von Verona, theils von der untern Etsch bei Badia, nur
„eines forcirten Marsches bedarf, um den zunächst mir eine Blösse bietenden
„Gegner mit mehr oder minderer Chance des Erfolges zu fassen.

„Der treugehorsamst Unterzeichnete beabsichtigt, dem eben Gesagten
„nach, seinerzeit die Vereinigung aller mobilen Kräfte in jener bezeichneten
„Gegend zu bewirken, und gibt sich der Hoffnung hin, dass die Umstände ein
„längeres Verweilen in jener der Gesundheit eben leider nicht förderlichen
„Gegend auf die kürzeste Dauer beschränken werden.

„Soeben, am Schlusse meines allerunterthänigsten Berichtes, geht mir
„die Meldung aus Sta. Maria Maddalena zu, dass auch am unteren Po, von
„Finale abwärts gegen die Niederungen, in den nächsten drei Tagen ungefähr
„30.000 Mann hart an unsere Grenze vorgeschoben, und die Eisenbahnfahrten
„zwischen Bologna und Pontelagoscuro dieses Umstandes wegen für den
„Privatverkehr geschlossen bleiben sollen. Eine fernere Notiz fügt bei, dass
„ein Pontontrain von 42 Barken zunächst Ferrara angelangt sei.

Erzherzog Albrecht m/p."

---

[1]) Es waren in der That ungefähr 130.000 Mann, und ausserdem bei 36.000 Freiwillige.

Aus diesem Berichte geht hervor, dass der Erzherzog, bedroht auf zwei Seiten von starken und selbst weit überlegenen Massen, die Absicht hatte, seine mobilen Corps bei Beginn des Krieges an der Etsch in der Nähe des Festungs-Viereckes zu concentriren und von hier aus über den Einen und im Falle des Gelingens auch über den Anderen der beiden Gegner herzufallen.

Es waren schwächere, mattere Kriegspläne in dieser Lage möglich, aber kein stärkerer und besserer.

Fügen wir noch hinzu, dass manche Erwägungen schon im Voraus auf den Gedanken leiten mussten, der beabsichtigte Schlag werde gegen den Mincio zu führen sein. Zwar war der hier vorrückende Theil der feindlichen Armee der stärkere, aber das Terrain am Mincio war ein günstiges. Wenn man sich rechtzeitig in den Besitz desselben setzen konnte, war aus demselben der ganze Angriffsmarsch des Feindes, welcher grösstentheils auf den unteren Communicationen erfolgen musste, wirksam zu flankiren; stand die Armee auf dem Höhen-Terrain vereinigt, Front gegen Süden, während der Gegner erst in getrennten Colonnen über die Grenze ging, so hatte sie die Chance, entweder unter günstigen Verhältnissen auf den Höhen selbst den Kampf zu führen oder von diesen niederzusteigen und die einzelnen Colonnen des Feindes im Marsche anzugreifen und zu werfen.

Ein nicht zu übersehender Umstand war, dass aller Wahrscheinlichkeit nach das Commando der feindlichen Armee und der König selbst sich bei diesem Heerestheile befinden würden. Ward nun der König geschlagen, so hatte dieses Ereigniss wahrscheinlich auch den Rückzug des die Südgrenze bedrohenden Heerestheiles zur Folge, während das Umgekehrte nicht anzunehmen war. Ein glücklicher Schlag auf diesen lezteren musste nothwendig das umso raschere und entschiedenere Hereinbrechen der vom Könige geführten Armee herbeiführen.

Das Terrain am unteren Po ist zudem ganz eigenartig, wie kaum ein zweites in der Welt. In der Entfernung von zwei bis drei Meilen wälzen hier zwei mächtige Ströme, der Po und die Etsch, ihre Gewässer parallel in das Meer. Zwei Canäle, der Canal bianco und der Naviglio-Adigetto durchschneiden der Länge nach das Land zwischen denselben. Die Communicationen über diese Wasserlinien sind spärlich — eigentlich führt nur Eine bequeme, grosse Strasse, nämlich die Chaussée Ferrara-Rovigo über dieselben. Am Meere und gegen Mantua hin schliessen Sümpfe die Flanken dieses merkwürdigen Terrains ab.

Werden die Brücken über die Canäle gesprengt und die Übergangsmittel der Etsch zerstört, die Communicationen unterbrochen, und an wichtigen Stellen Überschwemmungen eingeleitet, so hat ein zahlreicher

Armeetheil, wie jener des Generals, Cialdini war, die grössten Schwierigkeiten im Marsche zu überwinden. Eine verhältnissmässig geringe, aber gut geführte Truppen-Abtheilung, welche sich auf einen befestigten Punkt, wie hier Rovigo, stützt, kann ein sehr überlegenes Heer belästigen und dessen Marsch stören, und selbst ohne Kampf wird dieses mehrere Tage brauchen, um mit Macht nördlich der Etsch zu erscheinen.

Die Beschaffenheit dieses Landstriches nahm also der gegen die Verbindungslinien der kaiserlichen Armee gerichteten Drohung Cialdini's viel von ihrer unmittelbaren Gefährlichkeit und es war vorauszusetzen, dass die kaiserliche Armee, wenn es ihr gelungen, sich des von Westen anrückenden Gegners zu erwehren, auch Zeit finden würde, sich unter ganz günstigen Verhältnissen gegen den anderen im Süden zu kehren.

So wandten sich denn die Blicke des Hauptquartiers hauptsächlich gegen den Mincio, und der Erzherzog, der wohl fühlte, wie man nie zweien Rücksichten auf einmal gleich gerecht werden könne, beschloss, falls sich ihm die Gelegenheit bieten sollte, vor Allem den König zu schlagen, beinahe alle seine Macht dazu zu verwenden und gegen den südlichen Gegner nur so viel an Truppen zurück zu lassen, als zur Beobachtung desselben und zur Niederhaltung der insurrectionssüchtigen Bevölkerung unumgänglich nothwendig waren.

Die Bewegungen des Königs scharf im Auge und den eigenen Plan so geheim als möglich zu halten, waren die nächsten Erfordernisse der Strategie des Erzherzogs.

Theils um die Mincio-Strecke zwischen den Übergangspunkten von Goito und der Festung Peschiera direct zu beobachten, theils um jede Auskundschaftung der eigenen Massnahmen möglichst hintanzuhalten, traf der Erzherzog am 4. Juni folgende Anordnungen:

Das Festungs-Commando in Peschiera hatte von der Besatzung eine kleine Abtheilung mit einem Officier nach Salionze zu verlegen und die Strecke zwischen der Festung und der Bottura-Brücke (bei Monzambano) zu bewachen.

Von hier bis Goito die Beobachtung zu übernehmen, ward die Cavallerie-Brigade Pulz angewiesen. Oberst Pulz hatte zu diesem Zwecke sich in Villafranca zu etabliren, das Huszaren-Regiment Kaiser Franz Josef (vom 5. Armee-Corps zugetheilt) am 6. Juni aus seiner Dislocation zwischen Caldiero und S. Bonifacio nach Villafranca, Valeggio, Rosegaferro, Quaderni und eventuell Mozzecane zu verlegen; das Regiment Graf Trani Uhlanen am selben Tage aus der Concurrenz von Verona nach Roverbella, Marengo, Castiglione, Castelletto, Marmirolo zu dirigiren.

Die 4pfündige Brigade-Batterie Nr. 6/V. kam von S. Giovanni Lupatoto nach Grezzano [1]).

Das in Valeggio stehende 21. Jäger-Bataillon des 5. Armee-Corps verblieb daselbst und ward für die Dauer des Beobachtungsdienstes dem Obersten Pulz untergeordnet.

Das Festungs-Commando von Mantua hatte sämmtliche im Bereiche der Festung gelegene Übergangsmittel strenge zu bewachen, namentlich jene bei S. Benedetto und bei Sacchetta. Die sonstigen Flussbarken wurden nach Governolo in den Mincio geschafft.

Die Beobachtung des Po von der Secchia bis zur Panaro-Mündung hatte das Festungs-Commando von Legnago durch 2 Compagnien Erzherzog Albrecht besorgen zu lassen, von denen am 6. die eine nach Revere, die andere nach Sermide zu entsenden war [2]).

Diese beiden Compagnien hatten sich, so lange als thunlich, jenseits des Po zu halten, dann den Strom vom linken Ufer zu beobachten, die Überfuhren von Revere und Sermide in Sicherheit zu bringen, oder dieselben im Nothfalle, vor dem Rückzuge in die Festung, zu versenken.

An Oberst Pulz erging von Sr. k. Hoheit am 5. Juni nachfolgende specielle Weisung:

„Die Aufgabe der an die Mincio-Linie entsendeten Cavallerie-Brigade „besteht in der scharfen Überwachung der Mincio-Übergangspunkte von Goito „bis gegen Salionze, in der Beobachtung der gegnerischen Vortruppen, welche „nach den hier erliegenden Daten grösstentheils durch Cavallerie geleistet „werden, und deren Posten an den Brücken bei Goito, Borghetto und Mon„zambano stehen, — und im Sammeln von Nachrichten über die Bewegun„gen des Gegners.

„Zur Erlangung dieser Nachrichten wollen Sie die an den vorgenann„ten Übergangspunkten exponirten Polizei-, Gendarmerie- und Finanzorgane „verwenden; endlich ist jeder unerlaubte Grenzverkehr zu verhindern.

„Ohne die Truppen unnöthig abzumüden, wird es zur Erreichung der „vorbezeichneten Absicht zweckmässig sein, einen entsprechenden Cavallerie-„Patrullendienst bei Tag und Nacht in der Richtung gegen die genannten „Brücken und gegen die möglichen Übergangspunkte, — das sind solche an „den engeren Stellen des Mincio und da, wo das jenseitige überhöhende Ufer

---

[1]) Die zur Cavallerie-Brigade gehörige Kriegs-Transports-Escadron Nr. 94 hatte von Bovolone nach Nogarole und Tormene, die Sanitäts-Abtheilung von Verona nach Villafranca zu marschiren.

[2]) Dafür rückte das vom 5. Corps bisher in Ostiglia, Revere und Sermide gestandene 2. Bataillon Erzherzog Leopold am 7. und 8. Juni zu seinem Regimente in die Gegend von Isola della Scala ein.

„einen gegnerischen Brückenschlag begünstigt, wie z. B. bei Massimbona,
„Ferri, Pozzolo, Salionze etc. — zu unterhalten und diesen Patrullengang
„durch stehende Jägerposten zu unterstützen.

„Bei Beginn der Feindseligkeiten wird die Thätigkeit in den Patrul-
„lengängen zu verdoppeln sein.

„Ihrer Thätigkeit und Umsicht muss es überlassen bleiben, sich gegen
„feindliche Überraschungen zu sichern und auf eine schnelle und zweckent-
„sprechende Concentrirung der Ihnen zugewiesenen Abtheilungen fürzuden-
„ken; hiebei müssten bei Eintritt dieser Eventualität nicht nur die in Mozze-
„cane etc. stehenden Infanterie-Abtheilungen von Grueber-Infanterie Nr. 54
„nach Villafranca zurückberufen, sondern auch die im Hügellande zwischen
„Sommacampagna, Custoza, Valeggio, Salionze, Oliosi, dann die in Povegliano,
„Vigasio, Nogarole, Trevenzuolo stehenden Infanterie-Abtheilungen von dem
„etwaigen Einfalle grösserer feindlicher Streitkräfte auf kaiserlichem Gebiete
„durch Cavallerie-Ordonnanzen verständigt werden.

„Am besten wäre für den bezeichneten Fall, mit dem 5. Armee-Corps-
„Commando ein Allarmsignal zu vereinbaren — etwa das Hissen einer weit
„sichtbaren Fahne auf dem Kuppelthurme von Villafranca (im Vereine mit
„einem verabredeten Glockensignale) — bei dessen Sichtbarwerden sich die
„Infanterie-Abtheilungen der umliegenden Ortschaften auf einem gegebenen,
„rückwärts gelegenen Allarmplatze versammeln könnten.

„Alle wichtigeren und überhaupt wissenswerthen Wahrnehmungen sind
„dem Armee-Commando zu berichten, und ist über solche Vorfallenheiten,
„deren Kenntniss auch für das 5. Armee-Corps-Commando oder für die
„Festungs-Commanden von Mantua und Peschiera nöthig wäre, diesen
„Mittheilung zu machen.

„Der Beobachtungsdienst an der Mincio-Grenze durch die Cavallerie-
„Brigade hat auch dann fortgesetzt zu werden, wenn die am rechten Etsch-
„Ufer dermalen stehenden Infanterie-Truppen des 5. Corps — ausgenommen
„das Euer Hochwohlgeboren unterstellte 21. Jäger-Bataillon — in einen
„andern Rayon abrücken sollten.

„Indem ich vom Vorstehenden den Commandanten des 5. Corps, Ge-
„neral der Cavallerie Fürsten Liechtenstein, in Kenntniss setze, bemerke ich
„noch schliesslich, dass auf eine hartnäckige Vertheidigung der Übergänge am
„Mincio nicht reflectirt wird, dass es jedoch in dem Bereiche Ihrer Aufgabe
„liegt, die Vorrückung des Gegners durch dessen fortwährende Beunruhigung
„thunlichst zu verzögern und zu erschweren, wobei die stete Fühlung mit
„demselben zu erhalten wäre.

„Ihr eventueller Rückzug hätte über Villafranca nach Verona zu
„erfolgen."

2*

Gemäss den vorstehenden Verfügungen, welche am 6. Juni durchgeführt wurden, standen zur Bewachung der Grenze von Salionze bis Sermide die vorgeschobenen Truppen der kaiserlichen Armee vom nächsten Tage an, wie folgt:

Von der Festungsbesatzung Peschiera: $1/_2$ Compagnie in Salionze.

Von der Brigade Pulz: (Stab, Villafranca);

Kaiser Franz Josef 1. Huszaren-Regiment: Stab und $2^1/_2$ Escadrons Villafranca, $1/_4$ Escadron Pozzolo, $3/_4$ Escadron Valeggio, $1/_4$ Escadron Salionze.

Graf Trani 13. Uhlanen-Regiment: Stab Roverbella, 2 Escadrons Marmirolo, 1 Escadron Marengo, 1 Escadron Castiglione und Fenile,

4pfündige Batterie Nr. 8/V: Grezzano und S. Zenone.

Das zugetheilte 21. Jäger-Bataillon in Valeggio mit 1 Zug in Pozzolo und einem Wachposten bei Ponte di Bottura (gegenüber Monzambano).

Die Festungs-Besatzung von Mantua hatte an der Grenze zwischen dem See und dem Po leichte Vorposten. Im Brückenkopfe von Borgoforte stand eine permanente Besatzung. Die Überfuhren von Correggio, Brede und Libiola, dann jene von Scorzarolo, Bocca di Ganda und S. Nicolò waren aufgelassen; das Material der letzteren drei in Borgoforte, der übrigen in Governolo gesammelt. Hier stand von der Besatzung Mantua's $1/_2$ Compagnie und bewachte die noch vorläufig in Benützung belassenen Überfuhren von S. Benedetto und Sacchetta.

Von der Festungsbesatzung Legnago's stand je eine Compagnie Erzherzog Albrecht in Revere und Sermide.

Das 5. Corps zog am 6. das in Roverbella, Castiglione und Pellaloco stationirte 3. Bataillon Baron Grueber nach Mozzecane, Pizzoletta, Rosegaferro und Quaderni, die Batterie Nr. 4/V. von Grezzano nach S. Giovanni Lupatoto zurück, und verlegte zwischen dem 7. und 9. Juni das 2. Bataillon Erzherzog Leopold in die nächsten Orte nördlich von Nogara.

Ähnlich wie am Mincio und am Po bis zur Panaro-Mündung, war der Beobachtungsdienst auch am unteren Po organisirt und bereits Mitte Mai, zur Zeit, als in der Romagna und in den Herzogthümern die Ansammlung der feindlichen Armee stattfand, in's Leben gerufen worden.

Die Überwachung des Stromes in der Strecke von Ficcarolo bis Papozze war der in der Polesine stationirten Brigade GM. Br. Scudier, welcher das 13. Huszaren-Regiment Friedrich Fürst Liechtenstein zugewiesen ward, übertragen. Dieselbe hatte an den Po-Übergangspunkten kleine Beobachtungsposten, dahinter am Canal bianco Aufnahmsposten aufgestellt, die Übergänge der Etsch besetzt, 1 Bataillon in Adria detachirt und das Gros bei Rovigo versammelt[1]).

„Diese" von dem Armee-Commando im Allgemeinen vorgezeichnete „Aufstellung," — hiess es in der Instruction an den GM. Br. Scudier, — „würde es ermöglichen, etwaigen Übergangsversuchen von Freischaaren „gleich Anfangs rasch und kräftig zu begegnen; sollten diese aber durch grös„sere Truppenkörper versucht werden, so ist deren Beobachtung erleichtert „und die eigene Truppe rascher concentrirt."

Se. k. H. betonte dabei, „dass es am Po sich vorerst lediglich um eine „Beobachtung und um die schleunige Meldung der dortigen Vorgänge han„dele, daher die Beobachtungsposten, ohne sich in hitzigen und erfolglosen „Kämpfen zu erschöpfen, sich gegen die Aufnahmsposten zurückzuziehen und „nach Umständen mit diesen vereint in und bei Rovigo zu sammeln haben. „Das Bataillon in Adria hätte sich, falls es isolirt gleichzeitig dort angegriffen „würde und nach Rovigo auf directem Wege nicht mehr gelangen könnte, „über Cavarzere dahin zurückzuziehen."

Die Canäle Adigetto und Bianco waren zu stauen und die Brücken und die Strassen hinter den eventuell zurückgehenden Beobachtungs-Abtheilungen ungangbar zu machen[2]).

Dem GM. Scudier ward ferner aufgetragen, bei der ersten sicheren Nachricht über den Ausbruch der Feindseligkeiten sich wo möglich aller Fahrzeuge und Schiffmühlen zu bemächtigen und dieselben nach Umständen entweder unbrauchbar zu machen, oder am diesseitigen Ufer zu bewachen.

Zur Sicherung der Verbindungen mit dem Innern der Monarchie und zur Niederhaltung etwaiger insurrectioneller Versuche war in dem von

---

[1]) Die Aufstellung derselben war am 7. Juni folgende:
Brigade-Stab in Rovigo; 10. Jäger-Bataillon: Stab und 2 Compagnien in Pincara, 4 Compagnien längs des Po von Ficcarolo bis Villa nuova.
Regiment Kronprinz Rudolf Nr. 19: Stab Fratta; 1. Bataillon: Costa, Villa Marzana, Arquà, Badia; 2. Bataillon: Trecenta, Canda, Bagnolo; 3. Bataillon: Fratta, Castel Guglielmo und Presciane.
Regiment Erzh. Ernst Nr. 48: Stab und 1. Bataillon: Rovigo; 2. Bataillon: Borsea, S. Appolinare und Pontecchio; 3. Bataillon: Adria, Loreo, Bottrighe und Papozze.
Brigade-Batterie Nr. 2/VII: Rovigo.
Fürst Liechtenstein 13. Husaren-Regiment: Stab Rovigo; 3. Escadron: Trecenta, Ficcarolo, Stienta, Pincara; 4. Escadron: Pontecchio, Polesella, Paviola, Crespino; 5. Escadron: Conselve, Tribano, Cavarzere; 6. Escadron: Rovigo.

[2]) Die Abtheilungen der in Rovigo stehenden Génie-Abtheilung begannen schon am 5. Juni die Brücken über die Canäle Bianco und Adigetto zur Sprengung vorzubereiten.

Truppen gänzlich entblössten Theile des Landes östlich der Piave gleich bei Annahme der Kriegsformation die mobile Streifbrigade Oberst Zastavniković aufgestellt, und die zur Küstenbewachung Istrien's bestimmte Division angewiesen worden, ihren Cantonnirungsrayon bis in die Gegend von Udine auszudehnen.

Bis 10. Juni bestätigten übereinstimmende, im Armee-Hauptquartiere eingelaufene Nachrichten, dass die Kriegsrüstungen des Feindes beendet seien, und die italienische Armee auch schon in der Vorrückung gegen den Po und den Mincio begriffen wäre. Manche Vorkehrungen liessen muthmassen, dass selbst die Überschreitung dieser Flüsse nahe bevorstehe.

Se. k. Hoheit der Armee-Commandant fand es daher auch seinerseits an der Zeit, die **Vorbereitungen zur Concentrirung seiner mobilen Streitkräfte am linken Ufer der mittleren Etsch** zu treffen.

Die Weisung zur Vorbereitung der Detail-Dispositionen für die Concentrirung der Armee zwischen Lonigo, Montagnana und Megliadino-S. Vitale wurde am 11. Juni den Corps-Commandanten gegeben.

„Zu diesem Ende" — hiess es in dem darauf bezüglichen Erlasse — „wird die dermalen zur Mincio-Beobachtung verwendete Cavallerie-„Brigade Oberst Pulz, bestehend aus dem 1. Huszaren-, dem 13. Uhlanen-„Regimente, der Cavallerie-Batterie Nr. 8/V und dem zeitlich zugetheilten „21. Jäger-Bataillon, die Beobachtung des Mincio bis auf Weiteres fort-„setzen.

„Die 3 Armee-Corps mit allen Reserve-Anstalten werden vorläufig in „nachstehenden, dem Einflusse der möglichen Fiebererkrankungen, die in den „sumpfigen Etsch-Niederungen bei grosser Hitze zeitweise vorkommen, nicht „exponirten Rayons, im taktischen Verbande enge zu cantonniren sein, wobei „Flugdächer, Scheunen und sonstige belegbare Räume zu benützen sein wer-„den. Eine grössere Zahl an Cavallerie-, Artillerie- und Train-Pferden, wo „ihre Unterbringung unter Dächern durchaus unthunlich ist, wird Freilager „zu beziehen haben.

„Demgemäss wird das 5. Armee-Corps, — welchem zeitweilig das 12. „Uhlanen-Regiment zugetheilt und durch das Cavallerie-Brigade-Commando „Oberst Pulz, eventuell direct durch das Armee-Commando telegraphisch „in Marsch zu setzen sein wird, — in den Rayon von S. Bonifacio, Soave, Mon-„teforte;"

„das 9. Armee-Corps in den Rayon Cologna-Lonigo;"

„das 7. Armee-Corps in den Rayon Montagnana-Megliadino-S. „Vitale, durch 1 Bataillon in Verbindung mit Rovigo, in raschester Weise und „auf den kürzesten Wegen zu dirigiren sein.

„Das Armee-Hauptquartier wird vorerst nach Cologna verlegt werden.

„Die Brigade GM. Br. Scudier wird im Verein mit dem 13. Huszaren-Regimente gleichzeitig den Beobachtungsdienst am Po fortzusetzen haben. Beim Überschreiten des Po durch grössere feindliche Streitkräfte hat sich diese Brigade im Sinne des Erlasses Nr. 410/op. gh. vom 16. Mai d. J. zu benehmen [1]); ob dieselbe sodann zur Armee zu stossen oder in Rovigo zu verbleiben haben wird, hängt von den Umständen ab, und werden seinerzeit hierwegen die geeigneten Verfügungen folgen."

Dem Streifbrigade-Commando Oberst Zastavniković wurde für den Fall der Concentrirung der Operations-Armee die Besetzung der Städte Treviso, Padua und Vicenza mit angemessenen Abtheilungen aufgetragen.

Um bei der Versammlung der Armee auf die Benützung der Eisenbahn und des Telegraphen mit Sicherheit rechnen zu können, wurde die Eisenbahnbetriebs-Direction angewiesen, die Einleitungen zu treffen, damit auf den ersten Befehl das gesammte Wagen- und Locomotiv-Material in Verona und Venedig concentrirt werden könne [2]).

Es ward die Ausarbeitung einer Fahrordnung für 24 Züge auf der Strecke Rovigo-Verona angeordnet, und für den Fall eines grösseren militärischen Eisenbahn-Transportes dem 5. Corps die Bewachung der Strecke Verona-S. Bonifacio, dem 9. Corps jene von S. Bonifacio-Padua, und dem 7. Corps jene von letzterem Orte bis Rovigo übertragen. Dem Festungs-Gouvernement in Venedig ward die Besetzung der Lagunenbrücke, und der Streifbrigade Zastavniković jener über den Tagliamento bei Truppenbewegungen oder Ausbruch der Feindseligkeiten vorgeschrieben.

Eine wesentliche Sorge des Erzherzogs blieb es immer, seine Streitmacht für den entscheidenden Schlag so stark als möglich zu machen. Er hatte sich seit längerer Zeit mit dem Gedanken getragen, seiner Infanterie noch eine vierte strategische Einheit zu schaffen, und bildete sich dieselbe nun

---

[1]) Dieser Erlass betraf die Verfügungen zur Beobachtung des Po, die wir früher in der Hauptsache gegeben haben.

[2]) Die Wagen waren zugweise für je 1000 Mann zusammenzustellen. Gleichzeitig waren auch einige Artillerie-Züge aus 4 Mannschafts-, 13 Pferde- und 12 offenen Wagen zu bilden, jedem Infanterie-Zug aber auch ein Pferde-Wagen beizugeben.

Zur schnellen Ausbesserung etwa vorkommender kleinerer Beschädigungen an der Bahn wurden in S. Bonifacio, Vicenza, Padua und Monselice je 2 Unterofficiere und 12 Pionniere aufgestellt.

Das Telegraphen-Inspectorat wurde angewiesen, vorzudenken, um etwaige Beschädigungen an den Leitungen schnell ausbessern zu können, und einige geschickte, der deutschen Sprache kundige Beamte bereit zu halten, um dieselben im Bedarfsfalle der Eisenbahn-Direction zur Verfügung zu stellen.

in der That, indem er dazu nach scharfer Prüfung der Verhältnisse und mit richtiger Berechnung Alles verwendete, was nur einigermassen anderen Punkten und Bestimmungen zu entnehmen war.

Obgleich die Festungs-Besatzungen ohnehin karg bemessen, und eine Verminderung derselben bei der feindlichen Stimmung der Bevölkerung nicht ohne Gefahr und Verantwortung war, so that der Erzherzog doch einen Griff in dieselben und bestimmte von jener in Verona und Venedig je 3 Bataillons und 1 Batterie (Nr. 9/V, die sich noch beim 5. Corps befand), zur Formation einer neuen Infanterie-Division. Zwei zum Stabs-, eventuell zum Festungsdienste bestimmte 4. Bataillons wurden gleichfalls in diese Division eingetheilt. Endlich zog der Erzherzog mit Bewilligung des Kriegsministeriums zu dem gleichen Zwecke mehrere Jäger-Depôt-Compagnien aus Steiermark, Kärnten, Krain und Österreich, und das Grenz-Infanterie-Regiment Deutsch-Banater Nr. 12 aus Wien an sich [1]).

Mit dem Commando der Infanterie-Reserve-Division ward GM. Br. Rodich, Adlatus des Commandanten des 5. Armee-Corps, betraut.

Oberst Prinz Weimar und GM. Benko hatten die beiden Brigaden zu commandiren. Die erstere Brigade war in Verona, die leztere in Albaredo zu formiren. Mit 15. Juni trat diese Division in's Leben.

Es bedurfte aber einiger Zeit, bis die Aufstellung der Division, deren Truppen aus verschiedenen Orten, zum Theile aus der Ferne herangezogen werden mussten, beendet war. Was die Jäger-Bataillons anbelangt, so waren diese sogar ganz neu zu formiren [2]).

In der Nacht vom 11. zum 12. Juni, nachdem die k. preussische Regierung ihren ersten militärischen Gewaltact gegen das von kaiserlichen Trup-

---

[1]) Die Ordre de bataille der neu formirten Division ist in der Ordre de bataille der Süd-Armee enthalten.

Das der Besatzung Venedigs entnommene Regiment Nr. 17 ward am 21. und 23. Juni durch die 4. Bataillons Nr. 50 und 52 aus der Truppen-Division für Istrien ersetzt. Statt dieser beiden Bataillons wurden in diese Division die 4. Bataillons Nr. 15 und 77 eingetheilt. Das erstere langte am 21. in Prosecco, das letztere am 22. in Udine aus Ungarn auf der Bahn an.

[2]) Das 1. und 2. Bataillon Nr. 17 wurden am 14. Juni, das 4. Bataillon am 20. von Venedig nach S. Bonifacio mit Eisenbahn befördert, wo am 15. und 16. auch das Deutsch-Banater 12. Grenz-Regiment aus Wien anlangte. Die Abtheilungen für die beiden Jäger-Bataillons kamen erst zwischen dem 16. und 22. in Verona an.

Mit Sanitäts-Truppen ward die Division aus dem Stande der drei Armee-Corps dotirt. Von der Aufstellung eines eigenen Colonnen-Magazins, des Schlachtvieh-Depôts, sowie des Fuhrwesen-Ergänzungs-Depôts, musste wegen Mangels an Mitteln Umgang genommen werden; die Division hatte sich aus den nächsten mobilen Anstalten zu verpflegen und ihren Ersatz an Pferden eventuell beim Armee-Fuhrwesen-Ergänzungs-Depôt anzusprechen.

pen besetzte Herzogthum Holstein ausgeführt, erhielt das Armee-Commando durch den ersten General-Adjutanten S. M. des Kaisers telegraphisch die Verständigung, dass am nächsten Tage die diplomatischen Beziehungen mit Preussen abgebrochen werden würden.

Wenige Tage darauf erliess Se. Majestät der Kaiser das folgende Manifest an seine Völker:

An Meine Völker!

„Mitten in dem Werke des Friedens, das Ich unternommen, um die „Grundlagen zu einer Verfassungsform zu legen, welche die Einheit und „Machtstellung des Gesammtreiches festigen, den einzelnen Ländern und „Völkern aber ihre freie innere Entwicklung sichern soll, hat Meine Regen„tenpflicht Mir geboten, Mein ganzes Heer unter die Waffen zu rufen.

„An den Grenzen des Reiches, im Süden und Norden, stehen die „Armeen zweier verbündeter Feinde, in der Absicht, Österreich in seinem „europäischen Machtbestande zu erschüttern.

„Keinem derselben ist von Meiner Seite ein Anlass zum Kriege gegeben „worden.

„Die Segnungen des Friedens Meinen Völkern zu erhalten, habe Ich, „dessen ist Gott der Allwissende Mein Zeuge, immer für eine Meiner heilig„sten Regentenpflichten angesehen und getreu sie zu erfüllen getrachtet.

„Allein, die eine der beiden feindlichen Mächte bedarf keines Vor„wandes; lüstern auf den Raub von Theilen Meines Reiches, ist der gün„stige Zeitpunkt für sie der Anlass zum Kriege.

„Verbündet mit den preussischen Truppen, die uns als Feinde nunmehr „entgegenstehen, zog vor zwei Jahren ein Theil Meines treuen und tapferen „Heeres an die Gestade der Nordsee.

„Ich bin diese Waffengenossenschaft mit Preussen eingegangen, um „vertragsmässige Rechte zu wahren, einen bedrohten deutschen Volksstamm „zu schützen, das Unheil eines unvermeidlichen Krieges auf seine engsten „Grenzen einzuschränken, und in der innigen Verbindung der zwei mittel„europäischen Gross-Mächte — denen vorzugsweise die Aufgabe der Erhal„tung des europäischen Friedens zu Theil geworden — zum Wohle Meines „Reiches, Deutschlands und Europas eine solche dauernde Friedensgarantie „zu gewinnen.

„Eroberungen habe Ich nicht gesucht; uneigennützig beim Abschlusse „des Bündnisses mit Preussen habe Ich auch im Wiener Friedens-Vertrage „keine Vortheile für Mich angestrebt. Österreich trägt keine Schuld an der „trüben Reihe unseliger Verwicklungen, welche bei gleicher uneigennütziger

„Absicht Preussens nie hätten entstehen können, bei gleicher bundestreuer „Gesinnung augenblicklich zu begleichen waren.

„Sie wurden zur Verwirklichung selbstsüchtiger Zwecke hervorge„rufen und waren desshalb für Meine Regierung auf friedlichem Wege unlösbar.

„So steigerte sich immer mehr der Ernst der Lage.

„Selbst dann aber noch, als offenkundig in den beiden feindlichen „Staaten kriegerische Vorbereitungen getroffen wurden, und ein Einver„ständniss unter ihnen, dem nur die Absicht eines gemeinsamen feindlichen „Angriffes auf Mein Reich zu Grunde liegen konnte, immer klarer zu Tage „trat, verharrte Ich im Bewusstsein Meiner Regentenpflicht, bereit zu jedem „mit der Ehre und Wohlfahrt Meiner Völker vereinbaren Zugeständnisse, im „tiefsten Frieden.

„Als Ich jedoch wahrnahm, dass ein weiteres Zögern die wirksame „Abwehr feindlicher Angriffe und hiedurch die Sicherheit der Monarchie „gefährde, musste Ich Mich zu den schweren Opfern entschliessen, die mit „Kriegsrüstungen unzertrennlich verbunden sind.

„Die durch Meine Regierung gegebenen Erklärungen Meiner Friedens„liebe, die wiederholt abgegebenen Erklärungen Meiner Bereitwilligkeit zu „gleichzeitiger gegenseitiger Abrüstung erwiderte Preussen mit Gegenan„sinnen, deren Annahme eine Preisgebung der Ehre und Sicherheit Meines „Reiches gewesen wäre.

„Preussen verlangte die volle vorausgehende Abrüstung nicht nur „gegen sich, sondern auch gegen die an der Grenze Meines Reiches in Italien „stehende feindliche Macht, für deren Friedensliebe keine Bürgschaft geboten „wurde und keine geboten werden konnte.

„Alle Verhandlungen mit Preussen in der Herzogthümerfrage haben „immer mehr Belege zu der Thatsache geliefert, dass eine Lösung dieser „Frage, wie sie der Würde Österreichs, dem Rechte und den Interessen „Deutschlands und der Herzogthümer entspricht, durch ein Einverständniss „mit Preussen bei seiner offen zu Tag liegenden Gewalts- und Eroberungs„politik nicht zu erzielen ist.

„Die Verhandlungen wurden abgebrochen, die ganze Angelegenheit „den Entschliessungen des Bundes anheimgestellt und zugleich die legalen „Vertreter Holsteins einberufen.

„Die drohenden Kriegsaussichten veranlassten die drei Mächte, Frank„reich, England und Russland, auch an Meine Regierung die Einladung zur „Theilnahme an gemeinsamen Berathungen ergehen zu lassen, deren Zweck „die Erhaltung des Friedens sein sollte.

„Meine Regierung, entsprechend Meiner Absicht, wenn immer möglich „den Frieden für Meine Völker zu erhalten, hat die Theilnahme nicht abge-

„lehnt, wohl aber ihre Zusage an die bestimmte Voraussetzung geknüpft, „dass das öffentliche europäische Recht und die bestehenden Verträge den „Ausgangspunkt dieser Vermittlungs-Versuche zu bilden haben, und die „theilnehmenden Mächte kein Sonderinteresse zum Nachtheile des europäi„schen Gleichgewichtes und der Rechte Österreichs verfolgen.

„Wenn schon der Versuch von Friedensberathungen an diesen natür„lichen Voraussetzungen scheiterte, so liegt darin der Beweis, dass die Bera„thungen selbst nie zur Erhaltung und Festigung des Friedens hätten führen „können.

„Die neuesten Ereignisse beweisen es unwiderleglich, dass **Preussen** „**nun offen Gewalt an die Stelle des Rechtes setzt.**

„In dem Rechte und der Ehre Österreichs, in dem Rechte und der „Ehre der gesammten deutschen Nation erblickte Preussen nicht länger eine „Schranke für seinen verhängnissvoll gesteigerten Ehrgeiz. Preussische „Truppen rückten in Holstein ein, die von dem kaiserl. Statthalter einberufene „Ständeversammlung wurde gewaltsam gesprengt, die Regierungsgewalt in „Holstein, welche der Wiener Friedens-Vertrag gemeinschaftlich auf Österreich „und Preussen übertragen hatte, ausschliesslich für Preussen in Anspruch „genommen, und die österreichische Besatzung genöthigt zehnfacher Über„macht zu weichen.

„Als der deutsche Bund, vertragswidrige Eigenmacht hierin erken„nend, auf Antrag Österreichs die Mobilmachung der Bundestruppen beschloss, „da vollendete Preussen, das sich so gerne als Träger deutscher Interessen „rühmen lässt, den eingeschlagenen verderblichen Weg. Das Nationalband der „Deutschen zerreissend, erklärte es seinen Austritt aus dem Bunde, ver„langte von den deutschen Regierungen die Annahme eines sogenannten „Reformplanes, welcher die Theilung Deutschlands verwirklicht, und schritt „mit militärischer Gewalt gegen die bundesgetreuen Souveräne vor.

„**So ist der unheilvollste, — ein Krieg Deutscher gegen** „**Deutsche — unvermeidlich geworden.**

„**Zur Verantwortung all' des Unglückes, das er über Ein**„**zelne, Familien, Gegenden und Länder bringen wird, rufe** „**Ich Diejenigen, die ihn herbeigeführt, vor den Richterstuhl** „**der Geschichte und des ewigen allmächtigen Gottes.**

„Ich schreite zum Kampf mit dem Vertrauen, das die gerechte Sache „gibt, im Gefühle der Macht, die in einem grossen Reiche liegt, wo Fürst und „Volk nur von einem Gedanken — dem guten Rechte Österreichs — durch„drungen sind, mit frischem vollem Muthe beim Anblicke Meines tapferen „kampfgerüsteten Heeres, das den Wall bildet, an welchem die Kraft der

„Feinde Österreichs sich brechen wird, im Hinblick auf Meine treuen Völker, die einig, entschlossen, opferwillig zu Mir emporschauen.

„Die reine Flamme patriotischer Begeisterung lodert gleichmässig in den weiten Gebieten Meines Reiches empor; freudig eilten die einberufenen Krieger in die Reihen des Heeres; Freiwillige drängen sich zum Kriegsdienste; die ganze waffenfähige Bevölkerung einiger zumeist bedrohter Länder rüstet sich zum Kampfe, und die edelste Opferwilligkeit eilt zur Linderung des Unglückes und zur Unterstützung der Bedürfnisse des Heeres herbei.

„Nur ein Gefühl durchdringt die Bewohner Meiner Königreiche und Länder: Das Gefühl der Zusammengehörigkeit, das Gefühl der Macht in ihrer Einigkeit, das Gefühl des Unmuthes über eine so unerhörte Rechtsverletzung.

„Doppelt schmerzt es Mich, dass das Werk der Verständigung über die inneren Verfassungsfragen noch nicht so weit gediehen ist, um in diesem ernsten, zugleich aber erhebenden Augenblicke die Vertreter aller Meiner Völker um Meinen Thron versammeln zu können.

„Dieser Stütze für jetzt entbehrend, ist mir jedoch Meine Regentenpflicht um so klarer, Mein Entschluss um so fester, dieselbe Meinem Reiche für alle Zukunft zu sichern.

„Wir werden in diesem Kampfe nicht allein stehen.

„Deutschlands Fürsten und Völker kennen die Gefahr, die ihrer Freiheit und Unabhängigkeit von einer Macht droht, deren Handlungsweise durch selbstsüchtige Pläne einer rücksichtslosen Vergrösserungssucht allein geleitet wird; sie wissen, welchen Hort für diese ihre höchsten Güter, welche Stütze für die Macht und Integrität des gesammten deutschen Vaterlandes sie an Österreich finden.

„Wie wir für die heiligsten Güter, welche Völker zu vertheidigen haben, in Waffen stehen, so auch unsere deutschen Bundesbrüder.

„Man hat die Waffen uns in die Hand gezwungen. Wohlan! jetzt, wo wir sie ergriffen, dürfen und wollen wir sie nicht früher niederlegen, als bis Meinem Reiche, so wie den verbündeten deutschen Staaten die freie innere Entwicklung gesichert und deren Machtstellung in Europa neuerdings befestigt ist.

„Auf unserer Einigkeit, unserer Kraft ruhe aber nicht allein unser Vertrauen, unsere Hoffnung; Ich setze sie zugleich noch auf einen Höheren, den allmächtigen gerechten Gott, dem Mein Haus von seinem Ursprunge an gedient, der die nicht verlässt, die in Gerechtigkeit auf Ihn vertrauen.

„Zu Ihm will Ich um Beistand und Sieg flehen, und fordere
„Meine Völker auf, es mit Mir zu thun.

„Gegeben in Meiner Residenz- und Reichs-Hauptstadt Wien, am sie-
„benzehnten Juni Eintausend achthundert sechs und sechszig.

Franz Josef m/p."

Die Eröffnung der Feindseligkeiten rückte nun wie auf dem nördlichen, so auch auf dem südlichen Kriegsschauplatze näher und näher.

Da in der letzten Zeit feindlicherseits am unteren Po viel Brückenmaterial angehäuft, und die italienische Hauptarmee nahe an den Mincio vorgeschoben worden war, so konnte mit Wahrscheinlichkeit vorausgesetzt werden, dass die feindlichen Angriffe auf beiden Seiten gleichzeitig oder doch rasch nacheinander erfolgen würden.

Der Entschluss des Erzherzogs, diese Trennung der feindlichen Kräfte zu einem raschen Schlage mit gesammter Macht zu benützen und so die ausserordentliche Ungleichheit der Kräfte für den weiteren Gang der Ereignisse minder gefährlich zu machen, ist bekannt. Es ward daher keine Zeit verloren hiezu die Armee in Verfassung zu setzen.

Das Armee-Commando verfügte schon am 12. Juni die Concentrirung der Armee am linken Etsch-Ufer, für welche am Tage vorher bereits die Einleitungen getroffen worden waren. Die Concentrirung hatte „bis 14. Juni Abends durchgeführt zu sein."

Die Festungs-Commanden in Venezien, die Truppen-Commanden in Tirol und Istrien, die Brigaden Scudier, Zastavniković und Pulz wurden vom Stande der Dinge telegraphisch verständigt.

Oberst Zastavniković ward angewiesen: „Nach Besetzung von „Padua, Vicenza und Treviso, dann wichtiger Punkte im eigenen Bereiche, „wie Belluno, Feltre etc. mit den disponibeln Truppen bis 14. bei Conegliano „concentrirt zu sein."

Dem Truppen-Commando in Tirol ward die Deckung der Val Arsa und Val Sugana durch Landesschützen aufgetragen.

Der Statthalter in Innsbruck wurde aufgefordert, sogleich sämmtliche Tiroler Landesschützen-Compagnien (1. Aufgebot) aufzustellen und dem Truppen-Commandanten in Tirol, GM. Baron Kuhn, zur Verfügung zu stellen.

Die Statthaltereien zu Venedig und Innsbruck wurden aufgefordert, den Grenzverkehr nach Fremditalien einzustellen.

Von diesem Momente an waren die Grenzen mit der strengsten Genauigkeit geschlossen. Der Gegner erhielt in Folge dessen nur spärlich und verspätet Nachrichten über die Bewegungen der kaiserlichen Armee, so dass diese Massregel ein wesentlicher Factor für die späteren Erfolge wurde.

Am 13. und 14. Juni ward die Versammlung der mobilen Armee auf dem linken Ufer der mittleren Etsch durchgeführt. Am 15. standen die hauptsächlichen Theile der Armee wie folgt:

Armee-Hauptquartier: Verona.

5. Armee-Corps: Corpsquartier Verona;
Brigade Bauer: Stab in Verona, Truppen in S. Michele, Montorio, S. Martino.
Brigade Möring: bei Caldiero.
 „ Piret und
12. Uhlanen-Regiment } bei S. Bonifacio.
Geschütz-Reserve: S. Martino und Caldiero.
Reserve-Anstalten: bei Verona.

7. Armee-Corps: Corpsquartier Montagnana.
Brigade Welsersheimb: bei Montagnana.
 „ Töply: bei Megliadino S. Vitale.
3. Huszaren-Regiment: 2 Escadrons Saletto, 2 Escadrons Piacenza.
Geschütz-Reserve: Montagnana.
Reserve-Anstalten: in der Umgebung nördlich von Montagnana.
Brigade Scudier und
13. Huszaren-Regiment: } am unteren Po.

9. Armee-Corps: Corpsquartier Lonigo.
Brigade Böck: bei Bagnolo.
 „ Kirchsberg: bei Lonigo.
 „ Weckbecker und
11. Huszaren-Regiment: } bei Pavarano.
Geschütz-Reserve: Sarego.
Reserve-Anstalten: zwischen Lonigo und Montebello.

Infanterie-Reserve-Division: Stab Verona.
Brigade Weimar: Verona.
 „ Benko: bei Albaredo.
Cavallerie-Reserve-Brigade Pulz: am Mincio.
Streifbrigade Zastavniković: Stab, 2. Bataillon, 6. und 7. Division Wimpffen, 3. Bataillon des 5. Grenz-Regiments,

2. Escadron Sicilien-Uhlanen und Raketen-Batterie Nr. 11/VII in Conegliano.

1. Bataillon Wimpffen: 4 Compagnien Belluno, 2 Compagnien Feltre, 8. Division: Ponte di Priula, 4. Bataillon: 4 Compagnien Treviso, 2 Compagnien Vicenza.

1. Bataillon des 5. Grenz-Regiments: Padua.
2. „ „ 5. „ „ : Divisionsweise in Sacile, Pordenone und Codroipo.

Die von der Festung Legnago nach Revere und Sermide vorgeschobenen 2 Compagnien standen noch dort.

In dieser Dislocation verblieb die Armee ohne Änderung bis zum 21. Juni [1]).

Von der italienischen Armee wusste man im österreichischen Hauptquartiere, dass die Freiwilligen unter Garibaldi gegen Tirol vorgeschoben wären, dass das I. Corps im Hügelterrain bei Castiglione delle Stiviere, das III. und II. Corps am unteren Mincio concentrirt ständen, und das IV. Corps am unteren Po von Mirandola östlich echellonirt wäre.

Die näheren Details dieser Aufstellung nach später gesammelten Nachrichten waren:

I. Armee-Corps: Corpsquartier Calcinato. 1. Division (Cerale) bei Calcinato, 2. Division (Pianell) bei Lonato, 3. Division (Brignone) bei Castiglione delle Stiviere, 5. Division (Sirtori) bei Montechiaro und Calcinato, Cavallerie-Brigade bei Medole, mit Vortruppen längs des Mincio.

III. Armee-Corps: Corpsquartier Asola, 7. Division (Bixio) bei Mariana, 8. Division (Cugia) bei Castelnuovo, 9. Division (Govone) bei Asola, 16. Division (Prinz Humbert) bei Barchi.

II. Armee-Corps: Corpsquartier Rivarolo.

3 Divisionen (Cosenz, Angioletti, Longoni) zwischen Bozzolo und Gazzuolo.

4. Division (Mignano) weiter rückwärts am Po.

Linien-Cavallerie-Division (Sonnaz) zwischen Ghedi und Castelnuovo.

IV. Armee-Corps: Corpsquartier Ferrara, 11. Division (Casanova) bei Castel Maggiore, 12. Division (Ricotti) bei Cento, 13. Division (Mez-

---

[1]) Um die Bewegungs- und Manövrirfreiheit der Armee in ihrer Aufstellung hinter der Etsch zu erhöhen, ward ein in früheren Jahren von Verona über Mambrotta nach Albaredo geführter Colonnenweg ausgebessert, und bei Pastrengo die Vollendung einer gegen Ende Mai in Bau genommenen halbpermanenten Brücke (zum Theil Jochbrücke) mit Eifer betrieben. Diese Brücke wurde am 20. Juni fertig.

zacapo) bei Ferrara. 14. Division (Chiabrera) bei Galeazza Pepoli, 15. Division (Medici) bei Mirandola, 2. Cavallerie-Brigade bei Mirandola, 17. (Cadorna) und 18. Division (Della Chiesa) im Marsche von Imola und Faenza nach Ferrara, 20. Division (Franzini) bei Bologna, 1. Cavallerie-Brigade bei Francolino und längs des Po.

Bei der Nähe der feindlichen Heereskräfte ertheilte S. k. H. der Armee-Commandant am 17. Juni der Brigade Oberst Pulz den Befehl, die Übergangspunkte zwischen Salionze und Goito scharf zu beobachten und an den Haupt-Communicationen auch eine vorpostenartige Beobachtung eintreten zu lassen. Oberst Pulz verschärfte daher den Beobachtungsdienst, zog das 21. Jäger-Bataillon von Valeggio, wo es bei einem feindlichen Einfalle zu gefährdet erschien, am 19. nach Custoza zurück und liess auch bei Valeggio den Sicherheitsdienst nur mehr durch Cavallerie besorgen [1]).

Am 20. Juni um 8 Uhr Früh erschien der Oberst Bariola an den k. k. Vorposten bei Le Grazie, vor Mantua, mit einem Schreiben des italienischen Generalstabs-Chef La Marmora, um dasselbe Sr. k. Hoheit dem FM. Erzherzog Albrecht persönlich zu überreichen. Der Festungs-Commandant von Mantua, FML. Baron Sztankovics, liess das Schreiben an den Vorposten übernehmen, und um 1 Uhr Nachmittags traf dasselbe im Hauptquartiere zu Verona ein [2]).

Es enthielt die Kriegserklärung des Königs Victor Emanuel, deren Wortlaut der folgende war:

„Vom Ober-Commando der italienischen Armee.

„Armee-Hauptquartier Cremona, am 20. Juni 1866.

„Der österreichische Kaiserstaat hat mehr als jeder andere Staat dazu „beigetragen, Italien zerstückt und unterdrückt zu erhalten, und war die „hauptsächlichste Ursache der unberechenbaren materiellen und moralischen „Nachtheile, welche Italien seit vielen Jahrhunderten zu erdulden hatte. Heute „noch, nachdem 22 Millionen Italiener sich zu einer Nation vereinigt, ver„weigert Österreich allein von allen Staaten der civilisirten Welt deren Aner„kennung. Indem es noch immer eine unserer edelsten Provinzen, die es in „ein ungeheures befestigtes Lager verwandelt hat, unterjocht hält, bedroht es

---

[1]) Von Infanterie blieb am Flusse nur die halbe Compagnie der Festungs-Besatzung von Peschiera bei Salionze.

[2]) Der Überbringer des Schreibens, ehemals k. k. Officier, ward in der Akademie zu Wiener-Neustadt erzogen, übertrat im Jahre 1848 in die piemontesische Armee und machte in dieser eine rasche Carrière. Derselbe war nun Sous-Chef des Generalstabes im königl. Hauptquartiere.

„von dort aus unsere Existenz und verhindert unsere innere und äussere
„Entwicklung.

„Vergeblich blieben in den letzten Jahren die Versuche und Rathschläge
„befreundeter Mächte, um diesem unerträglichen Zustande abzuhelfen. Es
„ward daher unvermeidlich, dass Italien und Österreich bei der ersten euro-
„päischen Verwicklung sich als Gegner fänden.

„Die neuerliche Initiative Österreichs mit den Rüstungen und dessen
„Widerstand gegen die friedlichen Vorschläge dreier grosser Mächte, mach-
„ten es der Welt offenbar, wie feindselig dessen Absichten seien, und regten
„Italien von einem Ende zum anderen auf.

„Se. Majestät der König, als eifersüchtiger Hüter der Rechte seines
„Volkes und Vertheidiger der nationalen Integrität, erachtet es daher als seine
„Pflicht, dem Kaiserthume Österreich den Krieg zu erklären.

„Ich setze demgemäss auf Befehl meines erlauchten Souveräns Euere
„kaiserliche Hoheit, als Befehlshaber der österreichischen Truppen im Venetia-
„nischen, in Kenntniss, dass die Feindseligkeiten drei Tage nach dem Datum
„dieses Schreibens beginnen werden, — es wäre denn, dass Euere kaiserliche
„Hoheit diesem Verzuge nicht zustimmen wollten, für welchen Fall ich mir
„dies mitzutheilen bitten würde.

        Alfons La Marmora m/p."

Dieses Schreiben ward von Sr. kais. Hoheit, dem Armee-Commandanten, nicht beantwortet.

Tags darauf, am 21. Juni, erliess der Erzherzog an seine Truppen den nachstehenden Befehl:

„Soldaten! der längst erwartete Augenblick ist endlich gekommen; der
„Krieg beginnt!

„Von Neuem streckt der räuberische Nachbar die Hand nach diesem
„schönen Juwel in der Krone unseres Monarchen, welches Euerem Schutze
„anvertraut ist.

„Die Ehre der Armee, die Ehre jedes Einzelnen unter uns ist an die
„Behauptung dieses Pfandes geknüpft. Ich kann Euch keinen kräftigeren
„Beweis Meines Vertrauens geben, als indem Ich Euch offen sage, dass der
„Feind mächtig gerüstet und uns an Zahl bedeutend überlegen ist.

„Schwer mag unsere Aufgabe sein, aber sie ist Euerer würdig. Mit
„entschlossener Tapferkeit im Kampfe, mit unermüdlicher Ausdauer in An-
„strengungen aller Art, mit alt-österreichischer Zähigkeit, die noch nie an
„sich selbst gezweifelt, werden wir sie mit Gottes Hilfe auch diesmal ruhmvoll
„lösen, denn unser ist das heilige Recht, welches zuletzt siegen muss.

„Was immer auch sich ereignen möge, Nichts wird Euern feurigen

„Muth, Nichts das feste Vertrauen auf den endlichen Triumph in Euch „erschüttern.

„Verblendet durch leichte Erfolge, die unser Gegner im Bunde mit Ver„rath, Treubruch und Bestechung anderwärts gefunden, kennt er in seiner „Anmassung, seiner Raubsucht keine Grenzen, vermeint er seine Fahne auf „dem **Brenner** und auf den **Höhen des Karstes** aufpflanzen zu „können; doch diesmal gilt es offenen Kampf mit einer Macht, welche fühlt, „dass es sich jetzt um Sein oder Nichtsein handelt, welche entschlossen ist, „zu siegen oder ruhmvoll zu fallen, wenn es sein muss.

„Mögt Ihr den Feind erneuert daran erinnern, wie oft schon er vor „Euch geflohen!

„Auf denn Soldaten! Erwartungsvoll sehen Kaiser und Vaterland — „mit begeisterter Theilnahme Euere Mütter, Euere Frauen und Brüder „auf uns!

„Auf denn zum Kampfe in Gottes Namen und mit dem weithin schal„lenden Rufe: Es lebe der Kaiser!"

Noch am 20. Nachmittags hatte das Armee-Commando die erfolgte Kriegs-Erklärung Sr. Majestät dem Kaiser gemeldet, die Festungs-Commanden, die Landes-General-Commanden in Udine, Zara und Agram, die Truppen-Commanden von Tirol und Istrien und durch dieses letztere auch das Escadre-Commando in Pola von dem nahe bevorstehenden Beginne der Feindseligkeiten verständigt und die Räumung der Districte am rechten Po-Ufer, sowie die Beobachtung des Stromes in dieser Strecke durch Belassung der von der Festungs-Besatzung Legnago's detachirten Division in Massa und Ostiglia angeordnet. Gleichzeitig ward das General-Commando in Udine angewiesen, nöthigenfalls nach Laibach zurückzugehen; dem Truppen-Commando in Istrien ward eine verschärfte Beobachtung des Friaulischen aufgetragen und der Belagerungszustand für das lombardisch-venetianische Königreich publicirt.

Alle Meldungen über die Bewegungen des Gegners, insbesonders jene, welche am 20. Juni, beim Armee-Commando einliefen, liessen voraussehen, dass unmittelbar nach Ablauf der in der Kriegserklärung angegebenen Frist der feindliche Einfall in das kaiserliche Gebiet von mehreren Seiten zugleich mit Nachdruck erfolgen würde.

Nach den Meldungen der an den Mincio vorgeschobenen Brigade Pulz vom 20. Juni, besetzte der Feind an diesem Tage bei Ferri das rechte Flussufer stark mit Infanterie-Vortruppen und postirte zu Goito grössere Abtheilungen von Infanterie und technischen Truppen.

Eine Infanterie-Colonne von circa 3000 Mann bewegte sich am Morgen des 20. von Goito flussaufwärts gegen Borghetto.

Bei Casa-Caselli (zwischen Cereta und Ferri) war ein grösseres Infanterie-Lager sichtbar.

Nach einer Meldung des Festungs-Commando's von Peschiera waren in der Nacht vom 19. auf den 20. viele Truppen mittelst Eisenbahn in Desenzano angekommen und hatten sich von da südwärts gegen Pozzolo, Medole und Goito bewegt. Bei Monzambano ward ein feindliches Lager errichtet.

Nach allen diesen Nachrichten schien das feindliche 1. Corps mit seinem Gros in dem Hügellande am rechten Mincio-Ufer zu stehen.

Gleichzeitige Berichte aus Tirol machten klar, dass auch dorthin grössere feindliche Truppenmassen, insbesondere die Freiwilligen dirigirt wurden.

Man wusste überdies, dass bei Rocca d'Anfo reguläre Infanterie und 20 Kanonen sich befänden, dass Freischaaren-Abtheilungen längs des westlichen Ufers des Garda-See's aufgestellt und dass bei Maderno und Gargnano Strand-Batterien im Baue begriffen wären.

Es stand daher auch eine Landung feindlicher Kräfte auf dem östlichen Ufer des See's, so wie der Versuch, die Verbindung zwischen Verona und Tirol zu erschweren, in Aussicht [1]).

Vom mittleren Po meldete man das schon Mitte Juni erfolgte Eintreffen einer italienischen Truppen-Division in Mirandola.

Vom unteren Po aus Rovigo berichtete GM. Baron Scudier telegraphisch am 20. Juni, dass bei Francolinetto eine grosse Truppenansammlung stattfände, die Po-Insel vom Gegner besetzt wäre, und Flussfahrzeuge an die Insel geschafft würden.

Die Ansammlung bei Francolinetto schien einen demonstrativen Charakter zu haben und machte mit der Nachricht von dem Eintreffen einer stärkeren Colonne bei Mirandola beim Armee-Commando die Besorgniss rege, dass das Corps Cialdini's im Anmarsche zur Armee des Königs sein könnte.

Die Bemühungen, hierüber in's Klare zu kommen, blieben vorläufig erfolglos [2]).

Indess konnte die Trennung der feindlichen Kräfte noch immer als bestehend angenommen werden, und der Armee-Commandant beschloss daher, diesen günstigen Umstand zu benützen, um dem am Mincio stehenden

---

[1]) Zur Sicherung der Verbindung mit Verona und um das Einschleichen von Freischaaren in die venetianischen Gebirge möglichst zu verhindern, erhielt GM. Baron Kuhn am 21. den Befehl, Brentonico mit einer Compagnie Landesschützen zu besetzen.

[2]) General Cialdini zögerte sehr mit seinem Stromübergange und wollte denselben erst am 26., zwei Tage nachdem der König schon geschlagen war, ausführen.

stärkeren Theile des Feindes mit dem grössten Nachdrucke und so rasch als thunlich entgegen zu treten.

Die Annahme Sr. kais. Hoheit über die noch fortbestehende Trennung der feindlichen Armee erwies sich durch die folgenden Ereignisse als richtig.

Hinsichtlich der Operationsweise der feindlichen Hauptarmee waren zwei Fälle denkbar.

Entweder die Armee des Königs überschritt den Mincio, um durch rasches Vordringen an die Etsch (wo die kaiserliche Armee vermuthet ward) dem General Cialdini das Überschreiten des Po zu erleichtern; oder die Armee des Königs blieb am rechten Mincio-Ufer, und General Cialdini ging vorerst über den Po, um die kaiserliche Armee auf sich zu ziehen und dem Heere des Königs hiedurch die Zeit zu verschaffen, nicht allein den Mincio, sondern auch gleich die Etsch ungestört zu übersetzen.

FM. Erzherzog Albrecht war wie bereits gesagt entschlossen, den König in jedem Falle anzugreifen, und ihn entweder während des Vordringens an die Etsch in der linken Flanke überraschend zu fassen, oder selbst über den Mincio zu gehen, die Armee des Königs aufzusuchen und ihr, gestützt auf Peschiera, eine Schlacht zu liefern.

Das sofortige Einbrechen der italienischen Haupt-Armee in den von Truppen entblössten Raum zwischen dem Mincio und der Etsch, hatte übrigens viel Wahrscheinlichkeit für sich. Es war anzunehmen, dass der Gegner von der Aufstellung der kaiserlichen Armee Kenntniss habe, und dass er hienach die Operationen einleiten werde.

Um den König vollends zu täuschen und zu überraschen, sollte nach erfolgter Kriegserklärung die kaiserliche Armee bis zum 22. ruhig in der Stellung hinter der Etsch bleiben, dann aber mittelst einer rasch und geheim durchgeführten Bewegung auf das Hügelterrain am Mincio versetzt werden, und den Gegner anfallen, wo sie ihn findet. Es ward daher die Versammlung der Armee für den 23. bei Verona eingeleitet.

Die strenge Handhabung der Grenzsperre, und eine scharfe Bewachung der Etsch zwischen Verona und Legnago durch die bei den Armee-Corps eingetheilte Cavallerie zur Verhinderung der Communication zwischen beiden Etsch-Ufern, sollte die Geheimhaltung der Angriffsbewegung verbürgen.

Um für den entscheidenden Schlag nicht Eines Mannes zu entbehren, der nicht unumgänglich nothwendig auf anderen Punkten war, ward auch das Gros der Brigade GM. Baron Scudier mittelst Eisenbahn zur Armee gezogen.

Es blieb am unteren Po, gegenüber einer beinahe 90.000 Mann starken feindlichen Armee, welche den Rücken der kaiserlichen Armee zu bedrohen, ihre Verbindungen mit Istrien, Dalmatien und der Flotte zu unterbrechen und zu diesem Zwecke direct auf Vicenza zu marschiren bestimmt war, nur ein Einziges Bataillon und vier Escadrons, nämlich das 10. Jäger-Bataillon und das 13. Huszaren-Regiment unter Oberst Graf Szapáry zur Beobachtung des Stromes zurück.

Als Rückhalt für diese schwache Beobachtungstruppe, namentlich aber zur Deckung der Eisenbahn, Niederhaltung aufrührerischer Versuche auf den Haupt-Communicationen u. dgl., ward das bisher bei Conegliano stehende Gros der Streifbrigade Zastavnikovid nach Padua disponirt.

Die Bahn zwischen Rovigo und Verona ward durch je 2 Compagnien der Garnisonen von Verona und Padua, dann eine Abtheilung aus Rovigo militärisch besetzt. Die Wächterhäuser, die Bahnhöfe, die Tunnels von Vicenza und Cattajo, sowie die Bachiglione-Brücke erhielten mehr oder minder starke Wachen, welche den Auftrag hatten: „Jeden bei böswilliger „Beschädigung der Bahn Ertappten unverweilt niederzumachen."

Die Disposition zur Concentrirung der Armee am rechten Etsch-Ufer bei Verona, in welcher das Armee-Commando bestrebt war, die Corps durch thunlichste Verringerung des Trains so manövrirfähig als möglich zu machen, lautete wörtlich, wie folgt:

„Am 22. Juni.

„Das 5. Armee-Corps mit dem Uhlanen-Regimente Nr. 12 concen„triren sich bei S. Michele und Montorio.

„Das 9. Armee-Corps rückt in zwei Colonnen, die eine auf der „Chaussée, die andere auf der neu hergestellten Militärstrasse über Ponte „Zerpa, Belfiore di Porcile nach S. Martino.

„Die Brigade Benko hat am 21. Juni nach Campalto südlich von „S. Martino abzurücken und am 22. nach Parona und Arbizzano zu mar„schiren.

„Das 7. Armee-Corps marschirt mit den bei Montagnana und „Megliadino S. Vitale stehenden Brigaden nach S. Bonifacio; das Huszaren„Regiment Nr. 3 theilweise über Terrazzo, Bonavigo nach Albaredo.

„Die Brigade GM. Baron Scudier concentrirt auf das erste Aviso „die beiden Infanterie-Regimenter und die Batterie in Rovigo.

„Die Überwachung des Po übernimmt das Fürst Liechtenstein 13. Huszaren-Regiment im Vereine mit dem 10. Jäger-Bataillon „unter Commando des Herrn Obersten Grafen Szapáry.

„Der Reserve-Divisions-Stab mit der Brigade Prinz „Sachsen-Weimar rückt nach Pastrengo über Parona und die neue „Brücke von Pastrengo.

„Brigade Oberst Pulz zieht sich, im Falle sie angegriffen wird,
„unter steter Fühlung mit dem Feinde gegen Verona.

„Bei Ca Burri, zunächst dem Lazzaretto vecchio wird eine Kriegsbrücke
„geschlagen, wozu die nöthigen Equipagen abzurücken haben.

„Alle Abtheilungen nehmen an diesem Tage den gesammten Train mit;
„die Brigade Oberst Weimar lässt die grosse Bagage am linken Etsch-Ufer
„zurück.

„Die nicht in Verwendung kommenden Kriegsbrücken-Bespannungen
„rücken in den Festungsgraben zu beiden Seiten von Porta Nuova.

„Alles bezieht Biwaks, insoferne die vorhandenen Gebäude zur Unter-
„bringung der Truppen nicht hinreichen.

„Die Gardasee-Flottille, insoferne nicht einzelne Schiffe auf dem
„oberen See dringend nöthig sind, concentrirt sich in der Nähe von Peschiera.

„Am 23. Juni.

„Das 5. Armee-Corps rückt durch Verona nach Chievo, u. z.
„durch Porta del Vescovo, Strada S. Nazzaro, über Ponte nuovo (mittlere
„der gemauerten Brücken) und durch Porta S. Zeno.

„Das 7. Armee-Corps mit den bei S. Bonifacio concentrirten
„Truppen, marschirt durch Verona, u. z. durch Porta S. Vittoria, über Ponte
„Navi, durch Contrada San Fermo, Porta Nuova und längs des Glacis directe
„nach S. Massimo.

„Brigade GM. Baron Scudier mit den beiden Infanterie-Regimentern
„und der Batterie (sowie sämmtlichen Bespannungen) wird mit Eisenbahn
„nach Verona befördert und rückt beim Corps ein [1]).

„Das 9. Armee-Corps rückt über die Kriegsbrücke bei Cà Burri
„nach S. Lucia [2]).

„Brigade Benko marschirt nach Pastrengo, vereinigt sich hier mit
„der Division und lässt gleichfalls die grosse Bagage am linken Etsch-Ufer
„zurück.

„Die Brigade Pulz zieht sich, wenn vom Feinde gedrängt, hinter
„die Befestigungen von Verona zurück.

„Die an diesem Tage nicht genannten Abtheilungen bleiben in der Auf-
„stellung des ersten Tages.

„Alles bricht am 23. mit einer zweitägigen Verpflegung auf.

„Die grossen Bagagen, die Colonnen-Magazine und die Corps-Schlacht-
„viehvertheilungs-Depôts bleiben am linken Etsch-Ufer zurück, u. z. jene des

---

[1]) Die Beförderung der Brigade Scudier von Rovigo begann am 22. Nachmittags 4 Uhr 17 Minuten, geschah mittelst 11 Zügen und war am 23. Nachmittags beendet.

[2]) Diese Brücke wurde am 22. durch das 4. Pionnier-Bataillon geschlagen.

"5. Armee-Corps bei Montorio, des 7. Armee-Corps bei S. Michele, des
"9. Armee-Corps bei Campalto.

"Ebenso wird des Morgens nur ein geringer Theil der kleinen Bagage
"zu folgen haben, während der Rest Nachmittags auf den gleichen Routen,
"wie selbe für die Corps vorgezeichnet sind, folgt.

"Die Brigade Oberst Ritter von Zastavniković lässt die jetzt
"in Belluno und Feltre stehenden Abtheilungen dort zurück und rückt mit
"den bei Conegliano stehenden Abtheilungen, nach Aufnahme der Garnison
"von Treviso, in 2 Märschen, und zwar am 22. und 23. d. M. nach Padua,
"zieht das dort stehende Grenz-Bataillon an sich und bleibt allda als Be-
"satzung.

"Zur leichteren Durchführung dieses Marsches wird ein Eisenbahnzug
"zur Disposition gestellt.

"Behauptung der Stadt, sowie des Eisenbahnhofes, dann der im Bereich
"liegenden Eisenbahn bleibt die Hauptaufgabe. Sollte Padua aufgegeben wer-
"den müssen, so ist der Rückzug nach Vicenza zu nehmen[1]).

"Die zur Beobachtung des Po unter Commando des
"Herrn Obersten Szapáry rückbleibenden Abtheilungen
(13. Huszaren-Regiment und 10. Feld-Jäger-Bataillon) ziehen sich, sobald der
"Feind auf irgend einem Punkte mit Macht übergegangen ist, hinter die Etsch
"zurück, zerstören beim Rückzuge alle über die Canäle und Scoli (Gräben)
"führenden und theilweise bereits zum Sprengen vorgerichteten Brücken
"— am linken Etsch-Ufer angelangt, zerstören oder versenken sie alle Über-
"fuhren, Schiffmühlen und Schiffe, sobald sie auch dieses Ufer verlassen.

"Beim weiteren Vordringen des Feindes ziehen sich die von Boara bis

---

[1]) Auf der Eisenbahn wurden nach Padua befördert: am 22. der Stab und das
3. Bataillon des 5. Grenz-Regiments von Conegliano, die 5. Division aus Codroipo,
die 6. Division aus Pordenone; am 23. der Brigade-Stab' und das 2. und 3. Bataillon Wimpffen von Conegliano und Spressiano.

Mittelst Fussmärschen rückten:

Die Raketen-Batterie, die Escadron Sicilien-Uhlanen und der Sanitätszug von
Conegliano am 22. nach Scorzé, am 23. nach Padua; eine Division Wimpffen von
Treviso (2 Compagnien blieben hier zur Bewachung des Bahnhofes und des Fuhr-
wesen-Material-Depôts) am 22. nach Noale, am 23. nach Padua.

Mittelst specieller Instruction ward Oberst Zastavniković angewiesen, nach
dem Abmarsche der Brigade Scudier von Rovigo, mit einem Theile der bei Padua
stehenden Truppen, wenn es die Verhältnisse gestatten, gegen die untere Etsch zu
rücken, jene Gegend zu beobachten und auf diese Weise die Wirksamkeit der Besatzung von Rovigo zu erhöhen.

Bezüglich des zur Brigade Zastavniković gehörigen in Belluno und Feltre
stationirten 1. Bataillons Wimpffen ward bestimmt, dass dasselbe dort zu verbleiben,
eventuellen Falls aber seinen Rückzug nach Tirol zu nehmen und sich der dortigen
Landes-Vertheidigung anzuschliessen habe.

„Masi stehenden Abtheilungen Huszaren und Jäger, sich stets unterstützend,
„über Montagnana, S. Bonifacio gegen Verona, wogegen die Abtheilungen
„von Boara Etsch abwärts — im Sinne des hierortigen Erlasses Nr. 642/op
„vom 12. d. M. — ihren Rückzug nach Umständen, entweder über Padua
„oder in der Richtung Este-Montagnana nehmen.

„Selbstverständlich haben diese sämmtlichen Abtheilungen in steter
„Fühlung mit dem Feinde zu bleiben, und es wird ihnen zur besonderen
„Pflicht gemacht, sowohl das Armee-Commando als auch das Festungs-
„Gouvernement zu Venedig in steter Kenntniss über ihren Aufenthalt und
„über die gemachten Wahrnehmungen und Vorfallenheiten wo thunlich tele-
„graphisch zu erhalten, namentlich aber dem Festungs-Gouvernement zu
„Venedig und dem Stadt- und Truppen-Commando zu Padua das Verlassen
„der unteren Etsch unverzüglich anzuzeigen.

„Das Garnisonsspital von Padua sendet alle transportabeln Kranken
„mittelst eines vom Gouvernement in Venedig anzusprechenden Zuges dahin
„ab; die Intransportabeln sind der Obhut der Gemeinde zu übergeben.

„Die sonst in Padua befindlichen Militär-Beamten und Parteien schliessen
„sich der Brigade Zastavniković an und folgen dieser eventuell nach
„Vicenza.

„Hauptquartier Verona, am 20. Juni 1866 [1]).“

---

[1]) Mit der obigen Disposition ward folgende Train-Ordnung ausgegeben:
„Am 23.

„Sämmtliche Truppen tragen einen zweitägigen currenten Verpflegs- und Etappen-
„Vorrath nach Vorschrift.

„Ausserdem führen mit, und zwar:

„1. Linien- und Grenz-Infanterie, sowie Jäger-Truppen: Die Reit-
„pferde, die Infanterie-Munitionswagen, die nach Vorschrift beladenen Regiments- und
„Bataillons-Stabs-Bagage-Karren, die Marketender-Wagen, die Fleischhauer-Wagen,
„dann für jedes Bataillon zwei Stück Schlachtvieh.

„2. Die Cavallerie: Die Reitpferde, die Cassa-Deckelwagen, die Marketender-
„Wagen, die Fleischhauer-Wagen, dann für jedes Regiment zwei Stück Schlachtvieh.

„3. Die Batterien: Lassen alle Trainfuhrwerke zurück.

„4. Die Sanitäts-Truppen: Nehmen den ganzen Train mit.

„5. Die Génie-Truppen: Nehmen nur die Compagnie-Requisiten-Wagen
„mit; der übrige Train und auch die Tornister bleiben zurück. Die tragbare Ausrü-
„stung ist mittelst Traggurten fortzuschaffen.

„6. Der Train der Brigade- und Divisions-Stäbe, dann der Haupt-
„quartiere ist auf den für zwei bis drei Operationstage dringend nöthigen Bedarf zu
„beschränken.

„7. Der Train der Armee-Corps-Geschütz-Reserve, mit Ausnahme
„des Commandanten-Wagens, bleibt zurück.

„8. Jener des Armee-Corps-Munitions-Parkes und

„9. Der Armee-Corps-Ambulance wird vollständig mitzuführen sein.

„Die in dieser Weise bestimmte Restringirung des Trains der kleinen Bagage

I. Die Vorbereitungen zum Kriege in Italien.

Am 21. blieb die Armee in ihren Cantonnirungen, bis auf die Brigade Benko, welche von Arcole und Albaredo nach Campalto rückte.

Am 22. Juni rückten sämmtliche Corps in die ihnen neu zugewiesenen Cantonnements und Lager, und zwar:

Das 5. Corps in den Raum zwischen Montorio und S. Michele;

„ 9. „ nach S. Martino und S. Giacomo,

„ 7. „ „ S. Bonifacio,

(die Brigade Scudier war auf der Fahrt von Rovigo nach Verona, die Infanterie-Reserve-Division auf dem Marsche nach Pastrengo und Parona).

Von der Brigade Zastavniković standen am Abende dieses Tages:

Das 5. Grenz-Regiment in Padua; das 2. und 3. Bataillon Nr. 22 in Conegliano; je 2 Compagnien des 4. Bataillons in Noale, Vicenza und Treviso; 1. Bataillon Nr. 22 mit 4 Compagnien in Belluno und 2 Compagnien in Feltre; Uhlanen-Escadron, Batterie und Sanitätszug in Zero Branco.

In Ostiglia und Massa befanden sich je 1 Compagnie der Festungs-Besatzung Legnago's.

Die Cavallerie-Brigade Pulz hatte mittlerweile ihre Beobachtung der Vorgänge beim Feinde fortgesetzt und wahrgenommen, dass sich, namentlich an den unteren Stellen des Mincio, zahlreiche feindliche Truppen ansammelten. In der Gegend von Goito gegen Volta waren Truppenmassen aller Waffen wahrzunehmen; Goito selbst war stark besetzt.

An verschiedenen Stellen, insbesondern zwischen Molini della Volta und Ferri, nahm der Gegner Fluss-Recognoscirungen vor, traf Vorkehrungen zum Übergange und überbrückte sogar schon am 21. bei einer etwa 2000 Schritte südlich von Massimbona liegenden Insel den rechten Flussarm.

Auch in Tirol schien es, dass die Feindseligkeiten schon eröffnet wären, denn am Vormittage des 21. griff eine Freischaaren-Patrulle von 10—14

„gilt auch als Regel für künftige Fälle, bei welchen es in der Disposition lauten wird: „Mitnahme der restringirten kleinen Bagage.

„Die Armee-Corps-Commanden, respective das Reserve-Divisions-Commando, „haben für die Nachführung des für den 23. nöthigen Schlachtviehes für sämmtliche „zu den ihnen unterstehenden Batterien und Parks gehörenden Mannschaften, dann „für die beihabenden Sanitäts- und Génie-Truppen Sorge zu tragen.

„Für die Fortschaffung des Weines sind die erforderlichen landesüblichen „Wagen anzusprechen, und werden beispielsweise per Brigade (à 7 Bataillons) vier „derselben genügen.

„Am 23. Abends trifft der Rest des kleinen Bagage-Trains in den Stellungen „der Truppen ein.

„Die Corps-Colonnen-Magazine haben die Ergänzung ihrer ausgegebenen Vor-„räthe aus dem Verpflegs-Magazin zu Verona zu entnehmen und dieses von ihren „Erfordernissen rechtzeitig in Kenntniss zu setzen."

Mann den österreichischen Posten am Passe Bruffione an und musste mit Gewalt über die Grenze zurückgetrieben werden [1].

Wie aus General La Marmora's zweitem Rapporte über die Operationen am 23. und 24. Juni zu entnehmen, stand die italienische Armee am Abende des 22. folgendermassen:

Das Hauptquartier des Königs war in Canneto (ging aber noch in der Nacht vom 22. auf den 23. nach Cerlungo, der König selbst nach Goito),

Das I. Corps mit dem Corpsquartier in Cavriana (am 20. noch in Castiglione delle Stiviere).

Die 1. Division in Pozzolengo, die 2. Division in Dondino (2 Tage vorher in Rivoltella), die 3. Division in Volta, die 5. Division in Castellaro.

Vom II. Corps stand das Corpsquartier in Castelluchio.

Die 4. Division mit der Brigade Ravenna bei Canicossa, mit der Brigade Regina vor Borgoforte (am rechten Po-Ufer), die 6. Division in Castellucchio und Cesole, (früher in Ospitaletto), die 10. Division in Campitello und Galliano, die 19. Division in Gazzuolo.

Das III. Corps mit dem Corpsquartier in Gazzoldo hatte:

Die 7. Division in Goito, die 8. Division in Cerlungo, die 9. Division in la Motta, die 16. Division in Settefrati, die Linien-Cavallerie-Division bei Medole.

Vom IV. Corps dürften die von Imola und Faenza herangezogene 17. und 18. Division bei Ferrara, die 20. Division von Bologna an den Po-Mündungen eingetroffen gewesen, und dieses Corps am 22. wie folgt gestanden sein:

Corpsquartier in Ferrara,

15. Division und 2. Cavallerie-Brigade bei Mirandola, 14. Division bei Galeazza Pepoli, 12. Division bei Cento, 11. Division bei Castel Maggiore, 13., 17. und 18. Division bei Ferrara, 1. Cavallerie-Brigade bei Francolino, 20. Division an den Po-Mündungen.

Den 23. Juni begannen die Feindseligkeiten.

Ungleich der Auffassung des österreichischen Hauptquartiers, in welchem man die Eröffnung der Feindseligkeiten nach dreimal 24 Stunden seit Empfang der Kriegserklärung, also ungefähr am Mittage des 23. erwartete, scheint das italienische Armee-Commando die angebotene dreitägige

---

[1] Der Generalstabs-Chef der kaiserlichen Armee, GM. Baron John, sah sich veranlasst, diesen Vorfall dem General La Marmora zur Kenntniss zu bringen.

Frist von Mitternacht des 20. an gerechnet zu haben, denn seine Colonnen begannen den Mincio-Übergang am 23. gleich nach Mitternacht.

Die ersten Abtheilungen (Cavallerie) passirten den Fluss bei Goito und beinahe gleichzeitig bei Pozzolo.

Es waren dies jedoch schwache recognoscirende Trupps, die sich bald wieder zurückzogen.

Um etwa 4¹/₄ Uhr überging die Linien-Cavallerie-Division Sonnaz bei Goito und rückte in nördlicher Richtung vor, was den Obersten Pulz bewog, die in jener Gegend stehenden Abtheilungen gegen Villafranca zurückzunehmen.

Zwischen 7 und 8 Uhr begann der allgemeine Übergang der feindlichen Armee, auf verschiedenen Punkten.

Die 1. Division (Cerale) überschritt den Mincio mit der Brigade Pisa bei Monzambano und nahm à cheval des Flusses Aufstellung. Diese Division, so wie die 2. (Pianell), welche bei Pozzolengo verblieb, schoben 3 bis 4 Bataillons und 2 Escadrons gegen Peschiera zur Recognoscirung vor. Eine feindliche Batterie fuhr bei Prandina auf und gab einige Schüsse gegen das Fort Monte Croce. Dieses erwiderte das Feuer, vertrieb die feindliche Batterie und setzte im Vereine mit den Forts III und VI in kürzester Zeit dem Vorrücken einiger nahe herangekommener feindlicher Abtheilungen ein Ziel und zwang sie zum Rückzuge.

Auch auf dem Garda-See kam es zum Kampfe; es entspann sich dort zwischen den Kanonenbooten Speiteufel, Wildfang, Uskoke, Scharfschütze und einer feindlichen Batterie bei Maderno ein kleines Gefecht.

Um die Lage und Bewaffnung der Ufer-Batterien genau zu erkennen, machte die österreichische Flottille um 12³/₄ Uhr Mittag einige Schüsse gegen die Spitze von Maderno, worauf eine dort befindliche Batterie antwortete. Schon nach den ersten gut angebrachten Schüssen zerstreuten und verloren sich die in der Nähe der Batterie sichtbar gewesenen Freischaaren.

Die Schiffe erlitten im Kampfe mit der Batterie während eines etwa ³/₄ stündigen langsamen Feuers keinen Schaden, obwohl die feindliche Artillerie auf 1200 bis 1300 Klafter mit grosser Präcision schoss. Nachdem die Überzeugung gewonnen war, dass die Batterie bei Maderno mit 8 schweren Geschützen armirt sei, entfernte sich die Flottille aus dem feindlichen Schussbereiche. Die italienische Flottille hatte sich während dieser Affaire nicht gezeigt.

Die 5. Division (Sirtori) überging bei Valeggio und besetzte diesen Ort. Eine starke feindliche Cavallerie-Colonne ging von da gegen Villafranca vor.

Die 3. Division (Brignone) überging bei Molini della Volta auf einer Kriegsbrücke. Für den Train wurde etwas weiter abwärts (bei Bonati) eine Kriegsbrücke geschlagen.

Die aus 4 Bersaglieri-Bataillons, 4 Batterien und einem Cavallerie-Regiment gebildete Reserve des I. Corps verblieb zwischen Borghetto und Volta.

Vom III. Corps überschritt die 8. Division (Cugia) auf einer Kriegsbrücke bei Ferri, die 7. (Bixio), die 9. (Govone) und die 16. (Prinz Humbert) bei Goito auf der dortigen stehenden Brücke den Fluss.

Während alle diese Divisionen ihren Übergang bewerkstelligten, rückten die Linien-Cavallerie-Division von Südwesten, und aus Valeggio die erwähnte Cavallerie-Abtheilung gegen Villafranca vor, wo Oberst Pulz seine Brigade, mit Ausnahme des schon am 19. nach Custoza zurückgenommenen 21. Jäger-Bataillons, concentrirte.

Einzelne Reiter des 13. Uhlanen-Regiments Graf Trani bestanden beim Einrücken von den Vorposten Scharmützel mit dem Feinde und brachten Gefangene vom Regimente Piemonte reale ein.

Um Mittag zog sich Oberst Pulz langsam gegen Verona zurück[1]). Die feindliche Cavallerie folgte schüchtern und ohne zu drängen nach. Bei Dossobuono stellte sich um 3 Uhr die kaiserliche Brigade dem Feinde entgegen und die Brigade-Batterie gab einige Schüsse ab, worauf sich die feindliche Reiterei entfernte, um zwischen Quaderni und Mozzecane Stellung zu nehmen, nachdem sie bei Villafranca die Eisenbahn und die Telegraphenleitung unbrauchbar gemacht hatte.

Mittlerweile hatten die über den Fluss gekommenen feindlichen Infanterie-Divisionen ihre Aufstellungen und Biwaks bezogen, und standen:

Das Armee-Hauptquartier in Goito,

das I. Corps (Durando) mit dem Corpsquartier in Valeggio,

2. Division (Pianell) in Pozzolengo,
1. „ (Cerale) mit der Brigade Forlì bei Monzambano, der Brigade Pisa (5 Bataillons, 1 Escadron, 4 Geschütze) am Monte Sabbione.
5. „ (Sirtori) in und bei Valeggio,
3. „ (Brignone) bei Pozzolo.

III. Corps (Della Rocca).
7. Division (Bixio) bei Belvedere,
16. „ (Prinz Humbert) bei Roverbella,
8. „ (Cugia) bei Pozzolo,
9. „ (Govone) bei Villa Buona.

---

[1]) Brigade Pulz hatte den strengen Befehl, kein Gefecht anzunehmen.

Die Linien-Cavallerie-Division (Sonnaz) war nach Mozzecane und Quaderni vorgeschoben und hatte Vortruppen bis auf eine Miglie von Villafranca entfernt ausgestellt.

Das II. Corps (Cucchiari) überschritt den Mincio am 23. nicht. Zwei Divisionen desselben, die 19. Division (Longoni) und die 10. Division (Angioletti) blieben als Reserve des I. und III. Corps bei Castellucchio, die 6. Division (Cosenz) und die Brigade Ravenna der 4. Division (Mignano) rückten bei Mantua auf das österreichische Gebiet und besetzten die Curtatone-Linie; die andere Brigade der 4. Division blieb auf dem rechten Po-Ufer und rückte vor Borgoforte zur Beobachtung dieses Brückenkopfes.

Der Vormarsch des italienischen Heeres war nicht nur überall ohne Widerstand, sondern sogar — wenn man von den schwachen Cavallerie-Abtheilungen, die am Mincio gestanden hatten, absieht — ohne Begegnung mit k. k. Truppen vor sich gegangen.

Die beinahe gänzliche Abwesenheit österreichischer Streitkräfte am Mincio bestärkte das italienische Hauptquartier in der durch alle ihm bisher zugekommenen Nachrichten erzeugten Meinung, dass die kaiserliche Armee hinter der Etsch stände und auf die Vertheidigung des Landes zwischen diesem Flusse und dem Mincio gänzlich verzichtet hätte.

Es ward daher beschlossen, am folgenden Tage den 24. Juni, den Haupttheil des Heeres vollends über den Mincio gehen und denselben theils in der Ebene von Villafranca, theils auf dem Hügellande von Sommacampagna, S. Giustina und Castelnovo Stellung nehmen zu lassen, dadurch die Aufmerksamkeit der österreichischen Armee auf sich zu ziehen und den Übergang über den unteren Po, welcher erst am 26. vom IV. Corps (Cialdini) durchgeführt werden sollte, zu begünstigen [1]).

Das kaiserliche Armee-Commando hatte auf die Meldung des Obersten Pulz über den Einmarsch des Feindes, Mittags den Oberst Baron Rueber des Generalstabes zur Recognoscirung der feindlichen Bewegungen gegen den Mincio entsendet.

Dieser Stabsofficier, welcher die Brigade Pulz um 1½ Uhr in der Nähe von Dossobuono traf, konnte später von der Höhe bei La Berettara in der Richtung von Salionze keinen Feind entdecken, und Nichts deutete darauf hin, dass hier grössere feindliche Massen übergegangen wären.

Dagegen beobachtete Oberst Rueber zwischen Valeggio-Villafranca und südlich von Villafranca grosse Staubwolken.

---

[1]) Nach einer sehr verlässlichen Quelle sollen am 24. bereits alle Divisionen dieses Corps, oder vielmehr dieser Armee, in der Nähe des Po gestanden sein.

Allem Anscheine nach war Villafranca bereits besetzt, und grössere Heeresmassen zogen in der Ebene heran.

Aus diesen Beobachtungen schloss das Armee-Commando, dass der Feind in mehreren Colonnen im Vorrücken gegen die mittlere Etsch begriffen sei.

War auch diese Annahme bezüglich der Hauptrichtung der feindlichen Armee, wie wir aus dem Vorigen wissen, nicht richtig, — der Feind dachte sich in aller Gemächlichkeit und ohne angefochten zu werden, vor Verona für einige Zeit zu etabliren und wie es scheint, dem General Cialdini das Wichtigste der Operationen zuzumuthen, — so schadete sie doch den Entwürfen des österreichischen Hauptquartiers nicht, sondern war vielmehr geeignet, die Ausführung des schon einmal gefassten kühnen Planes zu beschleunigen.

Auch lauteten die Nachrichten von Mantua und Rovigo diesem Plane günstig.

Nach den Rapporten aus Mantua schien sich an der Curtatone-Linie eine starke feindliche Armee-Abtheilung festzusetzen, die allem Anscheine nach für den Entscheidungskampf, der wahrscheinlich am nächsten Tage bevorstand, verloren war[1]).

Auf der ganzen Strecke des Po bis in die Gegend von Ferrara war kein Feind sichtbar, und es schien noch die weite Trennung zwischen der Armee des Königs und jener Cialdini's fortzubestehen, da nach einer Meldung des Obersten Szapáry bei Guarda Ferrarese Vorbereitungen zum Brückenschlage über den Po gemacht wurden; es waren dort Pontoniere und Pontontrains angekommen, und ward eine Rührigkeit entwickelt, als wenn der Übergang an diesem oder längstens am nächsten Tage stattfinden sollte.

Doch, wir haben es schon früher angedeutet, die Armee Cialdini's hatte nicht nur den Po, sie hatte nebstbei zwei Canäle und endlich die Etsch auf Übergängen, die überall erst hergestellt werden mussten, zu überschreiten. Die Vorrückung der grossen feindlichen Heeresmasse konnte nur langsam vor sich gehen, und der kaiserlichen Armee blieb daher immer einige Zeit, bevor ihr die Erstere gefährlich werden konnte.

Diese Zeit musste benützt werden zu dem einzigen Schlage, von dem sich die kaiserliche Armee einen Erfolg versprechen konnte, und dieselbe ward auch, ohne weiter eine Stunde zu verlieren, wirklich benützt.

Die kaiserliche Armee war in dieser Absicht am 23. Juni auf das rechte Etsch-Ufer gerückt.

---

[1]) Wie schon angegeben, standen bei Curtatone drei, vor Borgoforte eine feindliche Brigade.

In den ersten Nachmittagsstunden standen:

Die Infanterie-Reserve-Division bei Pastrengo, das 5. Corps bei Chievo, das 7. bei S. Massimo, das 9. bei S. Lucia, die Brigade Pulz vom Mincio zurückgezogen bei Fort Gisela.

Der Tag war sehr heiss, und die marschirenden Corps litten durch die Hitze und den grossen Staub, den sie auf den Strassen aufwarfen.

Indessen waren dieselben alle vom besten Geiste beseelt, und der Erzherzog beschloss noch an diesem Tage einige Punkte des Hügellandes zu gewinnen, deren Besitz für den Plan den er gefasst, von Wichtigkeit war.

Um 11 Uhr wurden die Corps-Commandanten und der Commandant der Reserve-Division mit ihren Generalstabs-Chefs ins Armee-Hauptquartier berufen, wo ihnen der Erzherzog seinen Entschluss mittheilte, dem über den Mincio gegangenen Feinde in die Flanke zu rücken. Er befahl die sofortige Vorrückung eines Theiles der Armee auf die Höhen vor Verona, ordnete die Formation einer zweiten Cavallerie-Brigade aus der bei den Corps eingetheilten Cavallerie an, und betonte, nach Erklärung der beabsichtigten Operationen, dass in den bevorstehenden Kämpfen sich wo möglich immer die Initiative zu wahren, und jeder Angriff rasch und entschieden auszuführen sei.

Die mündlich getroffenen Verfügungen sind in dem folgenden schriftlichen Befehle, der gegen Abend expedirt ward, wiederholt:

„Nach den bis heute Mittags 12 Uhr beim Armee-Commando einge„laufenen Nachrichten, ist die feindliche Armee mit Verletzung des von ihr „selbst gesetzten Termines von drei Tagen, heute mit Tagesanbruch bei „Goito, Valeggio und Monzambano übergegangen und in der Hauptrichtung „bis Villafranca vorgerückt.

„In Folge dessen bestimme Ich Nachfolgendes:

„Die Infanterie-Reserve-Truppen-Division. Von dieser „hat heute Nachmittags 5 Uhr die Brigade Oberst Prinz Sachsen-Wei„mar von Pastrengo nach Sandrà vorzurücken und nach Castelnovo zu „detachiren.

„Das 5. Infanterie-Armee-Corps rückt ebenfalls um 5 Uhr „aus dem Freilager bei Chievo nach S. Giustina und schiebt, allda angelangt, „wenn Sona noch nicht oder nur schwach vom Feinde besetzt ist, eine Bri„gade dahin vor.

„Gleich nach der Besetzung dieser drei genannten Orte ist sich in den„selben für eine hartnäckige Vertheidigung einzurichten und die vorliegende „Gegend gegen Salionze, Oliosi und Sommacampagna scharf im Auge zu „behalten.

„Zu dem letzterwähnten Zwecke wird die 2. Compagnie des 2. Génie-

„Regiments dem 5. Armee-Corps zur Verfügung gestellt, und hat dieselbe „allsogleich in das Lager nach Chievo abzurücken.

„Die Brigade GM. Benko, so wie das 7. und 9. Armee-„Corps, dann die Reserve-Anstalten bleiben in der für heute bestimmten „Aufstellung.

„Um für die morgen beabsichtigte Vorrückung einen grösseren Caval-„lerie-Körper zur Verfügung zu haben, bestimme Ich, dass vom Huszaren-„Regimente Nr. 3 drei Escadrons, vom Huszaren-Regimente Nr. 11, ebenfalls „drei Escadrons, vom Uhlanen-Regimente Nr. 12, zwei Escadrons, zusammen „8 Escadrons, vereint unter Commando des Herrn Obersten Bujanovics, „eine Brigade zu bilden haben.

„Diese Brigade hat heute Abends das Lager bei S. Lucia gegen Villa-„franca zu beziehen und für die morgigen Operationen mit der Brigade Oberst „Pulz vereint zu werden.

„Die zwei Uhlanen-Escadrons aber rücken um 5 Uhr gegen Luga-„gnano vor, um den Marsch des 5. Corps zu decken, und patrulliren gegen „Sona und weiters in Verbindung mit den Vorposten, gegen Villafranca.

„Die Oberleitung über diese beiden Brigaden behält Oberst Pulz.

„Um für alle Fälle hinreichende Übergänge über die Etsch zu haben, „werden im Laufe des heutigen Tages bei Ponton und Pescantina Kriegs-„brücken geschlagen, welche bis morgen Früh 6 Uhr fertig sein werden, „und mache Ich hiebei auf die bei Pastrengo bereits bestehende halb perma-„nente Brücke aufmerksam [1]).

„Die Brücke bei Casa-Burri wird heute Abends abgebrochen [2]).

„Von dem bei dem Brückenschlage nicht in Verwendung stehenden „4. Pionnier-Bataillon haben morgen 3 Uhr Früh zwei Compagnien ohne „Brückenequipage bei S. Massimo gestellt zu sein [3]).

„Ich befehle, dass die zu den morgigen Operationen bestimmten Truppen „heute Abends nochmals abkochen, die Suppe und den Wein verzehren, das „Fleisch jedoch morgen im gekochten Zustande mit sich nehmen, daher Ich „für den heutigen Tag die doppelte Fassung der hiezu nöthigen Verpflegsar-„tikel bewillige.

„Morgen muss Alles für 3 Uhr Früh zum Vormarsche bereit sein, und

---

[1]) Zum Brückenschlage wurden im Laufe des Tages vom 3. Pionnier-Bataillon eine und eine halbe Compagnie und zwei bespannte Kriegsbrücken-Equipagen nach Pescantina und Ponton disponirt.

[2]) Diese Brücke ward vom 4. Pionnier-Bataillon abgetragen, sobald am Nachmittag die Proviantwagen des 9. Corps dieselbe passirt hatten. Das Brückenmaterial ward nach Verona geschafft.

[3]) Daselbst ward am 23. Nachmittags eine Feldtelegraphen-Station errichtet.

„ist der schwarze Café demgemäss zeitgerecht von der Mannschaft zu sich
„zu nehmen.

„Endlich haben die Herren Corps- und Truppen-Commandanten dafür
„Sorge zu tragen, dass die Truppen von morgen Früh an gerechnet, einen
„4tägigen Proviantvorrath, nämlich zwei Portionen beim Mann und zwei auf
„den Proviantwagen mit sich führen.

„Die grossen Bagagen bleiben vorläufig auf jenen Plätzen, auf welchen
„sie heute stehen [1]."

In Folge dieser Disposition rückte von der Infanterie-Reserve-Division,
welche jetzt GM. Rupprecht commandirte, der Divisionsstab und die Brigade Prinz Sachsen-Weimar von Pastrengo nach Sandrà, besetzte um
6½ Uhr Abends den Ort und stellte Vorposten gegen Castelnovo aus, ohne
jedoch diesen Ort zu besetzen.

Das 5. Armee-Corps, welches GM. Baron Rodich commandirte, da
General der Cavallerie Fürst Friedrich Liechtenstein seit einigen
Tagen schwer erkrankt war, brach aus seinem Lager bei Chievo, ohne abzukochen, gegen 4 Uhr auf und rückte ohne alle Bagage, nur die Munitionswagen mitführend, über Croce bianca und dann auf der grossen Strasse
gegen Peschiera vor.

Zwei Escadrons Sicilien-Uhlanen bildeten die Vorhut mit dem Auftrage
S. Giustina, Sona und Castelnovo zu recognosciren.

Dann folgten die Brigaden Möring, Eugen Baron Piret und Bauer;
endlich die Génie-Compagnien, die Corps-Geschütz-Reserve, die Sanitäts-Compagnie und der Corps-Munitions-Park mit einer Division Baron Nagy
Infanterie als Arrieregarde.

Die Ambulance und die restringirte kleine Bagage des Corps blieb in
Chievo.

Bei Presa erhielt der Corps-Commandant GM. Baron Rodich von der
vorausgesandten Cavallerie die Meldung, dass Sona, S. Giustina, Castelnovo
und selbst S. Giorgio in Salici vom Feinde nicht besetzt seien; derselbe
beschloss nun, da die Truppen vom kurzen Marsche nicht ermüdet waren
und die Armee am folgenden Tage ohnehin eine Linksschwenkung gegen Süden
zu machen hatte, die Frontveränderung, insoferne dieselbe das eigene Corps
betraf, noch am 23. Abends zu bewirken, S. Giustina gar nicht, dagegen
aber die zu einer nachhaltigen Vertheidigung geeigneten drei Punkte Sona,
S. Giorgio in Salici und Castelnovo stark zu besetzen und selbe zur Vertheidigung herzurichten.

---

[1] Von der Reserve-Division bei Carubbio, vom 5. Armee-Corps bei Montorio,
vom 7. Corps bei S. Michele, vom 9. Corps bei Campalto.

Die an der Tête marschirende Brigade Möring, welcher noch die 1. Compagnie des 2. Génie-Regiments und die 8pfündige Reserve-Fussbatterie 10/V beigegeben wurden, bog bei Presa nach Sona ab, wo deren Tête etwa 6½ Uhr Abends eintraf; die Brigade Piret rückte nach Castelnovo, die Brigade Bauer an die Wegabzweigung nächst Alberello und besetzte mit dem 1. Bataillon Benedek S. Giorgio in Salici.

Die Aufstellung der nun bei und vor Verona versammelten kaiserlichen Armee war in der Nacht vom 23. auf den 24. Juni die folgende:

Armee-Hauptquartier in S. Massimo.

Infanterie-Reserve-Division: der Stab und die Brigade Prinz Weimar in Sandrà, die Brigade Benko bei Pastrengo.

5. Armee-Corps:

Corps-Quartier, Génie-Compagnie und 1 Zug Uhlanen, Osteria del Bosco.

Brigade Möring in Sona;

Ein Bataillon Erzherzog Leopold und ein Bataillon Grueber waren zur Besetzung der südwestlich und südlich von Sona liegenden Höhen vorgeschoben.

Brigade Piret in Castelnovo (6 Züge Uhlanen auf Vorposten südlich von Castelnovo).

Brigade Bauer und Sanitäts-Compagnie bei Alberello, das 1. Bataillon Benedek in S. Giorgio in Salici auf Vorposten.

Geschütz-Reserve (5/V und 7/V) zwischen Osteria del Bosco und S. Giustina.

Munitionspark bei S. Giustina.

Kleine Bagage und Ambulance in Chievo. (Die Letztere hatte Befehl, am 24. um 6 Uhr Früh bei Osteria del Bosco einzutreffen.)

Das 7. Armee-Corps war im Biwak bei S. Massimo;

das 9. Corps bei S. Lucia,

die Brigade Pulz bei Fort Gisella; die im Laufe des Nachmittags neu formirte und dem Obersten Pulz unterstehende Brigade Bujanovics, bestehend aus:

Der 1., 3. und 4. Escadron des 3. Huszaren-Regiments,
„ 2., 5. „ 6. „ „ 11. „ „
„ 1. und 3. „ „ 12. Uhlanen- „

lagerte mit den 3 Escadrons des 3. Huszaren-Regiments gleichfalls bei Fort Gisella.

Zwischen 7 und 8 Uhr Abends bezog die 1. Escadron des 12. Uhlanen-Regiments in der Linie Mancalacqua, Zivollara, Caselle d'Erbe, mit der

3. Escadron als Unterstützung in Lugagnano, Vorposten. Die 2., 5. und 6. Escadron des 11. Huszaren-Regiments übernahmen den Vorpostendienst von Caselle d'Erbe südlich und standen in der Linie Calzoni-Camotto.

Die Patrullen der Cavallerie gingen in der Nacht bis Custoza, Villafranca und Povegliano und fanden in keinem Orte den Feind. An der grossen Chaussée gegen Goito, etwa 1 Miglie hinter Villafranca, standen die ersten Vorposten der feindlichen Cavallerie.

Das in's Hügelland gerückte 5. Armee-Corps war nirgends auf den Feind gestossen, dagegen bemerkte man von Peschiera aus in der Richtung gegen den Monte Vento grössere feindliche Truppenlager, was auch vom Festungs-Commando dem Armee-Commando um 10 Uhr Abends telegraphisch gemeldet wurde [1]).

Über die Armee des Generals Cialdini fehlten seit einigen Tagen genauere Nachrichten; man wusste nicht, ob derselbe noch am untern Po stand oder ob er sich mit der Armee des Königs vereinigt habe.

Die Vorbereitungen zum Überschreiten des Po konnten recht wohl blosse Demonstrationen sein; doch sollte hierüber bald befriedigende Gewissheit werden.

Oberst Graf Szapáry, welcher am untern Po den Feind beobachtete, telegraphirte um $8^1/_2$ Uhr Abends aus Rovigo:

„Freiwillige und Lancieri haben 6 Uhr Abends die Insel Ariano besetzt. „Bei Mesola hat der Feind Brücken-Materiale angehäuft und hat dort auch Artillerie."

Um $12^1/_2$ Uhr Nachts:

„Feind von Polesella Po abwärts auf allen Punkten um 8 Uhr Abends „übergegangen. Von Polesella aufwärts keine Meldung eingelaufen."

„Ich verlasse den Po, beobachte die Etsch. Bin vorläufig in Boara."

Diese Nachrichten, insbesondere aber die letzte Meldung Szapáry's wurden im Hauptquartiere mit grosser Befriedigung aufgenommen, da sie die Besorgniss über die Vereinigung der beiden feindlichen Armeen gänzlich zerstreuten.

Oberst Szapáry nahm seine Posten vom Po hinter den Canal bianco noch im Laufe der Nacht zurück und liess durch Zerstörung der grösseren Brücken die Communicationen hinter sich unbrauchbar machen.

Die bei Mesola am 23. Abends über den Po gegangene feindliche Abtheilung gehörte zur Division Franzini.

---

[1]) Es war die am Monte Sabbione bis Torrione lagernde Brigade Pisa.

Es war dieser Übergang, sowie der begonnene Brückenschlag bei Guarda (Ferrarese) eine Demonstration, durch welche Cialdini die Aufmerksamkeit der Österreicher von der Po-Strecke zunächst der Panaro-Mündung abwenden wollte, an welcher in der Nacht vom 25. auf den 26. bei der Insel Rava und bei Casette der Übergang seines Corps stattfinden sollte [1]).

Fassen wir nun die Lage, wie sie am 23. war, kurz zusammen, so hatte die 71.824 Mann, 3536 Reiter und 168 Geschütze starke kaiserliche Armee, welche im Begriffe war, am nächsten Tage von Verona gegen den Mincio vorzubrechen, das feindliche gegen 90.000 Mann starke Corps Cialdini, in einen schwierigen Strom-Übergang verwickelt, hinter sich im Rücken, — und die Armee des Königs im Ganzen ungefähr 120.000 Mann, 7200 Reiter, 282 Geschütze stark, vor sich in folgender Vertheilung:

Das I. Corps (40.000 Mann, 1800 Reiter, 72 Geschütze) hatte ungefähr die grössere Hälfte am linken Mincio-Ufer bei Monzambano, Valeggio und Pozzolo; der noch am rechten Ufer befindliche kleinere Theil des Corps war nahe genug an den beiden oberen Übergangspunkten, um bald in den Kampf treten zu können.

In der Ebene bei Mozzecane stand die Cavallerie-Division Sonnaz mit 2400 Reitern und 12 Geschützen;

dahinter zwischen Roverbella, Pozzolo und Villa Buona das III. Corps mit 40.000 Mann, 1800 Reitern und 72 Geschützen;

das II. Corps, 40.000 Mann, 1200 Reiter und 72 Geschütze stand mit 2 Divisionen bei Mantua und Borgoforte, mit der anderen Hälfte bei Castellucchio; letztere hatte am 24. der Armee über den Mincio zu folgen.

Der kaiserlichen Armee konnten also — wenn auch nicht gleich in den ersten Stunden des Kampfes vollzählig — 2½ Armee-Corps und die Reserve-Cavallerie-Division, im Ganzen bei 100.000 Mann, 7000 Reiter und 192 Geschütze entgegentreten.

Noch immer war die Übermacht des Gegners gross; doch ist Übermacht allein nicht das entscheidende Element im Kriege, und der Schwächere hat das Recht, auch noch mit dem Glücke zu rechnen, vorausgesetzt, dass er es zu verdienen und zu benützen wisse.

---

[1]) Nach Corvetto's „La Campagna del 1866 in Italia."

II. Abschnitt.

Schlacht von Custoza.
24. Juni 1866.

Den 23. Juni um 6³/₄ Uhr Abends ward folgende Disposition für den 24. an die Corps-Commanden, das Infanterie-Reserve-Divisions-Commando, die Brigaden Pulz und Bujanovics und das Festungs-Commando Verona expedirt:

„Wie bereits mit der für heute Nachmittag hinausgegebenen Dis„position erwähnt, haben alle Abtheilungen um 3 Uhr Früh zur Vorrückung „bereit zu sein, und es wird das Reserve-Truppen-Divisions-Commando mit „der in Pastrengo stehenden Brigade GM. Benko nach Sandrá vorrücken „und sich allda mit der Brigade Oberst Prinz Sachsen-Weimar ver„einigen.

„Die weitere Vorrückung der Division erfolgt nunmehr nach Castelnovo.

„Das in S. Giustina und Sona stehende 5. Armee-Corps rückt mit den „beiden in S. Giustina stehenden Brigaden gegen S. Giorgio in Salici, die in „Sona stehende Brigade gegen die Eisenbahn in der Richtung nach „Casazze [1]).

„Das bei S. Lucia stehende 9. Armee-Corps rückt, möglichst ge„deckt, nördlich des Eisenbahndammes über Mancalacqua und schlägt „von da die Richtung auf Sommacampagna ein, greift diesen Ort an falls „er besetzt ist, und setzt sich dort fest.

„Diesem Corps folgt das 7. aus S. Massimo, und sobald das erstge„nannte gegen Sommacampagna vorgerückt ist, schiebt das 7. Armee„Corps eine Brigade längs der Eisenbahn durch das Defilé zur Ablösung der „Brigade des 5. Corps nach Casazze vor, wonach die Brigade des 5. Corps „zu diesem letzteren einrückt.

„Die beiden anderen Brigaden des 7. Corps bleiben in Reserve.

„Ist dieser Aufmarsch erfolgt, so rückt die Infanterie-Reserve-Divi„sion von Castelnovo nach Oliosi; das 5. Corps gegen S. Rocco di Palazzolo,

---

[1]) Das 5. Corps war, wie schon früher erwähnt, im Marsche nach Sona und S. Giustina, hatte Castelnovo besetzt und in dem Raume zwischen diesem Orte und Sona, Front gegen Süden, Aufstellung genommen, wovon das Armee-Commando zur Zeit der Absendung der Disposition noch keine Kenntniss hatte.

„die Brigade des 7. Corps gegen Zerbare, während das 9. Corps Somma-
„campagna als Pivot festhält und sich gegen Berettara ausdehnt.

„Die als Reserve bestimmten zwei Brigaden des 7. Corps halten an der
„Eisenbahn in der Höhe von Sona.

„Die unter Commando des Obersten Pulz befindlichen Cavallerie-
„Abtheilungen, respective die Brigaden Pulz und Bujanovics, rücken aus
„dem Lager in gleicher Höhe mit dem 9. Armee-Corps, dessen linke Flanke
„deckend, in der Hauptrichtung gegen Sommacampagna, und es wird deren
„besondere Aufgabe sein, die Armee überhaupt in der linken Flanke zu
„schützen.

„Im Falle ungünstige Verhältnisse zum Rückzuge zwingen, sind, wie
„in der für heute hinausgegebenen Disposition erwähnt, in Pescantina, Pa-
„strengo und Ponton Brücken, nach welchen von den Corps der Rückzug, und
„zwar von der Infanterie-Reserve-Division nach Ponton, vom 5. und 7.
„Corps nach Pastrengo, vom 9. Corps nach Pescantina zu nehmen sein wird.

„Die Cavallerie-Brigade Pulz geht eventuell über S. Massimo nach
„Verona zurück.

„Das **Hauptquartier** marschirt mit dem 7. Corps nach **Sona**,
„wohin alle Meldungen zu richten sind.

„Hauptquartier Verona, 23./6. 1866. 6¹/₄ Uhr Abends."

Um den Raum gegen die mittlere Etsch aufzuklären, erliess S. k. H.
der Armee-Commandant noch um 9¹/₂ Uhr Abends des 23. an die Brigade
Oberst Bujanovics den Befehl: „Am nächsten Tage zeitlich Früh eine der
„ausgeruhten Escadrons unter Commando eines besonders findigen Rittmei-
„sters gegen Isola della Scala, Bovolone, kurz in die mittlere Strecke zwi-
„schen Mincio und Etsch zu entsenden, um zu erfahren, ob der Feind nicht
„in der Richtung von Legnago gegen Verona vorrücke."

Alle Meldungen von dieser Seite waren durch das Festungs-Commando
zu Verona dem Armee-Commando telegraphisch bekannt zu geben.

Aufmarsch zur Schlacht von 3 bis 8 Uhr Früh.

In der Nacht zum 24. Juni zwischen 11 und 2 Uhr ging ein heftiger
Regen nieder, der zwar die herrschende ausserordentliche Hitze milderte
und den Staub der Strassen einigermassen niederschlug, aber auch die
durchgehends biwakirenden Truppen um die ihnen nothwendige nächtliche
Ruhe brachte.

Am 24. zeitlich Morgens setzten sich, wie es die Disposition bestimmte,
sämmtliche Abtheilungen der Armee in Bewegung.

Die **Infanterie-Reserve-Division** (GM. Baron Rupprecht) brach mit der Brigade GM. Benko um 3 Uhr von Pastrengo, und mit der Brigade Oberst Prinz Weimar um 5 Uhr von Sandrà nach Castelnovo auf, welchen Ort bis zum Anlangen der Spitzen der Division zwei Bataillons und ein Uhlanenzug des 5. Corps besetzt hielten.

Dieser Marsch geschah bis Sandrà in einer, von Sandrà weiter bei jeder Brigade in drei Colonnen.

Gegen 6½ Uhr war die Brigade Weimar bereits gänzlich bei Castelnovo und auch die Brigade Benko mit ihrer Spitze in der Nähe dieses Ortes eingetroffen.

Das Divisions-Commando wollte die Brigade Weimar nördlich und die Brigade Benko südlich von Castelnovo Aufstellung nehmen lassen.

Zu dieser Zeit ertönte Kanonendonner aus der Gegend von Peschiera, wo feindliche Abtheilungen von untergeordneter Stärke vor dem Fort Monte Croce erschienen, jedoch durch einige Kanonenschüsse zum Rückzuge gezwungen wurden. Um 7 Uhr, eben als die Tête der Brigade Benko durch Castelnovo marschirte, ward auch aus der Gegend von Oliosi und S. Rocco di Palazzolo Geschützfeuer hörbar.

Inzwischen hatte die Division den Befehl des Erzherzogs zur Vorrückung gegen Oliosi erhalten, und setzte den Marsch ohne Aufenthalt in südlicher Richtung fort.

Dieser Vormarsch der Division geschah in zwei Treffen zu drei Colonnen in gleicher Höhe, u. z.: im ersten Treffen die Brigade Benko, — mit der rechten Colonne (1. Bataillon Hohenlohe) über Contrada dei Maschi; mit der Mittel-Colonne (37. Jäger-Bataillon, 8 pfündr. Fuss-Batterie 9/V und 1., 2. und 3. Bataillon Deutsch-Banater) auf der Strasse; die linke Colonne, (2. und 4. Bataillon Hohenlohe) sollte von Palazzo Ferrari längs des Tione vorgehen, hielt sich jedoch zu weit links und gelangte hinter das 5. Armee-Corps, welches bereits über S. Giorgio hinausgerückt und bei S. Rocco di Palazzolo im Aufmarsche begriffen war.

Die im zweiten Treffen etwa ½ Stunde später nachgefolgte Brigade Weimar liess das 4. Bataillon Maroičić (5 Compagnien, die sechste war im Armee-Hauptquartiere) mit dem Divisions-Munitions-Parke und der restringirten kleinen Bagage der Division in Castelnovo zurück.

Das 2. Bataillon und die 6. Compagnie Degenfeld marschirten hinter dem 1. Bataillon Hohenlohe am rechten Flügel; in der Mitte: 5 Compagnien des 1. Bataillons Degenfeld, das 4. Bataillon Paumgartten, das 36. Jäger-Bataillon und die 4pfdr. Fuss-Batterie 6/V; am linken Flügel: das 3. Bataillon Degenfeld längs des Tione.

Die auf der Strasse vorgehende Colonne des ersten Treffens war ungefähr um 7½ Uhr mit der Tête bis an den nördlichen Fuss des Monte Cricol gelangt, als GM. Benko, veranlasst durch das nahe Geschützfeuer, zur Recognoscirung auf die Höhe bei Mongabia vorausritt und von dort, in geringer Entfernung vor sich, zum Gefecht entwickelte aber durch die Cultur ziemlich verdeckte Truppen, (die Avantgarde der Division Sirtori unter General Villahermosa) erblickte.

In Folge dieser Wahrnehmung beeilte sich GM. Benko den Monte Cricol zu gewinnen, und beschleunigte den Aufmarsch.

Das 37. Jäger-Bataillon besetzte mit je einer Division den Monte Cricol, Mongabia und die unmittelbar nördlich dieses Weilers liegende Höhe. Die Batterie 9/V fuhr auf dem Monte Cricol zunächst der Strasse auf und eröffnete auch sogleich das Feuer gegen die feindlichen Truppen und Geschütze, welch' letztere in Oliosi gegen das 5. Corps thätig waren.

Das Deutsch-Banater Regiment gab 1 Division zur Batterie als Bedeckung ab und formirte sich hinter dem Jäger-Bataillon in Divisionsmassen, mit dem 1. und 2. Bataillon im ersten und den beiden Divisionen des 3. Bataillons im zweiten Treffen.

Der Feind erwiderte das Feuer der Batterie 9/V mit Geschützfeuer von Oliosi her und bald darauf auch aus einer Batterie, welche zwischen Valpezone und dem Monte Torcolo Stellung genommen hatte.

Die Projectile der letztgenannten Batterie flogen zum Theile bis in die Nähe der Bahnstation Castelnovo, wodurch der Divisions-Commandant, GM. Rupprecht, der um die bereits erfolgte Besetzung des Monte Cricol durch die Brigade Benko nicht wusste, veranlasst ward, der eben die Eisenbahn überschreitenden Brigade Weimar den Aufmarsch zu befehlen. Die Brigade-Batterie 6/V war bei Monte Brusa aufgefahren und machte einige Schüsse; die Colonne unter Oberst Prinz Weimar marschirte nördlich von Alzarea auf, im ersten Treffen das 1. Bataillon (5 Compagnien) Degenfeld, im zweiten Treffen das 4. Bataillon Paumgartten, das 36. Jäger-Bataillon als Reserve.

In dieser Formation rückte diese Colonne, nachdem der Irrthum aufgeklärt war, über Alzarea längs des Tione vor, während das 3. Bataillon Degenfeld unter Führung des Obersten Ritter v. Bienerth die Richtung über Forcelli einschlug, um den Monte Cricol zu umgehen.

Von der rechten Flügel-Colonne der Brigade Benko war die Avantgarde (2. Compagnie Hohenlohe) zu rasch vorgegangen, in die Nähe der am Monte Cricol stehenden Batterie 9/V gelangt und dadurch vom Bataillon getrennt, welches nach dem bei Contrada dei Maschi bewirkten Aufmarsche im Vereine mit den sich rechts anschliessenden 7 Compagnien Degenfeld gegen Renati vorgerückt war.

Die linke Flügel-Colonne (2. und 4. Bataillon Hohenlohe) hatte sich, wie bereits erwähnt, zu weit links gehalten und dürfte um 8 Uhr im Marsche auf Corte gewesen sein.

Um diese Zeit marschirten auf Befehl des Festungs-Commandanten von Peschiera, GM. Baltin, von der Festungsbesatzung die 11., 12., 17. Compagnie Gradiscaner Grenzer und die 23. Compagnie Kronprinz Erzherzog Rudolf, ein Zug Liechtenstein-Huszaren, drei gezogene Lahitte-Kanonen und eine 7pf. Haubitze (mit Fuhrwesens-Pferden bespannt), zusammen streitbar 462 Mann, 36 Reiter und 4 Geschütze, unter Commando des Obersten Ballács von Peschiera über Cavalcaselle gegen S. Lorenzo ab, um mit der Reserve-Division in Verbindung zu treten und an dem bereits begonnenen Kampfe theilzunehmen.

Während dieser Vorgänge auf dem äussersten rechten Flügel der kaiserlichen Armee war auch schon die Mitte derselben in Contact mit dem Feinde gekommen.

Das 5. Armee-Corps (GM. Baron Rodich) hatte den Marsch nach S. Rocco di Palazzolo in folgender Weise angetreten.

Brigade Bauer, Corpsquartier und ein Zug Sicilien-Uhlanen, brachen um 3 Uhr von Alberello und Osteria del Bosco nach S. Rocco di Palazzolo auf. Die Brigade Piret mit 4 Zügen Sicilien-Uhlanen rückte von Castelnovo um dieselbe Stunde gegen S. Giorgio in Salici ab und reihte sich in die Colonne hinter die Brigade Bauer ein [1]).

Zwei Bataillons Baden und ein Zug Sicilien-Uhlanen unter Commando des Obersten Schwaiger blieben bis zum Eintreffen der Infanterie-Reserve-Division in Castelnovo. Die Geschütz-Reserve des Corps, der Munitionspark und die 2. Génie-Compagnie marschirten hinter der Brigade Bauer bis S. Giorgio in Salici, wo die Génie-Compagnie und der Park verblieben, die Geschütz-Reserve aber mit der Brigade Piret weiter ging. Die Corps-Ambulance rückte von Chievo um 6 Uhr Früh in Osteria del Bosco ein.

Die Tête des 5. Corps traf um $5^1/_2$ Uhr in S. Rocco di Palazzolo ein, und da der vom Armee-Commando vorgezeichnete Punkt erreicht war, so machte die Colonne Halt.

Cavallerie-Patrullen hatten schon während der Vorrückung die Verbindung mit der Reserve-Division gesucht, und nun recognoscirten Infanterie-Patrullen theils gegen Oliosi, theils gegen Serraglio.

---

[1]) Von den 8 Zügen Uhlanen des 5. Corps gerieth ein in Cavalcaselle befindlicher Zug in die Reserve-Division und blieb den ganzen Tag im Bereiche derselben. Ein Zug marschirte mit der Brigade Bauer, Ein Zug mit der Brigade Möring und Ein Zug blieb in Castelnovo.

Es währte nicht lange, so wurden auf der den Monte Vento herabziehenden nach Castelnovo führenden Strasse nächst Canova feindliche Infanterie-Abtheilungen — ungefähr 2 bis 3 Bataillons — bemerkt, welche zu ruhen schienen. Dieselben setzten sich etwa um 6 Uhr gegen Oliosi in Bewegung, und andere feindliche Bataillons folgten auf dem Fusse nach [1]).

Auf den Hügeln bei Jese ward auch bald feindliche Infanterie sichtbar, doch gestattete das bedeckte Terrain nicht, deren Stärke nur annäherungsweise zu beurtheilen [2]).

Diese Wahrnehmungen veranlassten den Corps-Commandanten, den Übergang der Brigade Bauer in eine gedeckte Aufstellung bei S. Rocco di Palazzolo und Palazzina, Front gegen Westen, mit dem linken, im Haken zurückgenommenen Flügel bis Forni, anzuordnen, und zwar mit dem 19. Jäger-Bataillon in S. Rocco di Palazzolo, dem Regiment Benedek bei Palazzina; der 4pfdr. Batterie 3/V bei Forni auf einer Höhenkuppe; dem Regiment Nagy mit 2 Bataillons zurückgebogen bei Forni, und dem 3. Bataillon hinter S. Rocco.

Um 6½ Uhr bemerkte man zwischen Busetta und Oliosi feindliche Infanterie, welche im Lauftritte durch die Weingärten nach Oliosi eilte. Die Batterie 3/V feuerte etliche Schüsse auf dieselbe ab [3]).

Hierauf führte der Feind alsbald einige Geschütze südöstlich und zunächst der Kirche von Oliosi auf und eröffnete das Feuer gegen die Batterie der Brigade Bauer, ohne jedoch Schaden anzurichten, da die feindlichen Geschosse viel zu hoch gingen. Während dieser Kanonade rückte die ganze Brigade Piret, einschliesslich der bisher in Castelnovo gestandenen Abtheilungen, in concentrirter Aufstellung bei Brolino ein.

Es stellten sich auf:

Das 5. Kaiser-Jäger-Bataillon in und bei Brolino, rechts davon die Regimenter Crenneville und Baden, mit je 2 Bataillons im ersten und

---

[1]) Die ruhende Truppe war die zur Division Cerale gehörige Brigade Pisa, unter Orl. Villarey, welche die Nacht über auf dem Monte Sabbione gelagert hatte. Dem Grl. Villarey war befohlen, die Avantgarde zu bilden und das Gros der über Valeggio marschirenden Division an der nach Castelnovo führenden Strasse zu erwarten. Er setzte sich um 3½ Uhr Früh gegen den Monte Vento in Bewegung und wartete von 4 bis 5½ Uhr bei Tonoli, — die Spitze der Avantgarde bis Ca bruciata vorgeschoben, — auf die Division.

Um diese Zeit erschien die verirrte Avantgarde der Division Sirtori, welche den Marsch gegen Oliosi fortsetzte. Die Division Cerale folgte bald nach.

[2]) Es waren dies Abtheilungen der bei Pernisa entwickelten Brigade Brescia. Die zweite Brigade Valtellina der Division Sirtori war auf der Höhe zwischen S. Lucia und Via Cava dem Blicke des bei S. Rocco stehenden Beobachters entzogen.

[3]) Es war dies die irre gegangene Avantgarde der Division Sirtori unter Grl. Villahermosa, welche sich mit der Besetzung von Oliosi beeilte, nachdem deren Spitze bei Busetta auf eine Infanterie-Patrulle des 5. Corps gestossen war.

einem Bataillon im zweiten Treffen; die 4pfündige Fuss-Batterie 2/V mit 4 Geschützen auf dem Hügel südlich von Brolino und mit 4 Geschützen weiter rückwärts zwischen Brolino und S. Rocco an der Strassentheilung, Alles Front nach West.

Die Geschütz-Reserve des Corps (die 4pfdr. Fuss-Batterie Nr. 5/V und 4pfdr. Cavallerie-Batterie Nr. 7/V) protzte zwischen der Brigade Piret und dem Gehölte Corte ab und eröffnete ein langsames aber wohlgezieltes Feuer gegen die feindlichen Geschütze bei Oliosi. Die Cavallerie (6 Züge Sicilien-Uhlanen) dienten der Geschütz-Reserve als Bedeckung und standen bei Corte.

Während dieses Aufmarsches der Brigaden Bauer und Piret und der Geschütz-Reserve war auch die Brigade Möring von Sona her im Anmarsche. Diese Brigade war, — nach Entsendung des 4. Zuges der 4. Escadron Sicilien-Uhlanen vor Tagesanbruch nach Sommacampagna, — um 4 Uhr aufgebrochen und um 5 Uhr über Ca vecchia bei Montresore angekommen, um das Defilé zu besetzen. Da jedoch zur selben Zeit auch die zur Ablösung bestimmte Brigade Scudier in der Nähe anlangte, so marschirte die Brigade Möring über le Borghe nach S. Giorgio zu ihrem Corps ab, wobei das der Cavallerie-Brigade Pulz in letzter Zeit zugetheilt gewesene 21. Jäger-Bataillon, das die Nacht vom 23. auf den 24. im Lager bei S. Lucia zugebracht hatte und aus demselben um 3 Uhr Früh aufgebrochen und über Sona heranmarschirt war, wieder zur Brigade stiess.

Als die Tête der Brigade bei Casanuova an der Eisenbahn anlangte, veranlasste das bei S. Rocco entstandene Geschützfeuer den Brigadier, seine Truppen in die Gefechtsformation, Front nach Westen, übergehen zu lassen, und zwar am rechten Flügel die 4pfdr. Brigade-Batterie 4/V und das Infanterie-Regiment Grueber; am linken Flügel das Infanterie-Regiment Erzherzog Leopold, das 21. Jäger-Bataillon und die zugetheilte 8pfdr. Reserve-Batterie 10/V. Die Brigade nahm dann die Direction über Spolverino, vollführte während des Marsches eine Frontveränderung links und gelangte kurz vor 8 Uhr hinter S. Rocco di Palazzolo.

Der vom GM. Möring unter persönlicher Führung des Escadrons-Commandanten Rittmeister Binder nach Sommacampagna entsendete Uhlanenzug hatte in diesem Orte einen Huszarenzug vom 9. Corps getroffen und war nach dem Eintreffen der Avantgarde dieses Corps zur Brigade eingerückt, die er westlich von Casazze traf, und in deren rechter Flanke er dann blieb.

Das 7. Corps (FML. Baron Maroičić) brach aus seinem Lager bei S. Massimo mit der Brigade Scudier und der 6. Escadron Bayern-Huszaren um 3 Uhr, mit der Brigade Welsersheimb um 5 Uhr, mit der Brigade **Töply** etwas nach 5 Uhr gegen Sona auf. Geschütz-Reserve und Munitionspark des Corps folgten der letzten Brigade.

Die Brigade **Scudier** benützte die Strasse nach Sona bis Mancalacqua, bog hier gegen die Eisenbahnstation Sommacampagna ab, traf ungefähr 5 Uhr Früh in der Nähe von Casazze ein und nahm vorwärts des Gehöftes auf den Höhen bei Zerbare um 6¾ Uhr Stellung: mit dem Regimente **Kronprinz Erzherzog Rudolf** nördlich von Zerbare, Front gegen Westen, mit dem Regimente **Erzherzog Ernst** und der Batterie 2/VII südlich anschliessend bis Nadalini.

Die Fusstruppen der Brigaden **Welsersheimb** und **Töply** benützten zum Marsche den Weg von S. Massimo, an Fusara vorbei, bis Casone und von da den Eisenbahndamm; die Batterien der beiden Brigaden sowie die Geschütz-Reserve und der Munitionspark marschirten auf der Strasse über Lugagnano gegen Sona. Unterwegs erhielten die letztgenannten zwei Brigaden und die Geschütz-Reserve, welche die Armee-Reserve bildeten, den Befehl des Erzherzogs, gleichfalls nach Casazze zu rücken. Sie nahmen ihren Weg durch das Defilé der Eisenbahnstation Sommacampagna und trafen an dem ihnen zugewiesenen Aufstellungsorte zwischen 8 und 9 Uhr ein.

Das 9. Corps (FML. **Hartung**) hatte während der an diesem Tage zu vollführenden Schwenkung der Armee nach Süden die Höhen von Sommacampagna als Pivot der ganzen Bewegung zu sichern.

Da die Brigade Oberst **Pulz** am 23. bis zum Fort Gisella bei Verona zurückgegangen war, so lag die Befürchtung nahe, dass der Feind den wichtigen Punkt rasch in Besitz nehmen und durch einen starken Druck von hier aus die ganze Bewegung der Armee lähmen könnte. Um dies zu verhindern, Sommacampagna möglichst vor dem Feinde zu erreichen, dabei auch die schnelle Entwicklung des Corps im Bedarfsfalle mehr zu sichern, als dies bei einem Marsche in einer einzigen Colonne möglich gewesen wäre, beschloss FML. **Hartung**, nur eine Brigade des Corps den Weg nördlich der Eisenbahn einschlagen, die beiden anderen Brigaden aber, gefolgt von der Geschütz-Reserve und dem Munitionsparke, in zwei Colonnen direct auf Sommacampagna vorrücken zu lassen. Zur Recognoscirung dieses Ortes war schon am 23. Abends 10 Uhr ein Zug Württemberg-Huszaren Nr. 11 vom Corps-Commando vorgesendet worden.

Die 3 Colonnen des Corps brachen um 3 Uhr Früh aus ihren Biwaks auf. Die Brigade **Böck** benützte, da sie auf der Strasse nördlich der Eisenbahn schon die Brigade **Scudier** fand, den Eisenbahndamm als Marschlinie. Die Brigade **Weckbecker** ging auf der directen Strasse nach Sommacampagna, die Brigade **Kirchsberg** über Caselle d'Erbe gegen Madonna della Salute vor. Die 4. Génie-Compagnie marschirte mit der Brigade

Weckbecker, die Geschütz-Reserve und der Munitionspark unter Bedeckung der 4., 5. und 6. Compagnie Thun folgten der Brigade Kirchsberg.

Bald nach dem Aufbruche traf vom Huszaren-Zuge aus Sommacampagna die Meldung ein, dass der Ort vom Feinde bis 1½ Uhr Nachts noch nicht besetzt worden wäre.

Die Têten der Brigaden Weckbecker, Kirchsberg und Böck, welch' letztere bei der Eisenbahnstation gegen Süden abbog, langten in Sommacampagna um 5¼ Uhr, 6 und 8¼ Uhr ein.

Die Brigade Weckbecker ward gleich nach Berettara vorgeschoben, die Brigade Kirchsberg besetzte Sommacampagna, und die dem Corps zugetheilte Génie-Compagnie richtete den Ort zur Vertheidigung her.

Um ungefähr 7 Uhr Früh hatte die Brigade Weckbecker ihren Aufmarsch auf den Höhen bei Berettara, Casa del Sole und Zenolino, und die Brigade Kirchsberg den ihren in Sommacampagna bewirkt.

Der Corps-Commandant begab sich auf die Höhe bei Casa del Sole. Vor der Front des Corps war mit Ausnahme einzelner Reiter kein Feind sichtbar; bald aber zeigte Kanonenfeuer in der Richtung von S. Rocco an, dass das Gefecht dort bereits begonnen hatte. In der Ebene nordöstlich von Villafranca war deutlich zu sehen, dass sich die kaiserliche Reiterei bereits im Kampfe mit dem aus dem Orte debouchirenden Feinde befand. Lang gedehnte Staubwolken hinter Villafranca verriethen den Anmarsch starker feindlicher Massen.

Die Cavallerie-Brigade Pulz, 4 Escadrons Kaiser-Huszaren, 4 Escadrons Graf Trani-Uhlanen und die 4pfd. Cavallerie-Batterie Nr. 8/V, war nach 3 Uhr aus dem Lager bei Fort Gisella aufgebrochen, über Camponi gegen Sommacampagna marschirt, etwas vor Campagnola links in die Cultur eingebogen und hatte dann die Richtung gegen Palazzina, la Casetta und Ganfardine eingeschlagen.

Die dem Obersten Pulz unterstellte Cavallerie-Brigade Bujanovics hatte, wie ihr vom Armee-Commando befohlen worden war, um 2¼ Uhr Früh die 1. Escadron des 3. Huszaren-Regiments Prinz Carl von Bayern in südlicher Richtung abgesendet, um den Raum zwischen der Etsch und dem Tione bis an die Strasse Nogara-Legnago aufzuklären.

Der Rest der Brigade (7 Escadrons, von welchen 5 Escadrons über Nacht auf Vorposten gestanden) hatte sich beiläufig um 5¼ Uhr bei Calzoni gesammelt und war dann in zwei Colonnen gegen Accademia vorgerückt. Die nördliche Colonne bestand aus 2 Escadrons Bayern-Huszaren und 2 Escadrons Sicilien-Uhlanen, die südliche Colonne aus 1¾ Escadron Württemberg-Huszaren. Als Flankendeckung marschirte längs der Chaussée gegen Villafranca die 2. Escadron Württemberg-Huszaren, und auf der Chaussée selbst vor dieser Escadron ein Zug der 5. Escadron desselben Regiments, welcher bereits um 3 Uhr Früh zur Eclairirung der zwischen der Eisenbahn und der Strasse nach Sommacampagna gelegenen Terrainstrecke abgesendet worden war.

In der Höhe von Calori stiess dieser Zug auf eine feindliche Escadron, — die Vorhut der etwa um $5\frac{1}{2}$ Uhr in Villafranca eingetroffenen feindlichen Division Prinz Humbert, — und wich gegen die Brigade aus.

Von der 2. Escadron Württemberg-Huszaren attakirt, wendeten die feindlichen Reiter und zogen sich, von den Huszaren verfolgt, eiligst gegen Villafranca durch eine Kette Bersaglieri zurück, hinter welcher, hart vor dem Orte, zwei Reihen Bataillons-Carrés und Batterien standen.

Da die feindliche Infanterie gegen die vorprellenden Eclaireurs der Huszaren-Escadron Feuer gab, stellte diese die weitere Verfolgung ein und zog sich, vom Feinde mit Geschützfeuer verfolgt, ($6\frac{3}{4}$ Uhr Früh) langsam zurück. Die beiden anderen Escadrons Württemberg-Huszaren (5. und 6.) waren zur Aufnahme der 2. Escadron vorgegangen, vereinigten sich mit derselben und rückten dann bei den 4 übrigen Escadrons der Brigade Bujanovics ein, welche sich eben bei Accademia entwickelten.

Inzwischen war die Brigade Pulz über Palazzina hinausgelangt.

Als Oberst Pulz das Kanonenfeuer hörte, vermuthete er eine gegen die Brigade Bujanovics gerichtete feindliche Vorrückung in der linken Flanke und beschloss in der Richtung des Geschützfeuers vorzugehen, um dem aus Villafranca vorbrechenden Gegner in die Flanke zu fallen.

Oberst Bujanovics ward von dieser Absicht verständigt und aufgefordert, sich rechts zu halten und dadurch die taktische Vereinigung der gesammten Cavallerie zu bewirken.

Kurz darauf erhielt Oberst Pulz durch seine Eclaireurs die Meldung, dass sich zwei feindliche Cavallerie-Regimenter vor Villafranca befänden, worauf derselbe sogleich das Uhlanen-Regiment Trani östlich, das Huszaren-Regiment Kaiser Franz Josef etwas zurückgezogen westlich der Strasse Sommacampagna-Villafranca in Escadrons-Colonnen, die Batterie auf der Strasse selbst, vorgehen liess.

Südlich von Ganfardine angekommen, ward Oberst Pulz der vor Villafranca sich bewegenden feindlichen Truppen ansichtig.

Er liess sofort die Batterie mit zwei Geschützen auf der Strasse, mit den übrigen links derselben auffahren und das Feuer eröffnen. Die feindliche Artillerie nahm den Kampf sogleich auf, ohne jedoch eine Wirkung zu erzielen.

Die beiden Cavallerie-Regimenter marschirten indessen auf, und zwar

Kaiser-Huszaren in der Nähe von Ganfardine, während das Regiment Trani-Uhlanen, nachdem Oberst Pulz um ungefähr 7¼ Uhr den Befehl zum Angriff auf die vor Villafranca vermuthete feindliche Cavallerie gegeben hatte, sich ohneweiters in dieser Richtung rascher in Bewegung setzte.

Letzteres gewann im Laufe der Vorrückung bald einen ziemlichen Vorsprung vor den Huszaren, wesshalb demselben der Befehl zugesandt ward, langsamer vorzugehen und die Verbindung mit dem Huszaren-Regimente nicht zu verlieren. Doch erreichte dieser Befehl das Regiment nicht mehr; dasselbe war inzwischen in den Bereich des feindlichen Feuers gekommen und dadurch zu noch schnellerem Vorgehen veranlasst.

Ohne feindliche Cavallerie vor sich zu finden, war das Uhlanen-Regiment ungefähr 500 Schritte südlich Canuova auf eine dichte Kette Bersaglieri gestossen, hinter welcher kleine geschlossene Abtheilungen der Division Prinz Humbert standen.

Das kühne Regiment warf sich ohne Zaudern auf die feindlichen Infanterie-Abtheilungen, ritt dieselben nieder, oder drang zwischen ihnen durch, und stürmte auf die in zweiter Linie stehenden Bataillons der Brigade Parma, welche, auf den Angriff wenig gefasst, kaum Zeit fanden, Carrés zu formiren. Prinz Humbert war gezwungen, mit seinem Stabe in einem derselben Schutz zu suchen.

Die Uhlanen konnten den hinter dichten Baumreihen gedeckt stehenden Vierecken zwar nicht beikommen, brachen aber zwischen denselben durch und ritten bei dieser Attake die Ecke eines der feindlichen Carrés nieder.

Ein anderes am rechten Flügel der zweiten feindlichen Linie, noch nicht im Carré formirtes Bataillon ward erreicht und in die grösste Unordnung gebracht. Zwei an der Veroneser Strasse stehende Geschütze wurden im Rücken angegriffen und genommen und dabei eine zur Rettung herbeigeeilte feindliche Escadron zurückgeworfen [1]).

Hiemit war jedoch auch dieser heldenmüthige Angriff an der Grenze des Erreichbaren angelangt. Auf allen Seiten umgeben von feuernden Infanterie-Carrés, war das Verbleiben des Regiments in diesem Raume unmöglich.

Obgleich jenseits der Strasse noch mehrere Carrés sichtbar waren, so schien es doch, als ob das Durchschlagen in südlicher Richtung möglich wäre, und der grössere Theil des Regiments wandte sich dahin. — Doch der tiefe und breite Chausséegraben, der von den Meisten erst im letzten Augenblicke bemerkt wurde, war ein unüberwindliches Hinderniss. Viele

---

[1]) Die Fortschaffung der Geschütze konnte nicht erfolgen, weil die Bespannung derselben rechtzeitig nach rückwärts in Sicherheit gebracht worden war.

Reiter stürzten in denselben, die Escadrons erlitten hier furchtbare Verluste; schliesslich blieb Nichts übrig, als auf demselben Wege zurückzugehen, auf dem die Attake geschehen war, — noch einmal an den feindlichen Carrés vorbei. Diese hatten sich mittlerweile gefasst, die Gewehre geladen und überschütteten die davoneilenden Uhlanen mit ihrem Feuer.

In der Nähe von Casino, westlich der Chaussée, rallirte Oberst Rodakowski die Reste seines an Bravour unübertroffenen Regiments, von welchem kaum viel mehr als 200 Reiter übrig geblieben waren und suchte dann über Ganfardine wieder die Brigade zu erreichen.

Mittlerweile war auch das zwischen der Fossa Berettara und der Strasse vorrückende Huszaren-Regiment Kaiser Franz Josef in der Nähe von Villafranca auf drei feindliche Cavallerie-Escadrons gestossen, welche jedoch den Angriff nicht erwarteten, sondern bei dem Anblicke des Huszaren-Regiments Kehrt machten und die rückwärts in Vierecken formirten Bataillons der Division Bixio demaskirten, die etwas später als die Division Prinz Humbert bei Villafranca eingetroffen war und sich links neben der letzteren entwickelt hatte.

Wie Trani-Uhlanen etwas früher, so fiel nun auch das Huszaren-Regiment mit allem Ungestüm die feindliche Infanterie an, brachte mehrere Carrés in Unordnung — und drang zwischen denselben durch.

Eine feindliche Cavallerie-Abtheilung, welche in diesem Augenblicke dem Huszaren-Regimente in die rechte Flanke zu fallen versuchte, ward durch eine entgegengeworfene Escadron zurückgejagt.

Schliesslich musste sich jedoch auch dieses Regiment, welches unter der Führung seines Commandanten Oberstlieutenant Rigyitsky sich auf das heldenmüthigste und seines Namens würdig geschlagen hatte, aus dem feindlichen Feuer ziehen.

Unmittelbar nach der Attake von Kaiser-Huszaren griff um etwa $7\frac{1}{2}$ Uhr die Brigade Bujanovics in das Gefecht ein. Diese Brigade hatte sich nach Erhalt des Befehles zum Rechtsziehen, im Trabe gegen Ganfardine bewegt und war südlich davon mit Württemberg-Huszaren am rechten, Sicilien-Uhlanen staffelförmig zurückgezogen am linken Flügel, Bayern-Huszaren im Centrum aufmarschirt.

Im Trab und Galop rückten sodann alle 7 Escadrons trotz des heftigen und namentlich bei Caselle fühlbar gewordenen feindlichen Geschützfeuers gegen Villafranca vor.

Bei Canuova versuchten es einige feindliche Escadrons gegen die Flügel der Brigade vorzurücken, wurden jedoch von Württemberg-Huszaren (rechter Flügel) und Sicilien-Uhlanen (linker Flügel) mit Ungestüm angegriffen, geworfen und bis an die feindlichen Carrés zurückgejagt, worauf sowohl die Huszaren- als Uhlanen- Abtheilungen, ohne einen Versuch gegen die feindliche Infanterie zu machen, den Rückzug antraten.

Die während dieser Attake die Mitte der Brigade bildende und als Reserve zurückgehaltene Division Bayern-Huszaren nahm die zurückkehrenden Escadrons auf, indem sie die feindliche Reiterei, welche über ihre Infanterie vorbrechend eine Verfolgung wagte, angriff und zurücktrieb.

Diese beiden Attaken verliefen in circa ¼ Stunde; die Brigade sammelte sich hierauf nördlich Canuova. Es war 8 Uhr.

Um diese Zeit ordnete sich auch das Regiment Kaiser-Huszaren bei der Batterie in der Nähe von Ganfardine, und um 8¼ Uhr gingen beide Cavallerie-Brigaden bis la Casetta zurück.

Eine Escadron Kaiser-Huszaren und eine Escadron Sicilien-Uhlanen blieben möglichst hart am Feinde und beobachteten mit vorgeschobenen Patrullen den bei Villafranca stehen gebliebenen Gegner. Trani-Uhlanen formirte sich mit seinen Resten in der Nähe von Sommacampagna.

Gross waren die Opfer des Kampfes, mit welchen diese herrlichen Reiterregimenter unter ihren kühnen und entschlossenen Führern in den frühen Morgenstunden des Tages die Schlacht eingeleitet hatten, doch diese Opfer waren nicht umsonst gebracht. Der Gegner war durch die rücksichtslosen Angriffe der kaiserlichen Reiterei völlig eingeschüchtert; die bei Villafranca befindliche massenhafte Infanterie, nämlich die Divisionen Prinz Humbert und Bixio, im Ganzen bei 36 Bataillons mit sechs Batterien, beschränkte sich fortan auf die Defensive; ja man hielt es sogar für nothwendig, dieselbe noch durch die gegen Villafranca disponirte Brigade Pistoja der Division Govone zu verstärken, und die feindliche weit überlegene Reiterei wagte es den ganzen Tag nicht mehr, ernstlich vorzubrechen.

Auf den Besitz des wichtigen Punktes Sommacampagna und selbst für die Entscheidung der Schlacht war dies von grossem Einflusse.

Wie bereits bei der Darstellung der Ereignisse vom 23. Juni erwähnt, hatte das Commando der italienischen Armee die Absicht gehabt, am 24. mit den am Mincio concentrirten Streitkräften in der Ebene von Villafranca und in dem Hügellande bei Sommacampagna, Sona und Castelnovo eine feste Stellung einzunehmen. Es waren demgemäss folgende Befehle für den 24. ausgegeben worden [1]):

Das I. Corps (Durando) sollte sein Hauptquartier nach Castelnovo

---

[1]) Nach La Marmora's „Secondo Rapporto sulle operazioni militari del 23. e 24. Giugno 1866".

verlegen, mit drei Divisionen am linken Mincio-Ufer die Höhen von Sona und S. Giustina besetzen und Pastrengo und Peschiera beobachten, die Division Pianell aber zur Beobachtung dieser letzteren Festung auf dem rechten Flussufer zwischen Monzambano und Pozzolengo belassen.

Das III. Corps (della Rocca) sollte die Linie des I. Corps über Sommacampagna bis Villafranca verlängern, und die Linien-Cavallerie-Division (Sonnaz) die rechte Flanke der Armee durch eine Aufstellung bei Quaderni und Mozzecane sichern.

Das II. Corps (Cucchiari) sollte drei Brigaden vor Mantua, eine Brigade vor Borgoforte belassen, mit den beiden anderen in der Gegend von Castellucchio stehenden Divisionen aber den Mincio bei Goito überschreiten, Goito, Marmirolo und Roverbella besetzen und dem I. und III. Corps als Reserve dienen [1]).

Das Armee-Hauptquartier war nach Valeggio, dem natürlichen Mittelpunkt dieser Aufstellung bestimmt. Die permanente Brücke von Goito, die am 23. bei Molini della Volta, Bonati und Ferri, und eine am 24. bei Torre di Goito geschlagene Brücke sollten durch Verschanzungen gedeckt werden; die beiden permanenten Brücken bei Monzambano und Valeggio schienen durch die Besetzung des Hügellandes gesichert zu sein.

Es war den Corps zwar befohlen, mit der vor dem Feinde nothwendigen Vorsicht zu marschiren; der Mangel eines nennenswerthen Widerstandes beim Überschreiten des Mincio, wie nicht minder die Aussagen der Bevölkerung hatten jedoch allgemein die Überzeugung geschaffen, dass die kaiserliche Armee hinter der Etsch stehe und weit entfernt von der Absicht sei, sich vor diesem Flusse zu schlagen; die Bewegung am 24. ward daher im Heere kaum für mehr als eine einfache Dislocations-Veränderung gehalten. Der König für seine Person machte, den nahen Schlag der ihm werden sollte nicht ahnend, kurz vor Beginn des Kampfes, einen Spazierritt.

Das III. Corps hatte sich zwischen 1 und 2 Uhr Morgens in drei Colonnen in Bewegung gesetzt, um, wie ihm vorgeschrieben war, die Linie

---

[1]) Um die vor Mantua liegenden feindlichen Brigaden festzuhalten, liess der Festungs-Commandant am 24. zeitlich Morgens unter Oberst Jovanović Ein Bataillon Broder-, zwei Divisionen Peterwardeiner Grenzer, vier Raketen-Geschütze und 1 Escadron Württemberg-Huszaren einen Ausfall in westlicher Richtung machen. Die feindlichen Vortruppen wurden überrascht und aus den Gehöften Portinarolo und Terrabo vertrieben, worauf bedeutende Abtheilungen des Gegners aus Curtatone und Montanara vorrückten, und die kaiserlichen Truppen unverfolgt in die Festung zurückkehrten. Mit geringfügigem Verlust ward der Zweck erreicht: der Feind blieb vor der Festung stehen.

Sommacampagna - Villafranca zu besetzen. Rechts die 16. Division (Prinz Humbert) auf der Chaussée von Roverbella über Mozzecane nach Villafranca, in der Mitte die 7. Division (Bixio) mit der Bestimmung nach Ganfardine auf der von Massimbona nach Villafranca führenden Strasse. Die 8. Division (Cugia) hatte links auf dem Wege von Pozzolo (Ferri) über Remelli, Quaderni, Rosegaferro am Fusse der Höhen nach Sommacampagna zu marschiren und sollte dort an den rechten Flügel des I. Corps anschliessen.

In Reserve war die 9. Division (Govone) gefolgt, auf dem Wege von Le sei Vie, Bastranelle, Quaderni, Rosegaferro mit der Bestimmung nach Pozzo Moretta; die Cavallerie-Brigade des Corps (Saluzzo Cavalleggieri und Foggia Lancieri) an der Queue der Division Bixio, um bei Rosegaferro das Lager zu beziehen. Das Regiment Alessandria-Cavalleggieri war Escadronsweise bei den Divisionen und dem Corpsquartier eingetheilt.

Das letztere hatte sich um 4 Uhr von Goito auf der Hauptstrasse nach Villafranca in Bewegung gesetzt.

Die Division Prinz Humbert war um 5 Uhr 30 Minuten bei Villafranca angekommen.

Ihre Avantgarde (2 Bersaglieri-Bataillons und 1 Escadron) war mit dem von der Brigade Bujanovics vorgeschobenen Zug Württemberg-Huszaren, den sie für eine österreichische Vorposten - Abtheilung hielt, zusammengestossen. Die Division hatte hierauf den Ort passirt und sich vor demselben à cheval der Eisenbahn und der nach Verona führenden Strasse, mit der Brigade Parma im ersten Treffen entwickelt. Bald darauf hatte sie die bereits geschilderten Attaken der kaiserlichen Cavallerie auszuhalten.

Die Division Bixio war um 7 Uhr eben mit der Tête über Villafranca hinausgelangt, als die vorgeschobene Avantgarde der Division Prinz Humbert von der 2. Escadron Württemberg-Huszaren zurückgetrieben ward, und dort ein heftiges Geschütz- und Gewehrfeuer entstand, worauf sie rasch links neben der letztgenannten Division aufmarschirte.

Die Division Cugia war zur Zeit, als der Kampf vor Villafranca begonnen hatte, also zwischen 7 — 8 Uhr, bei Rosegaferro angelangt, rückte rasch vor und entwickelte sich mit der Absicht, die Divisionen Brignone und Bixio zu verbinden, in einer zur Strasse Villafranca-Valeggio parallel ziehenden Terrainsenkung. In die noch zwischen den Divisionen Cugia und Bixio bestandene Lücke wurden vom Corps-Commandanten Della Rocca zwei Escadrons Saluzzo Cavalleggieri und eine Escadron Genova-Cavalleria zur Verbindung eingeschoben.

Der Vormarsch der Division Govone war durch die Trains der vorausmarschirenden zwei Divisionen verzögert worden, so dass dieselbe erst gegen

8 Uhr bei Quaderni anlangte. Dort erhielt GL. Govone zuerst Befehl, den linken Flügel der Division Bixio zu unterstützen, worauf er die Brigade Pistoja mit 1 Batterie nach Villafranca absendete; als ihm bald darauf befohlen ward, die Division Brignone am Monte della Croce zu unterstützen, setzte er sich mit der zweiten Brigade Alpi und 2 Batterien über Canuova gegen Pozzo Moretta in Marsch.

Die Linien-Cavallerie-Division war dem III. Corps zugetheilt.

Vom I. Corps hatte: die 1. Division (Cerale) von Monzambano nach Castelnovo zu marschiren; die 5. Division (Sirtori) von Valeggio über Forcelli, S. Rocco, S. Giorgio nach S. Giustina; die 3. Division (Brignone) von Pozzolo über Valeggio, Custoza, Sommacampagna nach Sona; die Corps-Reserve (4 Bataillons Bersaglieri, 4 Batterien und das Regiment Aosta-Lancieri) von Volta über Valeggio nach Castelnovo. Ein Bataillon und eine Escadron sollten beim Corps-Train bleiben, welcher nach Valeggio bestimmt war. Diese Bewegungen beim I. Corps hatten zwischen 3 und 4 Uhr Früh begonnen; doch verhinderten einige Zwischenfälle, dass dieselben mit Übereinstimmung von Statten gingen.

Die Division Cerale (Brigade Forli und Train) war aus Besorgniss vor dem Feuer des Forts Monte Croce nicht auf dem vorgeschriebenen Wege heranmarschirt, sondern hatte es vorgezogen, mit ihrem ganzen Train Mincio abwärts bis Valeggio zu marschiren, um die Strasse von Castelnovo zu erreichen. Da gleichzeitig auch Truppen und Fuhrwerke von der 5. Division und der Reserve Valeggio passirten, so entstanden daselbst Kreuzungen und Zeitverlust.

Die Avantgarde der Division Sirtori unter General Villahermosa (2 Bataillons des 20. Regiments, das 5. Bersaglieri-Bataillon, 1 Escadron Lucca-Cavalleggieri, 2 Geschütze und eine Abtheilung Sappeurs) hatte in Forcelli den Weg verfehlt. Anstatt in den Seitenweg von S. Rocco di Palazzolo einzubiegen, war sie auf der Strasse nach Castelnovo verblieben; dadurch ward sie die Avantgarde der verspäteten 1., statt der eigenen Division, und verursachte so, dass die Division Sirtori ohne Vorhut unvermuthet auf österreichische Truppen stiess, wodurch der Aufmarsch nicht ohne Verwirrung und Übereilung geschah.

Die Division Brignone war um $3\frac{1}{2}$ Uhr von Pozzolo abgerückt, um 7 Uhr bei Torre Gherla eingetroffen und ward, als sich das Gefecht bei Villafranca entspann, auf den Monte della Croce disponirt.

Die am rechten Mincio-Ufer verbliebene Division Pianell besetzte am Morgen mit der Brigade Siena die Höhen zwischen Pozzolengo und Monzambano; mit der Brigade Aosta Monzambano und die Höhen gegen Ponti. Ein Bataillon am linken Fluss-Ufer bewachte den Zugang zur Bottura-Brücke.

Um 8 Uhr war sonach die **Stellung der italienischen Armee** die folgende:

Die Divisionen Prinz **Humbert** und **Bixio**, und wahrscheinlich auch die Cavallerie-Brigade des III. Corps vor Villafranca im Gefechte gegen die österreichische Reiterei [1]).

Die Linien-Cavallerie-Division bei Villafranca oder in dessen Nähe.

Links neben der Division Bixio, die Division Cugia. Die Division Govone brigadeweise im Marsche gegen Pozzo Moretta und Villafranca.

Vom I. Corps stand die Division Brignone auf dem Monte della Croce und bei Coronini; die Division Sirtori war bei Pernisa (deren Avantgarde bei Oliosi) mit dem 5. österreichischen Corps und der Reserve-Division in Kampf gerathen; die Division Cerale mit ihrer Spitze in der Nähe von Oliosi eingetroffen. Die Division Pianell zwischen Pozzolengo und Monzambano. Die Reserve des Corps auf dem Marsche von Volta nach Valeggio.

Vom II. Corps waren die Divisionen Longoni und Angioletti im Marsche von Castellucchio nach Goito und mit der Tête wahrscheinlich schon bei diesem Orte oder doch in dessen Nähe.

Bei der österreichischen Armee:
hatte die Ausfalltruppe von Peschiera eben die Festung verlassen, um über Cavalcaselle die Höhen von S. Lorenzo zu gewinnen und mit der Infanterie-Reserve-Division in Verbindung zu treten.

Von der Infanterie-Reserve-Division stand die Brigade Benko mit dem Gros auf dem Monte Cricol und im Gefechte mit dem Gegner; die Brigade Weimar war in der Entwicklung südlich der Eisenbahnstation Castelnovo begriffen.

Das 5. Corps bei S. Rocco di Palazzolo aufmarschirt, hatte 3 Batterien im Feuer.

---

[1]) Der Bericht La Marmora's lässt bei Villafranca am Morgen nur das Regiment Alessandria Cavalleggieri — welches, nebenbei gesagt, an die vier Divisionen des III. Corps und an dessen Hauptquartier Escadronsweise vertheilt war — an dem Kampfe gegen die kaiserliche Reiterei theilnehmen.
Nach den Relationen der dabei betheiligten kaiserlichen Abtheilungen waren jedoch weit stärkere Abtheilungen im Gefechte, und ganz bedeutende italienische Cavalleriemassen in der Nähe.

Das 7. Armee-Corps hatte die Brigade Scudier bei Zerbare. Der Rest des Armee-Corps nahm bei Casazze als Armee-Reserve concentrirte Aufstellung.

Vom 9. Armee-Corps war die Brigade Weckbecker zwischen Berettara und Casa del Sole entwickelt; die Brigade Karl v. Kirchsberg mit der Corps-Geschütz-Reserve hielt Sommacampagna besetzt; die Brigade Böck hatte auf dem Marsche nach Berettara Sommacampagna erreicht.

Die Cavallerie-Brigaden Pulz und Bujanovics hatten bereits einen glänzenden Kampf bei Villafranca geliefert und durch ihre ungestümen Angriffe den dort vielfach überlegenen Gegner derart erschüttert, dass er wie gelähmt fortan unthätig vor dem Orte stehen blieb.

Der Armee-Commandant, Se. kais. Hoheit FM. Erzherzog Albrecht, hatte sich mit seinem Stabe um 4 Uhr Früh von S. Massimo nach der Höhe von Montebello begeben, um dort den Aufmarsch der Armee abzuwarten. Bei der Ankunft Sr. kais. Hoheit waren von diesem Standpunkte nur in der Ebene von Villafranca leichte Staubwolken zu bemerken, welche sich dem Orte näherten und den Anmarsch des Feindes verriethen. Im Hügellande war noch Alles ruhig.

Gegen 6$^1/_2$ Uhr waren von den meisten Corps die Rapporte über die bezogenen Aufstellungen eingelangt. Kanonenfeuer bei Peschiera hatte um diese Zeit zuerst die Stille unterbrochen. Etwas später begann das Geschützfeuer beim 5. Armee-Corps, und bald darauf auch in der Ebene bei Villafranca, während gleichzeitig von Mozzecane her dichte Staubwolken aufstiegen.

Fasst man die Lage der kaiserlichen Armee, namentlich ihre numerische Schwäche im Verhältnisse zum Gegner in's Auge, so war Sommacampagna unstreitig der Punkt, den sie im Kampfe um jeden Preis festhalten musste und nicht verlieren durfte.

Der Feind andererseits musste, wenn er richtig handeln wollte, die Kampfentscheidung gleichfalls auf den Höhen von Sommacampagna suchen, seinen Hauptstoss gegen diesen Punkt führen, und unter Zertrümmerung des österreichischen linken Flügels, mit Kraft auf die Verbindungen zur Etsch zu wirken suchen. Die dem italienischen III. Corps und einem Theile des I. Corps gegebenen Marschrichtungen führten über Villafranca und Custoza direct auf die Verbindungen der kaiserlichen Armee und brauchten die auf denselben heranmarschirenden 60.000 Mann nur mit Entschiedenheit zur Verwendung gebracht zu werden, um ein grosses Resultat zu erreichen.

Kamen die feindlichen Kräfte in diesem Sinne zur Verwendung, dann hatte die kaiserliche Armee einen sehr harten Stand und kaum eine Aussicht, dem überlegenen Feinde gegenüber das Feld behaupten zu können.

Erzherzog Albrecht war sich dieser Lage ganz bewusst, eben so aber auch, dass sie nur durch Kühnheit zu überwinden sei. Er beschloss daher, sich in keinen Defensiv-Kampf, der sonst mit möglichst vereinter Kraft bei Sommacampagna hätte geführt werden müssen, einzulassen, sondern mit seiner Armee, sobald sie aufmarschirt war, selbst auf die Rückzugslinie des Gegners vorzubrechen.

Der Feind sollte dabei möglichst auf der ganzen Linie von Monzambano bis Sommacampagna beschäftigt, die Vorrückung gegen den am weitesten in die Ebene vorspringenden, wichtigen Punkt Custoza aber durch das Zusammenschieben von sechs Brigaden des 5., 7. und 9. Corps in der Linie S. Lucia, Monte Godi und dem Boscone am Staffalothale, vorbereitet werden.

Im weiteren Verlaufe der Dinge misslang zwar mancher Angriff und musste wiederholt werden; der Kampf wogte lange hin und her; doch im Ganzen ward die Absicht des Erzherzogs vom Erfolg gekrönt.

Der Feind, durch das unerwartete Erscheinen der kaiserlichen Armee auf der ganzen Linie völlig überrascht, kämpfte, wenn auch tapfer, so doch planlos und ohne Zusammenhang, verlor einen Theil des Schlachtfeldes nach dem anderen und überliess dasselbe endlich völlig dem kaiserlichen Feldherrn, der sein kleines Heer so muthig zum Siege zu führen verstanden hatte.

Sobald der Erzherzog entschlossen war, auf die feindliche Rückzugslinie zu wirken, konnte es ihm nicht mehr gefährlich dünken, wenn sich selbst eine grössere Masse des Feindes gegen Sommacampagna bewegte; ja es musste ihm dies erwünscht sein, und dass er es wünschte, geht aus dem folgenden Befehle hervor, den der Erzherzog um 7 Uhr 10 Minuten Früh durch einen Ordonnanz-Officier an Oberst Pulz erliess. Derselbe lautete: „Reiterei durch erfolglose Plänkeleien nicht zu sehr abhetzen. Feind „mehr gegen Sommacampagna locken. Kräfte der Pferde bis zur Entschei- „dung schonen. Nachricht geben wie stark feindliche Cavallerie, und ob „Infanterie in Villafranca. Wird bekannt gegeben, wann Moment zum Ein- „greifen der Cavallerie."

Dieser Befehl hatte jedoch nicht mehr rechtzeitig an seine Bestimmung gelangen können. Derselbe war kaum abgesendet, als um 7 $^1/_4$ Uhr heftiges Gewehr- und Geschützfeuer bei Villafranca und aufwirbelnde Staubwolken andeuteten, dass sich die kaiserliche Reiterei mit ihrer ganzen Wucht in den Kampf gestürzt hatte. Nach 8 Uhr bewegten sich dichte Staubwolken mit reissender Schnelligkeit gegen Mozzecane, und es schien, als ob die kaiserliche Reiterei die Oberhand behalten hätte.

Mittlerweile, um 7 $^1/_2$ Uhr, hatte der Erzherzog zum weiteren Vormarsche folgende Befehle erlassen:

An das 9. Armee-Corps. „Sommacampagna mit 1 Brigade „halten, die beiden andern Brigaden über Berettara, Casa del Sole, bis zum „Thaleinschnitte von Staffalo, ausdehnen."

An die Brigade Scudier. „Hat in der Richtung Zerbare gegen „Monte Godi vorzurücken. Das 9. Corps wird bis zum Thaleinschnitte von „Staffalo sich ausdehnen."

An das 7. Corps. „Die beiden Reserve-Brigaden haben nach Casazze „hinter Sommacampagna zu rücken und dort zu halten. Brigade Scudier „erhält Befehl, über Zerbare und Monte Godi vorzurücken."

Um 8 Uhr erging an das 5. Corps folgender Befehl: „5. Corps „rückt von San Rocco über den Tione in der Richtung S. Lucia vor, sobald „Reserve-Division Oliosi besetzt hat, wovon sich die Überzeugung verschaffen. „Weiters energisch vorgehen gegen den Monte Vento. Reserve-Division muss „gegen Monzambano zwischen dem Wege von Salionze und jenem von „Oliosi gegen Ponte Bottura (Monzambano) Stellung nehmen und den Über„gang von Monzambano zerstören. Reserve-Division Befehl überschicken" [1]).

Ereignisse zwischen 8 und 11 Uhr. [2])

Der auf den Höhen bei der Reserve-Division und dem 5. Corps begonnene Kampf breitete sich bald über das ganze Hügelland aus und nahm den ernstesten Charakter an.

Beginnen wir bei der Schilderung desselben mit den Vorgängen auf dem rechten Flügel der kaiserlichen Armee.

Kampf um den Monte Cricol. Der Aufmarsch der vier Bataillons unter GM. Benko war noch nicht vollendet, als der Feind zum Angriffe vorrückte.

General Villahermosa hatte nach dem Zusammenstosse seiner Avantgarde mit einer Infanterie-Patrulle des 5. Corps rasch Oliosi mit dem 3. Bataillon des 20. Regiments und mit 2 Geschützen besetzt, und liess dann den Monte Cricol und Mongabia, wo mittlerweile die Colonne unter GM. Benko angekommen war, durch das 5. Bersaglieri-Bataillon angreifen. Ebenso rasch als kühn drangen die Bersaglieri bis in Nähe der Batterie vor, deren Commandant durch einen Gewehrschuss verwundet ward.

---

[1]) Dieser Befehl kam dem Commandanten des 5. Corps erst zwischen 10 und 11 Uhr zu.

[2]) Vergleiche Plan des Schlachtfeldes von Custoza. (Stand der Schlacht um 9 Uhr Früh.)

Aber im selben Momente schritt auch GM. Benko mit dem 37. Jäger-Bataillon und dem Deutsch-Banater Regimente zum Angriffe und warf das vom 4. Bataillon des 20. Regiments unterstützte Bersaglieri-Bataillon in Unordnung zurück.

General Villahermosa war ungefähr in die Linie Oliosi-Campagna rossa zurückgedrängt, als gegen 8 Uhr die Division Cerale am Kampfplatze eintraf und dem Gefechte eine neue Wendung gab.

Die an der Spitze marschirende Brigade Pisa ward mit der Front gegen den Monte Cricol, dem rechten Flügel an der Strasse, dem linken auf den Höhen zwischen M. Torcolo und Renati entwickelt, und eine Batterie zunächst der Strasse placirt.

Unter lebhaftem Geschütz- und Gewehrfeuer und wiederholten Attaken einer Guiden-Escadron griff diese Brigade mit dem 18. Bersaglieri-Bataillon und dem 29. Regimente den Monte Cricol und Mongabia, mit dem 30. Regimente Renati an.

Die Truppen Benko's, theilweise in Unordnung gebracht, konnten dem übermächtigen Stosse nicht widerstehen, wichen zurück, und der Gegner drängte so lebhaft nach, dass auch die am Monte Cricol stehende Batterie 9/V zum Abfahren genöthigt ward, bei welcher Gelegenheit zwei Geschütze und drei Karren umwarfen und zurückgelassen werden mussten. [1]).

Der Feind bemächtigte sich des Monte Cricol und eines Theiles der Häusergruppe Renati; — der Angriff auf Mongabia misslang [2]).

Eine andere Colonne wandte sich gegen Fenile und besetzte dieses Gehöft [3]).

Kleine Abtheilungen, namentlich Bersaglieri, drangen von da mit erwähnenswerther Kühnheit bis an die Strasse in die unmittelbare Nähe der sich sammelnden österreichischen Bataillons vor, wurden jedoch durch eine entgegengeworfene Grenzer-Abtheilung wieder verdrängt.

Unterdessen war auch die Brigade Forlì der Division Cerale auf der

---

[1]) Bald darauf, beim erneuten Vorrücken, wurden diese Geschütze wieder in's Gefecht gebracht.

[2]) Mongabia ward später verlassen; die Vertheidiger zogen sich auf die dahinter gelegene Höhe zurück, — die Italiener aber liessen den Weiler unbesetzt.

[3]) Nach dem durch Wahrheitsliebe und seltene Offenheit ausgezeichneten Werke des italienischen Majors und Sous-Chef des General-Stabes beim 1. Armee-Corps C. Corsi: „Delle vicende del primo Corpo d'armata" war dies wahrscheinlich ein kleiner Theil des 29. Regiments und das zur Flankendeckung der Brigade Forlì rechts vorgeschobene Halb-Bataillon des 43. Regiments. Da bei dieser Colonne auch Bersaglieri gesehen wurden, so ist anzunehmen, dass sich derselben ein Theil des zurückgeworfenen 5. Bersaglieri-Bataillons angeschlossen hatte.

Strasse bis in die Nähe von Mongabia nachgerückt, und die Truppen des GM. Benko hatten nun eine bedeutende Übermacht vor sich ¹).

Doch da trat plötzlich durch das Eingreifen österreichischer Truppen vom 5. Corps ein völliger Umschwung der Dinge in der Gegend von Oliosi ein.

Ein sehr kühner Reiter-Angriff bereitete diesen Umschwung vor.

Oberst Friedrich von Berres, Commandant des Uhlanen-Regiments Sicilien, welcher, wie schon früher erwähnt, mit sechs Zügen dieses Regiments bei Corte als Bedeckung der Geschütz-Reserve des 5. Armee-Corps stand, hatte die Vorgänge bei der Reserve-Division beobachtet und dem Rittmeister Baron Bechtoldsheim den Befehl gegeben, mit den noch disponibeln drei Zügen der 6. Escadron gegen die feindliche auf Fenile vorrückende Colonne anzureiten.

Bevor jedoch eine zum Überschreiten des Tione günstige Stelle zwischen Alzarea und Fenile aufgefunden werden konnte, ward letzteres vom Feinde erreicht und besetzt. Rittmeister Baron Bechtoldsheim ritt nun an die Strasse und auf dieser an den Monte Cricol vor, erblickte, über die Truppen Benko's vorbrechend, die noch in der Marsch-Colonne befindliche Brigade Forli, an deren Spitze die Generale Cerale und Dho mit ihren Stäben ritten, und stürmte durch die Brigade Pisa überraschend und ungestüm auf die Brigade Forli los.

Die Generale und deren Suite wandten alsbald ihre Pferde, zwei an der Tête der Colonne fahrende Geschütze folgten ihrem Beispiele und warfen im Davonjagen die eigene Truppe über den Haufen.

Die Uhlanen erreichten und zersprengten die Suite, durchritten den grössten Theil der Brigade Forli und nahmen zwei Geschütze, ohne sie jedoch in Sicherheit bringen zu können ²).

Die beiden feindlichen Generale hatten sich nur mit Mühe retten können. GL. Cerale erhielt einen Schuss, General Dho drei Lanzenstiche ³).

---

¹) Die Brigade Forli traf nur mit 5 Bataillons, einer Escadron Guiden, einem Zug Génie-Truppen und zwei Geschützen auf dem Schlachtfelde ein, weil drei Bataillons auf Vorposten gegen Peschiera und beim Train zurückgeblieben waren.

²) Nach Corsi soll GL. Cerale nur unbedeutende Streif-Commanden oder Ausfalltruppen von Peschiera oder Pastrengo vor sich vermuthet und es desshalb für überflüssig gehalten haben, die Brigade Forli aufmarschiren zu lassen.

Er hatte auch der Brigade Pisa wiederholt den Befehl gegeben, sich wieder in Colonne und in Marsch nach Castelnovo zu setzen. Grl. Villarey versuchte dies später, jedoch in einem Augenblicke, als er selbst auf der ganzen Linie angegriffen ward.

³) Nach Corsi's Darstellung soll gleichzeitig mit dem Angriffe des Rittmeisters Br. Bechtoldsheim auch österreichische Infanterie in die rechte Flanke der Brigade Forli, und zwar in nächste Nähe gekommen sein. Es ist dies jedoch schwer zu erklären, da zu jener Zeit die Brigaden Weimar und Piret noch nicht so weit vorgerückt waren. Das Geschoss, welches Cerale traf, war möglicherweise ein den Uhlanen zugedachtes italienisches.

In der Brigade Forli war durch den überraschenden Reiterangriff eine förmliche Panik eingerissen. Die vordersten Abtheilungen warfen sich in die Strassengräben und brachten zwar durch ihr Feuer den Uhlanen empfindliche Verluste bei, wichen jedoch schnell und rissen noch drei Bataillons mit, welche sich zerstreuten und theils nach Oliosi, theils in der Richtung gegen Monzambano und Valeggio flüchteten [1]).

Von den fünf Bataillons der Brigade Forli blieb nur eines beisammen.

Aber auch die heldenmüthigen 3 Züge Uhlanen waren beinahe vernichtet. Unmittelbar nach der Attake zählten sie 17 Reiter [2]).

Durch diese glänzende Reiterthat ward der Angriff der Reserve-Division sehr erleichtert, welcher nun auf der ganzen Linie des Monte Cricol gegen die Brigade Pisa erfolgte, und zwar am rechten Flügel mit 5 Compagnien Hohenlohe und 7 Compagnien Degenfeld gegen Renati, am linken Flügel mit dem Gros der Brigade Weimar gegen Fenile, und etwas später in der Mitte durch GM. Benko gegen den Monte Cricol und Mongabia.

Der rechte Flügel erstürmte Renati und drängte dem Feinde energisch nach [3]).

Das Gros der Brigade Prinz Weimar rückte wie bereits gesagt, mit 5 Compagnien des 1. Bataillons Degenfeld, dem 4. Bataillon Paumgartten und dem 36. Jäger-Bataillon über Alzarea, mit dem 3. Bataillon Degenfeld über Forcelli gegen Fenile vor.

Das letztgenannte Bataillon durchwatete den drei Fuss tiefen Tione und erstürmte im Vereine mit der als Vorhut von Alzarea angekommenen 5. Compagnie desselben Regiments nach lebhaftem Kampfe Fenile, verfolgte den Gegner mit rücksichtsloser Energie, machte zahlreiche Gefangene und eroberte auf der zwischen Oliosi und Mongabia befindlichen kleinen Terrainerhöhung vier Geschütze.

Auch der in der rechten Flanke der Brigade Möring vorgegangene und hieher gelangte Uhlanen-Zug unter Rittmeister Binder wirkte wacker mit und brachte eine grosse Zahl Gefangener vom 43. Regimente ein.

GM. Benko setzte sich, wie schon angedeutet, um einige Minuten

---

[1]) Rittmeister Baron Bechtoldsheim, dem das Pferd unter dem Leibe erschossen worden war, schwang sich auf das Pferd des durch einen Lanzenstich tödtlich verwundeten Majors, welcher das vorderste Bataillon der Brigade Forli commandirt hatte, und führte die Reste seiner Escadron zurück.

[2]) Der wirkliche Verlust an Todten, Verwundeten und Vermissten betrug 2 Officiere, 84 Mann und 79 Pferde.

[3]) In und bei Renati standen das 30. Regiment und 3 Compagnien vom 4. Bataillon des 20. Regiments, welch letztere sich der Brigade Pisa am äussersten linken Flügel angeschlossen hatten.

später als die beiden Flügel zum Angriffe in Bewegung und rückte mit dem 37. Jäger-Bataillon und dem 1. und 3. Bataillon Deutsch-Banater westlich der Strasse über den Monte Cricol, mit dem 2. Bataillon Deutsch-Banater über Mongabia vor, fand jedoch nur schwachen Widerstand, da die feindliche Mitte, beiderseits umfasst, bald wich [1]).

Mehr als diese Angriffe in der Front entschied ein anderer aus der Flanke, und so zu sagen gegen den Rücken des Feindes, dessen völlige Auflösung.

Während nämlich die Reserve-Division in der Front ihre Angriffe ausführte, griff die Brigade Piret vom 5. Corps Oliosi an und nahm dieses Dorf, obgleich es hartnäckig vertheidigt ward.

Erstürmung von Oliosi. 8—9¼ Uhr. Der Commandant des 5. Armee-Corps, GM. Baron Rodich, hatte von Brolino aus aufmerksam den seit 7½ Uhr begonnenen Kampf der Reserve-Division beobachtet.

Als das Gefecht derselben sich nordwärts zu ziehen begann, dabei fortwährend frische feindliche Truppen über den Monte Vento gegen den Kampfplatz der Reserve-Division heranrückten, glaubte GM. Baron Rodich diese Division überlegenen Kräften gegenüber und beschloss, sie durch einen Flankenangriff zu degagiren. Er gab, ungefähr um 8 Uhr, der bei Brolino stehenden Brigade Piret den Befehl, sogleich gegen Oliosi vorzurücken, den Ort zu nehmen, und so der Reserve-Division den Vormarsch nach Oliosi, wo sie nach der Disposition des Armee-Commandanten zunächst einzutreffen hatte, zu ermöglichen.

Die zwischen Brolino und Corte aufgeführten Reserve-Batterien 5/V und 7/V, dann die bei Brolino entwickelte Brigade-Batterie 2/V bereiteten den Angriff vor.

Zur Deckung der Brigade Piret in der linken Flanke ward das Regiment Benedek von der Brigade Bauer, und als Reserve die kurz vorher aus Casazze eingerückte Brigade Möring bestimmt.

Während diese Verfügungen getroffen wurden, führte Rittmeister Baron Bechtoldsheim den früher erwähnten Angriff aus.

GM. Piret stieg mit seiner Brigade die Höhe von Brolino hinab, das 5. Kaiser-Jäger-Bataillon als Avantgarde mit einer Division voran und je einer Division beiderseits des Weges Brolino-Oliosi. Vom Gros der Brigade folgten: nördlich der Strasse zwei Bataillons Baden in Divisionsmassenlinie im ersten, ein Bataillon in der Bataillons-Masse im 2. Treffen; südlich der

---

[1]) General Villarey, eben im Begriffe den Befehl Cerale's auszuführen, nämlich unter Deckung seiner rechten Flanke den Marsch nach Castelnovo fortzusetzen, fiel tödtlich getroffen an der Spitze einer Abtheilung des 80. Regiments.

Strasse das Regiment Crenneville mit 2 Bataillons im ersten und 1 Bataillon im zweiten Treffen, — alle drei Bataillons in Divisions-Massen.

Das Regiment Benedek marschirte links rück- und seitwärts der Brigade Piret, ebenfalls in Divisions-Massen formirt, mit dem 3. und 2. Bataillon im ersten und dem 1. Bataillon im zweiten Treffen. Der Rest der Brigade Bauer behielt die Höhen bei San Rocco besetzt; ihre Batterie, welche bei Forni stand und durch eine in der Nähe von Pernisa beinahe in ihrer Flanke aufgefahrene feindliche Geschütz-Abtheilung beschossen ward, brachte erst diese zum Schweigen und wandte dann ihr Feuer gleichfalls gegen Oliosi.

Das Corps-Commando liess später noch das 2. und 3. Bataillon Grueber von der Brigade Möring den Truppen des GM. Piret nachfolgen. Dieselben wurden jedoch bald, sammt dem Regimente Benedek durch das Erscheinen des Feindes in südlicher Richtung abgezogen.

Den Rest der Brigade Möring (das 21. Jäger-Bataillon, drei Bataillons Erzherzog Leopold, das 1. Bataillon Grueber und die 4pfdg. Fuss-Batterie 4/V) mit der 8pfdg. Reserve-Batterie 10/V behielt der Corps-Commandant zwischen Brolino und San Rocco zu seiner Verfügung.

Es war bald nach 8 Uhr, als die Vorrückung gegen Oliosi begann. GM. Piret nahm während derselben den rechten Flügel etwas vor, um mit der Reserve-Division schneller in Verbindung zu treten.

Der Tione ward rasch durchwatet; nach einem kurzen Tirailleurgefechte erstieg das Jäger-Bataillon das Rideau, stürzte sich in den Ort und erstürmte die Kirche und mehrere Gebäude in dem Augenblicke, in welchem das intact gebliebene Bataillon der Brigade Forli, verstärkt durch Schaaren dieser aufgelösten Brigade, in den südlichen und westlichen Theil des Ortes eindrang und sich dort festsetzte.

Die Infanterie, mit Ausnahme des 3. Bataillons Baden, welches der Brigadier als Reserve zurückbehielt, folgte den Jägern nach. Baden drang von Nordost, Crenneville von Südost in Oliosi ein und warfen den Gegner aus dem Dorfe [1]).

Nur ein neben der Pfarre stehendes Haus blieb, hartnäckig vom Feinde vertheidigt, in dessen Besitz, und ward erst nach etwa zwei Stunden durch die linke Flügel-Colonne der Brigade Benko (2. und 4. Bataillon Hohenlohe unter Oberst Graf Attems) genommen welche, wie schon früher er-

---

[1]) Nach Corsi hat das zur Brigade Forli gehörige 3. Bataillon des 43. Regiments, welches erst um die Zeit des Bechtoldheim'schen Angriffes auf dem Schlachtfelde eintraf, zur Degagirung der Brigade in der rechten Flanke einen Gegenangriff — wahrscheinlich gegen das 3. Bataillon Degenfeld, oder gegen den, nördlich der Strasse Brolino-Oliosi vorgerückten Theil der Brigade Piret — gemacht, welcher aber, nachdem der tapfere Commandant gefallen war, mit der Auflösung des Bataillons endete.

wähnt, sich zu weit links gehalten hatte, nach Brolino marschirt war und nun hinter der Brigade Piret in Oliosi einrückte. In dem, selbst nachdem es in Brand gesteckt war, noch längere Zeit tapfer vertheidigten Hause wurden 5 Officiere und 94 Mann gefangen.

Die Brigade Piret marschirte südlich vom Orte und à cheval der Strasse, Front gegen den Monte Vento, auf, u. z.: mit dem 3. Bataillon Baden westlich, dem 1. und 2. Bataillon östlich der Strasse, an letztere schlossen zwei Bataillons Crenneville an; das 2. Bataillon dieses Regiments kam an den äussersten rechten Flügel, das 5. Kaiser-Jäger-Bataillon in die Reserve.

In Oliosi blieb das 2. und 4. Bataillon und die 2. Compagnie Hohenlohe, welch' letztere, nachdem sie bei der Colonne des GM. Benko wacker mitgekämpft hatte, zufällig in den Ort gelangt war.

Die Brigade-Batterie 2/V, welche gleich nach dem Eindringen in Oliosi vorgezogen worden war, fuhr bei Ragajola auf und beschoss mit Erfolg den geworfenen Feind.

Während die Brigade Piret Oliosi erstürmte und die eben beschriebene Frontveränderung ausführte, war die Ausfalltruppe von Peschiera bei Ca Feliona eingetroffen, die Reserve-Division aber in eine Reihe vereinzelter Kämpfe verwickelt.

Am rechten Flügel der letzteren waren nach der Erstürmung Renati's die 2. und 3. Division Hohenlohe, dann die 5. Division und 6. Compagnie Degenfeld dem weichenden Feinde gegen Campagna rossa, die 4. und 6. Division Degenfeld gegen Burato gefolgt. Letzteres wurde im ersten Anlaufe gewonnen, wiederholte Angriffe gegen den Monte Torcolo misslangen jedoch, und nach empfindlichen Verlusten waren die ganz erschöpften beiden Divisionen Degenfeld genöthigt, sich hinter Burato zurückzuziehen.

Unterdessen ward nach einem hartnäckigen und wechselvollen Kampfe durch die 2. und 3. Division Hohenlohe Campagna rossa genommen und hierauf gegen den Monte Torcolo nachgedrängt, welchen der Feind nach kurzem Widerstande verliess. Während die 5. Division und die 6. Compagnie Degenfeld den Monte Torcolo säuberten und sich dort festsetzten, verfolgten die beiden Divisionen Hohenlohe in lebhaftem Gefechte den Feind eine Strecke weit in der Richtung auf Maragnotte [1]).

Am linken Flügel waren das 3. Bataillon und die 5. Compagnie Degenfeld, obwohl wiederholt durch Cavallerie angefallen, in heftigem Feuergefechte bis an die Strasse und in die Höhe von Oliosi, die 8. Division sogar bis

---

[1]) Die 1. Compagnie Hohenlohe, bei Contrada dei Maschi in die rechte Flanke detachirt, war zwar ausser Verbindung mit dem Bataillon gekommen, hatte jedoch in den Kämpfen bei Renati, Burato und am Monte Torcolo kräftig mitgewirkt.

über Valpezone in der Richtung gegen Maragnotte vorgedrungen. Die 1. und 2. Division Degenfeld waren dem 3. Bataillon über Mongabia nachgerückt.

Die Mitte der Reserve-Division hielt den Monte Cricol fest. Die beiden Batterien wurden dahin vorgenommen, ebenso das 36. Jäger-Bataillon und das 4. Bataillon Paumgartten, neben welchen sich das Deutsch-Banater Regiment und ein Theil des 37. Jäger-Bataillons sammelten und ordneten.

Eine Division des letzteren war dem 3. Bataillon Degenfeld gefolgt, über Oliosi hinausgekommen, und hatte sich der Brigade Piret angeschlossen.

Das 4. Bataillon Paumgartten war zur Unterstützung des Angriffes auf Campagna rossa vorbeordert, und vom Monte Cricol dahin im Vorrücken.

Das 4. Bataillon Maroičić war noch in Castelnovo.

Dies war die Lage der Reserve-Division, als GM. Rupprecht gegen 11 Uhr den Befehl erhielt, sich gegen Monzambano zu wenden und die Bottura-Brücke zu zerstören.

Von den Truppen Villahermosa's und der 1. Division wendete sich ein Theil gegen den Monte Vento unter den Schutz der dort angelangten Reserve des I. Armee-Corps; der grösste Theil jedoch zog sich kämpfend gegen Monzambano und Valeggio zurück.

Die Division Cerale war völlig zersprengt.

Der Commandant des 1. italienischen Armee-Corps, G. d. A. Durando, welcher der Division Cerale gefolgt war, beorderte, als er von ihrem Missgeschicke Kenntniss erhielt, die eben aus Valeggio debouchirende Reserve seines Armee-Corps: Aosta-Lancieri, 4 Batterien und die Bersaglieri-Bataillons Nr. 2, 8 und 13 unter Befehl des Generals Ghilini zur Besetzung des Monte Vento [1]).

Das zuerst angekommene Regiment Aosta Lancieri ward zur Unterstützung der zurückweichenden Truppen Cerale's über den Monte Vento hinausgeschoben, und eine Escadron attakirte mit grosser Bravour wiederholt die 7. Compagnie des Regiments Baden bei Valpezone, wobei sie jedoch empfindliche Verluste erlitt [2]).

---

[1]) Das noch dazu gehörige 4. Bersaglieri-Bataillon war zur Bedeckung des Corps-Trains bei Montalto am rechten Mincio-Ufer zurückgeblieben.

[2]) Corsi erzählt, dass auch die übrigen Escadrons dieses Regiments zwischen der Strasse und dem Tione brillante Attaken ausführten, und schreibt es dem dadurch bewirkten Zurückweichen und Aufenthalte der österreichischen Infanterie zu, dass die Bersaglieri-Bataillons und Batterien der Reserve noch den Monte Vento erreichen und besetzen konnten. Die sehr detaillirt gehaltenen Relationen der Brigade Piret, gegen welche diese Attaken doch allein gerichtet sein konnten, erwähnen nur der durch dieselbe Escadron ausgeführten 2 Attaken bei Valpezone; die übrigen Escadrons der Lancieri d'Aosta scheinen der Brigade Piret gar nicht zu Gesicht gekommen zu sein.

Das 8. Bersaglieri-Bataillon rückte durch das Defilé bis in die Linie Bussetta-Maragnotte vor, wo es sich in einem Graben einnistete. Das 2. Bersaglieri-Bataillon besetzte die Höhen bei Fontana Fredda. Das 13. Bersaglieri-Bataillon blieb am Monte Vento als Reserve.

Die noch kampffähigen Abtheilungen der Division Cerale und des Generals Villahermosa schlossen sich zum Theile dem 8. und 2. Bersaglieri-Bataillon an.

Die 4 Batterien der Geschütz-Reserve entwickelten sich am Ausgange des Defilés à cheval der Strasse. Von den zurückweichenden Geschützen der Division Cerale wurden 3 Geschütze angehalten und in Linie gestellt, so dass hier 27 Geschütze vereinigt waren.

Es entwickelte sich nun (10 Uhr 40 Minuten) ein äusserst heftiger Artilleriekampf, der längere Zeit anhielt.

Von Seite des österreichischen 5. Armee-Corps wurden die Reserve-Batterien 5/V und 7/V nach Colombarola vorgezogen, die Batterie 10/V fuhr bei Forni und später mit zwei Geschützen bei Rosoletti auf. Mit dem Feuer dieser Batterien vereinigten das ihrige die Batterie 3/V der Brigade Bauer bei Forni, 2/V der Brigade Piret bei Rognjola und 9/V der Reserve-Division vom Monte Cricol.

Die feindlichen Batterien wechselten häufig ihre Positionen, erwiderten jedoch kräftig das Feuer.

Zurückdrängen der Division Sirtori über den Tione.

Das Gros dieser Division war (wie bereits gesagt ohne Avantgarde) mit der Tête über den Tione und bei Pernisa angelangt, als sich der an der Spitze befindliche GL. Sirtori plötzlich durch eine vom Regimente Nagy gegen S. Lucia vorgegangene Patrulle mit Gewehrschüssen begrüsst sah.

Da auch fast gleichzeitig die ersten Kanonenschüsse gegen die Colonne des Generals Villahermosa fielen, und dem General Sirtori somit jeder Zweifel über die Gegenwart österreichischer Truppen benommen war, bewirkte er rasch den Aufmarsch der hier 6 Bataillons zählenden Brigade Brescia, und zwar mit 2 Bataillons des 20. Infanterie-Regiments auf den Höhen südöstlich von Pernisa, mit dem 19. Infanterie-Regimente auf den Höhen bei Feniletto, mit 4 Geschützen bei Pernisa.

Die Brigade Vallellina mit einer Batterie nahm als zweites Treffen am rechten Tione-Ufer auf den Höhen bei Via Cava und S. Lucia Stellung [1]).

---

[1]) GL. Sirtori sandte gleichzeitig an General Villahermosa den Befehl, sich mit der Division in der Richtung gegen S. Rocco di Palazzolo zu vereinigen. Letzterer war jedoch schon mit der Reserve-Division im Gefechte und konnte dem Befehle nicht mehr folgen.

Das mit der Deckung der Brigade Piret in der linken Flanke betraute Regiment Benedek war von Palazzina in der Richtung gegen Fenilone vorgerückt. In der Höhe von Jese sah es sich plötzlich in der eigenen linken Flanke von einem vorgeschobenen Theile des 19. italienischen Regiments angegriffen.

Das im 2. Treffen befindliche 1. Bataillon ward zuerst dem Feinde in der Richtung gegen Jese entgegengeworfen. Die beiden anderen Bataillons wurden gleichfalls gegen Süden, u. z. das 2. Bataillon gegen Jese, das 3. gegen Feniletto disponirt. Obgleich tapfer vertheidigt, wurden die Höhen mit dem Bajonnete genommen.

Allein der Gegner sammelte sich rasch und machte bedeutend verstärkt einen energischen Gegenstoss. Starke Abtheilungen stürmten die Front des Regiments, eine feindliche Colonne drang durch die Einsattelung bei Jese gegen die linke Flanke des 1. Bataillons vor, gleichzeitig erschienen feindliche Reiter-Abtheilungen (Lucca Cavalleggieri) und nöthigten die Flügel zur Formirung von Klumpen und Carré's. Derart angegriffen, musste das Regiment weichen. Die 4. Division behauptete jedoch standhaft die mit Cypressen bewachsene Höhe bei Jese, so dass sich das Regiment dort sammeln konnte, während das vom Brigadier Oberst Bauer, welcher das Gefecht persönlich leitete, aus S. Rocco di Palazzolo in der Richtung auf S. Lucia vorbeorderte 19. Jäger-Bataillon über Rosoletti herbeieilte.

Dieses Bataillon drang mit Ungestüm in die Flanke des Feindes und gegen Pernisa vor, wo selbst die feindliche Batterie in Gefahr kam. Der Gegner sah sich plötzlich in die Defensive zurückgeworfen, und da auch das wieder geordnete Regiment Benedek den Angriff erneuerte, wankten die feindlichen Bataillons und zogen sich schliesslich in Unordnung über den Tione zurück [1]).

Ein Theil des 19. Jäger-Bataillons folgte den Fliehenden bis Muraglie und behauptete sich einige Zeit in dessen Nähe.

Oberst Bauer wollte die errungenen Erfolge vervollständigen und beabsichtigte durch das Infanterie-Regiment Nagy die Höhen von S. Lucia angreifen und nehmen zu lassen. (10½ Uhr.) Da erschienen aber auf dem Monte Vento die feindlichen Reserve-Batterien, auch die Batterie der Bri-

---

[1]) Das 19. italienische Regiment wich in voller Auflösung über den Tione zurück. Das 1. Bataillon des 65. Regiments, welches am äussersten rechten Flügel der Brigade Valtellina östlich der Kirche von S. Lucia stand, ward durch eine über den Tione gelangte Jäger-Abtheilung in Flanke und Rücken beschossen; das Bataillon sollte in Folge dessen seine Stellung ändern, gerieth aber bei dieser Bewegung in den Strom der Fliehenden, und ward mitgerissen. Erst auf den Höhen bei Borghetto, am rechten Mincio-Ufer, gelang es dem Bataillons-Commandanten circa 300 Mann zu sammeln und wieder vorzuführen.

gade **Valtellina** feuerte lebhaft, und es schien ein schwieriger Kampf in Aussicht zu stehen. Der Angriff auf die äusserst steilen Höhen von S. Lucia hätte, um zu gelingen, mit bedeutenderen Kräften unternommen werden müssen, es war aber die Verwendung der in Reserve stehenden Truppen des 5. Corps um diese Stunde noch nicht räthlich, und GM. Baron **Rodich** wies daher den Oberst **Bauer** einstweilen zur Behauptung der eroberten Stellung an.

Das Regiment **Benedek** ordnete sich auf den Höhen bei Feniletto.

Das 2. und 3. Bataillon **Grueber**, welche zur eventuellen Unterstützung der Brigade **Piret** gegen Oliosi gefolgt waren, wendeten sich auf das bei Jese entstandene heftige Feuer noch vor Erreichung des Tione nach links, um die Verbindung zwischen dem GM. **Piret** und dem zu seiner Flankendeckung abgerückten, jedoch noch vor der Brigade **Piret** in den Kampf gerathenen Regimente **Benedek** herzustellen.

Am Schlusse des Gefechtes standen die beiden Bataillons, ohne am Kampfe theilgenommen zu haben, auf der Höhe zwischen Rosoletti und Jese.

Der Stand des Kampfes auf dieser Seite des Schlachtfeldes war gegen 11 Uhr ein günstiger. Der Feind hatte empfindliche Verluste erlitten und war überall zurückgedrängt worden.

Wenden wir uns nun gegen den östlichen Theil des Schlachtfeldes, wo zwei Brigaden des 9. und eine Brigade des 7. Armee-Corps, seit etwa 9 Uhr, gleichfalls einen harten Kampf bestanden hatten.

Angriff auf den Monte della Croce. Wie früher erwähnt, hatte das 9. Armee-Corps nach seinem Eintreffen in Sommacampagna die Aufgabe, diesen Ort mit einer Brigade besetzt zu halten, mit den beiden andern Brigaden aber sich über Casa del Sole bis an den Rand des Staffalo-Thales auszudehnen.

Noch vor dem Eintreffen dieses Befehles war die bei Berettara angelangte Brigade **Weckbecker** zum Theile bis Boscone vorgeschoben worden; die im Anmarsche gewesene Brigade **Böck** sollte deren Stelle bei Berettara einnehmen.

Gegen 8 Uhr war deutlich zu bemerken, dass der Feind die Höhe des Monte Torre und Monte della Croce besetze, und sich fortwährend verstärke. Es war die Division Brignone, welche dort Stellung nahm [1]).

---

[1]) Dieselbe hatte auf dem Marsche von Pozzolo über Valeggio nach Custoza, unbekümmert um das bei Oliosi und später auch bei Villafranca entbrannte Gefecht, die Strasse eingehalten, welche über Casa nuova di Prabiano und Coronini führt, während sie wenigstens mit einem Theile ganz leicht auf den bei Torre di Gherla abzweigenden Feldwegen die Höhen zwischen Custoza und Monte Godi hätte erreichen und besetzen können. Der Umstand, dass diese Wege sich für Geschütz unfahrbar erwiesen, soll Veranlassung gewesen sein, dass sie ganz unbenützt gelassen wurden.

GL. Brignone war bis Coronini gelangt und liess eben das Thal gegen Gorgo und die Höhen von Custoza und Monte Torre sorgfältig absuchen, als General La Marmora hinzukam und unter dem Eindrucke der Vorgänge bei Villafranca, wo das Dröhnen der Kanonen und das Knattern des Gewehrfeuers der Beginn einer förmlichen Schlacht zu sein schien, dem GL. Brignone den Befehl gab, Custoza zur Seite zu lassen, sich mehr rechts zu halten, den Monte Torre und Monte della Croce stark zu besetzen und mit dem linken Flügel des III. Armee-Corps in Verbindung zu treten, von welchem die Division Cugia nach Pozzo Moretta disponirt war [1]).

GL. Brignone besetzte den Höhenzug mit dem 37. Bersaglieri-Bataillon, der Brigade Granatieri di Sardegna und den zwei Geschützen seiner Avantgarde, mit der Front gegen Villafranca. Die beiden Grenadier-Regimenter wurden auf dem Bergrücken in eine Linie entwickelt, und zwar das 1. Grenadier-Regiment auf dem Monte Torre, das 2. auf dem Monte della Croce. Das 37. Bersaglieri-Bataillon stand im zweiten Treffen zu gleichen Theilen hinter den Flügeln des 2. Regiments. Zwei Escadrons Lucca Cavalleggieri, welche GL. Brignone zur Deckung seines Marsches in die Ebene nördlich von Villafranca vorgeschoben hatte, wurden über Befehl des Generals La Marmora zurückbeordert und bis auf die Höhe des Monte della Croce gezogen.

Die Brigade Granatieri di Lombardia mit dem Reste der Artillerie blieb en reserve im Thale zwischen Monte Torre und Custoza [2]).

Der feindliche Aufmarsch auf dem Monte della Croce war noch nicht vollendet, als ein von der Brigade Weckbecker mit dem 1. Bataillon Bayern gegen Boscone vorgeschobener Geschützzug zu feuern begann.

Erst durch das Feuer dieser zwei Geschütze ward GL. Brignone über seinen Irrthum aufgeklärt. Er liess nun rasch bei der Brigade Granatieri di Sardegna die Front verändern, schob das Bersaglieri-Bataillon auf dem

---

[1]) Nach dem officiellen italienischen Berichte über die Schlacht, hat General La Marmora die Division Brignone persönlich auf den Monte della Croce geführt.

[2]) Diese sonderbare Aufstellung ward zweifellos unter dem Eindrucke der Überraschung und in der Idee genommen, dass der Hauptstoss der kaiserlichen Armee in der Ebene und gegen Villafranca erfolgen würde, wobei der Monte della Croce ein guter Flügel-Stützpunkt zu sein schien. In der Auffassung und Ausführung des vom General La Marmora gegebenen Befehles scheint übrigens ein guter Theil Missverständniss mitgewirkt zu haben.

Nach dem officiellen Berichte führte La Marmora die Division Brignone aus dem Grunde direct auf den Monte della Croce, um sich der Höhen von Custoza, „des Schlüsselpunktes der Verbindung zwischen den Truppen in der Ebene und jenen im Hügellande" zu versichern. Warum aber in dieser Absicht gerade die Höhen von Custoza und des Monte Molimenti und Monte Arabica unbesetzt gelassen wurden, ist unaufgeklärt.

Abhange gegen Boscone vor und liess von der Artillerie noch 8 Stücke auf die Höhe bringen, so dass 10 Geschütze auf der Kuppe und dem Rücken des Monte della Croce vereinigt waren. Es standen dann 4 Bataillons des 2. Grenadier-Regiments östlich der Kuppe des Monte della Croce, links von den Geschützen und in Bataillons-Staffeln vorwärts auf dem Abhange gegen Gorgo 2 Bataillons des 1. Grenadier-Regiments, und 2 Bataillons des letzteren im zweiten Treffen.

Der langgestreckte Rücken des Monte Torre und Monte della Croce dominirt die umliegenden Höhen, und dessen Besetzung durch den Feind erschien dem österr. 9. Corps-Commando um so gefährlicher, als dieser, gedeckt durch die Höhe, im Falle einer unglücklichen Wendung des Gefechtes in der Ebene die nur durch Cavallerie gedeckt war, auf dem kürzesten und bequemsten Wege Sommacampagna selbst angreifen konnte.

Dem Commandanten dieses Corps, FML. Hartung, schien daher der Besitz des Monte della Croce zur Durchführung der ihm zugewiesenen Aufgabe — Festhalten der Höhen von Sommacampagna als Pivot der Armee — unbedingt nöthig, eben so, dass die Festsetzung auf diesem dominirenden Höhenrücken umso rascher erstrebt werden müsse, als es schien, dass der Feind sich auf demselben fortwährend verstärke.

FML. Hartung ordnete daher, nach vollständigem Eintreffen der Brigade Böck bei Berettara, die Erstürmung des Monte della Croce durch diese Brigade und jene des GM. Weckbecker an.

Der Angriff gegen die vom Feinde stark besetzte Höhe war jedoch nicht leicht. Das Staffalothal war im Angesichte des Feindes unter den Kanonen desselben zu durchschreiten, und die Aufgänge des jenseitigen Thalrandes, so wie der Abhang des Berges selbst waren sehr steil. Der Angriff musste jedenfalls durch Artillerie vorbereitet werden.

Die Batterien der beiden Brigaden beschäftigten daher von möglichst günstigen Punkten bei Pelizzara und Pezzarani den Feind. Die drei Reserve-Batterien des Corps wurden von Sommacampagna auf die Kuppen bei Casa del Sole vorbeordert, um durch ihr Feuer den Angriff der Infanterie vorzubereiten und zu unterstützen, doch konnte nur die Cavallerie-Batterie 8/VII noch rechtzeitig die ihr angewiesene Aufstellung am Boscone vor dem Sturme erreichen.

Vom Monte della Croce übersah GL. Brignone die Vorbereitungen des österreichischen 9. Armee-Corps zum Angriffe und erkannte hieraus vollends die wahre Sachlage. Er beeilte sich nun — was schon lange vorher hätte geschehen sollen und auch geschehen können — die wichtigsten Punkte des Höhenzuges von Custoza zu gewinnen, und wo möglich die Stellung Monte della Croce — Cavalchina — Bagolina einzunehmen.

Es ward demnach von der Brigade Lombardia das 1. Bataillon des 3. Grenadier-Regiments gegen Palazzo Baffi, das 2. gegen Palazzo Maffei, das 3. gegen Custoza und Belvedere dirigirt, das 4. blieb bei Gorgo; rechts von letzterem in der Linie gegen C. di M. Torre und mit der Front gegen Staffalo ward das 4. Grenadier-Regiment entwickelt [1].

Die noch übrigen 2 Geschütze folgten den Bataillons auf die Höhen von Custoza.

Indessen begann um etwa 8³/₄ Uhr Früh der Vormarsch der beiden Brigaden des österr. 9. Armee-Corps in Staffeln vom linken Flügel.

Die Brigade Weckbecker, — mit Ausnahme des 3. Bataillons Bayern, welches noch in Sommacampagna war — ging über Staffalo direct gegen den nördlichen Abfall des Monte della Croce vor. Den vordersten Staffel bildeten das 1. und 2. Bataillon Bayern, den zweiten das 4. Bataillon Kaiser-Jäger und den dritten das Regiment Dom Miguel, mit dem 2. und 3. Bataillon im ersten und dem 1. Bataillon im zweiten Treffen.

Die Brigade Böck folgte der Brigade Weckbecker in der Richtung über Balconi rossi und Mascarpine, mit dem Regimente Toscana Nr. 66 im ersten und Niederlande im zweiten Treffen [2].

Die beiden Brigaden, durchgehends in Divisionsmassen formirt, rückten unter dem Feuer der am Monte della Croce postirten feindlichen Geschütze, in musterhafter Ordnung durch das Staffalothal.

Die zwei vordersten Staffel der Brigade Weckbecker warfen die bis an den Bergfuss vorgeschobenen Bersaglieri zurück und erklommen die Höhe, wurden aber durch das Eingreifen der Grenadiere nach lebhaftem Kampfe geworfen.

Das Regiment Dom Miguel kam erst zur Action, als der Angriff des Regiments Bayern und des 4. Kaiser-Jäger-Bataillons bereits abgewiesen war; es drang demungeachtet mit dem 2. und 3. Bataillon auf den Bergrücken und mit der 4. Division selbst bis auf die Kuppe des Monte della Croce und in die feindliche Batterie ein. Namentlich hier und bei C. di Monte Torre kam es mit den entgegenstürmenden Grenadieren des 1. Regiments zum Handgemenge, der linke Flügel des österreichischen Regiments ward sogar durch Cavallerie angefallen. Nach einem kurzen aber erbitterten Nahkampfe und durch das Auftreten frischer feindlicher Truppen wurden die durch den langen und raschen Vormarsch, das Erklimmen der steilen Höhen und die herrschende Hitze gänzlich erschöpften Abtheilungen des Regiments Dom Miguel unter schweren Verlusten in das Staffalothal zurückgeworfen.

---

[1] Das zur Division gehörige 2. Bersaglieri-Bataillon war bei der Corps-Reserve.

[2] Von der Brigade Böck waren das 15. Jäger-Bataillon zur Besetzung der Abfälle des Boscone, die 9. Division Niederlande zur Bedeckung der Corps-Geschütz-Reserve bestimmt und daher nicht anwesend.

Das spätere Eingreifen des im zweiten Treffen gestandenen 1. Bataillons, so wie die erneuerten Angriffe einzelner Divisionen der beiden andern Bataillons dieses Regiments vermochten nicht mehr dem Gefechte eine bessere Wendung zu geben.

Der italienische GL. Cugia, welcher mit seiner (der 8.) Division zwischen Villafranca und Custoza links rückwärts der Division Bixio den Aufmarsch bewirkt hatte, war während der Entwickelung des Kampfes auf dem Monte della Croce nach Pozzo-Moretta und Capella vorgerückt, und liess durch 2 Batterien den Ausgang des Staffalothales und die am Thalrande stehenden österreichischen Geschütze beschiessen.

In dieser Aufstellung hatte GL. Cugia das Vordringen der Brigade Weckbecker bis auf den Kamm des Monte della Croce bemerkt und desshalb zuerst 2 Bataillons und bald darauf auch die andere Hälfte des 64. Regiments auf die Höhe disponirt. Schon die erstangelangten Bataillons dieses Regiments gaben in dem Zurückweisen der Brigade Weckbecker den Ausschlag, die anderen machten auch noch die nachgefolgten vereinzelten Angriffe der Regimenter Niederlande und Kronprinz Erzherzog Rudolf scheitern.

Als sich der Kampf am Monte della Croce eben zu Ungunsten des Regiments Dom Miguel entschied, war das im zweiten Treffen der Brigade Böck marschirende Regiment Niederlande, welches das erste Treffen der Brigade in der dichten Cultur aus dem Auge verloren hatte, theilweise auch durch das Rechtshalten des letzteren aus seinem Verhältnisse gekommen und, angezogen durch das heftige Feuer der feindlichen Geschütze auf der über alle Baumwipfel sichtbar gewesenen Kuppe des Monte della Croce, nordöstlich von Vegruzzi hinter dem Regimente Dom Miguel angelangt.

Der grösste Theil des Regiments Niederlande wiederholte augenblicklich den Angriff, erstieg den Berg und bemächtigte sich sogar eines Geschützes, welches in eine Schlucht geworfen und am Abende noch dort aufgefunden ward. Aber auch dieser Angriff scheiterte, — das Regiment musste sich zurückziehen.

In diesem Momente langten 10 Compagnien (3. Bataillon, 5. und 6. Division) des Regiments Kronprinz Erzherzog Rudolf, welche in dem schwierigen Terrain die Verbindung mit dem rasch vorstürmenden rechten Flügel der Brigade Scudier verloren hatten, und im Glauben der eigenen Brigade zu folgen, sich dahin wandten, wo der Kampf am lautesten tobte, bei Vegruzzi an. Ohne Zögern stürmten diese 10 Compagnien auf den Berg und gegen die Kuppe des Monte della Croce los, drangen bis über die Batterie, wo der Feind 4 Kanonen im Stiche liess, gegen C. di M. Torre, wurden aber durch die letztangelangten Bataillons des 64. Regiments in Front und Flanke angegriffen und mussten, obwohl durch eine Division Niederlande unterstützt, schliesslich weichen.

Der Monte della Croce blieb vorläufig im Besitze der Italiener, welche in dieser äusserst festen Position im Ganzen 11 Bataillons in's Gefecht setzten, gegen welche die vereinzelt und ohne gehörigen Einklang unternommenen Angriffe von nicht ganz 10 österreichischen Bataillons erfolglos blieben.

Der Kampf hatte auf beiden Seiten schwere Opfer gekostet.

Die am Angriffe betheiligt gewesenen österreichischen Truppen waren mitunter in Unordnung und ausser Zusammenhang gebracht und so erschöpft, dass sie erst nach längerer Zeit wieder vollständig gesammelt und geordnet werden konnten, und vor Ablauf mehrerer Stunden auf deren erfolgreiche Verwendung nicht mehr zu rechnen war.

Aber auch die Vertheidiger des Monte della Croce waren eingestandenermassen auf's Äusserste erschüttert, und es gelang ihnen trotz anerkennenswerther Tapferkeit nur mit grosser Mühe sich zu behaupten, ja es gab einen Moment, in welchem sie dem völligen Rückzuge und Aufgeben der Position nahe waren. Der Commandant der Brigade Sardegna General Gozzani war verwundet, GL. Brignone selbst, der mit rühmlicher Unerschrockenheit und in erster Linie den Kampf leitete, kam sehr in's Gedränge und war sogar genöthigt seine Suite wiederholt attakiren zu lassen.

Die Italiener begnügten sich mit der Behauptung ihrer Stellung; sie waren, wie nun bekannt ist, ausser Stande, die sich über das Staffalothal langsam zurückziehenden österreichischen Truppen zu verfolgen.

Letztere wurden durch das kräftige Feuer der Batterien des 9. Corps gedeckt. Zu den anfänglich im Feuer gestandenen 3 Batterien, wurden während des Kampfes auf dem Monte della Croce noch die beiden letzten Batterien der Corps-Geschütz-Reserve 6/VII und 10/VII in Position gebracht. Die Batterie 6/VII nahm am Monte Boscone Stellung, die 8pfdge. Batterie 10/VII löste die auf dem günstigsten Punkte stehende Cavallerie-Batterie 8/VII ab, welche dann bei Pezzarani auffuhr. Die anfänglich hier gestandene Batterie der Brigade Weckbecker wechselte in dem Masse, als sie durch das Vorrücken der Truppen im Feuer behindert ward, ihre Position nach Casetta Rosa und später in die Ebene nach La Fredda, von wo sie durch längere Zeit die zwei in der Nähe von Capella stehenden feindlichen Batterien der Division Cugia bekämpfte.

Um sich der Stellung auf dem Monte della Croce zu versichern, disponirte General Cugia eine Batterie auf die Höhe, liess noch 2 Bataillons des 4. Regiments nachrücken, welche den nördlichen Abhang des Berges besetzten, und schob 3 Bataillons des 63. Regiments bis Capella und auf den nordöstlichen Bergabhang vor. Das 3. Regiment und 1 Bataillon des

63. Regiments blieben als Reserve bei Pozzo Moretta. Durch 2 Bataillons des 4. Regiments ward die Verbindung mit der Division Bixio hergestellt.

Der Monte Torre ward gegen 11 Uhr durch die Division Govone besetzt, worauf sich die Brigade Sardegna mit dem grösseren Theile der zur Division Brignone gehörigen Geschütze zurückzog.

Das österreichische Regiment G. H. Ferdinand IV. v. Toscana Nr. 66 war, wie bereits gesagt, im ersten Treffen der Brigade Böck im Staffelverhältnisse hinter dem Regimente Dom Miguel vorgerückt [1]).

Als das letztere die Strasse Custoza Sommacampagna überschritt, war der rechte Flügel der Brigade Lombardia eben im Vorrücken auf Cavalchina, und vorausgeeilte Abtheilungen griffen sogar das Regiment Dom Miguel in der rechten Flanke an.

Bei dieser Wahrnehmung änderte das Regiment Toscana ohneweiters die Direction und stürzte dem Feinde entgegen. Bald nach dem ersten Zusammenstosse ward der Commandant der Brigade Lombardia Prinz Amadeo verwundet; die lombardischen Grenadiere konnten dem Anfalle des österreichischen Regiments, welches Cavalchina und Gorgo erstürmte und auf dem Monte Molimenti bis Palazzo Baffi vordrang, nicht widerstehen. Das 4. Grenadier-Regiment wich in voller Unordnung zurück, und nur Theile desselben führten den Kampf noch weiter.

Die in diesem kritischen Momente vom Monte Torre herabgeeilten 2 Bataillons des 1. Grenadier-Regiments brachten das Gefecht nur mit grosser Anstrengung zum Stehen; erst durch das Auftreten der Division Govone ward das Regiment Toscana, nachdem es sich fast zwei Stunden am Abhange des Monte Molimenti und im Thale gehalten hatte, endlich auch zum Rückzuge genöthigt.

Vorrückung der Brigade Scudier gegen Custoza. Momentan günstigere Erfolge hatte die Brigade Scudier des 7. Corps bei ihrem Angriffe jenseits des Staffalothales.

Dieselbe hatte, wie schon erwähnt worden, um $8^1/_4$ Uhr vom Armee-Commando selbst den Befehl erhalten, gegen Monte Godi vorzugehen, und setzte sich von Zerbare dahin in Bewegung und zwar in zwei Treffen formirt, mit dem Regimente Erzherzog Ernst am rechten und dem Regimente Kronprinz Erzherzog Rudolf am linken Flügel.

Die Batterie 2/VII, anfänglich auf den Höhen westlich von Pelizzara

---

[1]) Die 3. Division war durch Zufall bei Zenolino zurückgelassen worden, das Regiment rückte daher nur mit 16 Compagnien vor.

zur Protection des Vormarsches aufgestellt, rückte später auf die südlichsten Höhen des Bosco dei fitti vor.

GM. Scudier hatte mit dem Regimente Erzherzog Ernst und dem 1. Bataillon Kronprinz Erzherzog Rudolf ungehindert Monte Godi erreicht und somit die ihm zugewiesene Aufstellung eingenommen. Allein diese war von den vorliegenden Höhen beherrscht, auch bemerkte der Brigadier den vom 9. Corps gegen den Monte della Croce begonnenen Angriff; er entschloss sich daher an dieser Offensivbewegung theilzunehmen und liess die Vorrückung fortsetzen.

Die Génie-Compagnie richtete indessen die Gehöfte Godi und Mazzole, von welchen das erstere durch eine Division Erzherzog Ernst besetzt ward, zur Vertheidigung ein.

Von der Brigade Lombardia waren unterdessen die früher gegen Palazzo Baffi und Palazzo Maffei abgesendeten 2 Bataillons mit der Direction auf la Bagolina im Vorrücken, und bis auf den Monte Molimenti und Monte Arabica gelangt, als sie sich plötzlich den vorrückenden Truppen der Brigade Scudier gegenüber befanden.

Letztere stürzten gleich mit Ungestüm auf den Feind los, warfen die beiden Bataillons über den Haufen, erstürmten Belvedere und machten über 350 Gefangene. So kräftig war das Nachdrängen dieser Truppen, dass sich der Feind nicht mehr zu sammeln und zu ordnen vermochte. Die Kirche und der Friedhof am Fusse des Belvedere wurden genommen, und die 3. Division Kronprinz Erzherzog Rudolf drang nach lebhaftem Kampfe gegen 10 Uhr stürmend selbst in Custoza ein, vertrieb den Feind und setzte sich da fest.

Der Höhenrücken von Bagolina bis Custoza war fast ganz vom Feinde geräumt.

Von der Brigade Lombardia, die so unglücklich gekämpft hatte, war nur noch ein geringer Theil auf dem Schlachtfelde geblieben. Das Gros wendete sich gegen Torre Gherla und zog sich über Campanella nach Valeggio zurück[1]).

Bevor jedoch GM. Scudier seine Truppen neu ordnen und sammeln konnte (10 Compagnien Kronprinz Erzherzog Rudolf waren mittlerweile durch Zufall von der Brigade abgetrennt und am Monte della Croce in Kampf gekommen), — sah er sich plötzlich durch frische Truppen angegriffen.

---

[1]) Die noch kampffähigen Abtheilungen der Brigade Lombardia hatten sich grösstentheils dem 1. und 2. Bataillon des 1. Grenadier-Regiments angeschlossen, welche zur Unterstützung der Brigade Lombardia vom Monte Torre herabgeeilt waren und sich auf den das Thal einschliessenden Abhängen von Custoza und des Monte Torre behaupteten.

Die italienische Division Govone war nämlich auf dem Kampfplatze eingetroffen.

Ungefähr um 8 Uhr war, wie schon bekannt, diese Division in Quaderni angelangt, hatte die Brigade Pistoja mit 1 Batterie zur Verstärkung nach Villafranca in Marsch gesetzt und mit der Brigade Alpi und zwei Batterien den Weg über Ca nuova gegen Pozzo Moretta eingeschlagen, um die Division Brignone zu unterstützen.

Die Brigade Alpi war eben am Fusse des Monte Torre angelangt, als sich der Kampf bei der Division Brignone sehr misslich gestaltete, die Position am Monte della Croce verloren schien, und Custoza entweder schon verloren oder nahe daran war. Während das 64. Regiment dem Kampfe am Monte della Croce eine bessere Wendung gab, erstieg die Brigade Alpi nebst 2 Batterien, mit dem 34. Bersaglieri-Bataillon voran, den Monte Torre und stand gegen 11 Uhr auf dem Kamme des Berges, wo die beiden Batterien sogleich in den Kampf mit der Geschütz-Reserve des 9. Corps eintraten.

Mittlerweile war auch die nach Villafranca entsendete und von dort zurückgerufene Brigade Pistoja mit einer Batterie und dem 27. Bersaglieri-Bataillon am Abhange des Monte Torre eingetroffen und dort als zweites Treffen aufgestellt, während die Batterie auf die Höhe vorgenommen und gegen Berettara in's Feuer gesetzt ward [1]).

Durchdrungen von der Nothwendigkeit Custoza wieder zu nehmen, liess GL. Govone das Feuer seiner Batterien gegen den Ort richten und denselben hierauf durch das 34. Bersaglieri-Bataillon, welchem sich Schaaren von Grenadieren angeschlossen hatten, angreifen.

Gleichzeitig erschien das vom Commandanten des III. Corps G. d. A. Della Rocca zur Unterstützung vorgesandte Regiment Foggia Lancieri, mit einer reitenden Batterie im Thale, gleichsam im Rücken von Custoza.

Die in diesem Orte befindliche schwache Abtheilung der Brigade Scudier konnte sich unter dem mörderischen Geschützfeuer gegen den Angriff der Bersaglieri nicht behaupten und sah sich zum Rückzuge gegen Belvedere genöthigt.

GL. Govone sandte dem in Custoza eingedrungenen 34. Bersaglieri-Bataillon noch das 51. Infanterie-Regiment zur Unterstützung nach, während vier Batterien ihr Feuer gegen den Friedhof und die Kirche richteten, und auch bald die Vertheidiger dieser Objecte zum Rückzuge zwangen.

Ohne Artillerie, um diese feindliche Geschützmasse zu bekämpfen, selbst noch nicht gesammelt und geordnet, überlegenen frischen Truppen gegenüber und durch das Misslingen des Angriffes auf den Monte della

---

[1]) Beide Brigaden der Division Govone hatten am Fusse des Monte Torre die Tornister abgelegt.

Croce auch in der linken Flanke bedroht, ward GM. Scudier zum Aufgeben der errungenen Vortheile und zur allmäligen Räumung der ganzen Höhengruppe veranlasst. Er befahl den Rückzug mit der Absicht, sich am Bosco dei fitti und bei Pelizzara neu zu formiren. Da aber an letzterem Orte bereits die Brigade Welsersheimb stand, so führte er seine durch den Kampf erschöpften Truppen gegen Zerbare zurück.

Als der Commandant des 7. Armee-Corps FML. Baron Maroičić, den Rückzug der Brigade Scudier bemerkte, liess er zur Aufnahme derselben die 8pfündige Fuss-Batterie Nr. 9/VII, und die Brigade Welsersheimb vorrücken, welch' letztere zwischen Nadalini und Berettara, mit den Vortruppen bis über Pelizzara hinaus, Stellung nahm. Die beiden Batterien fuhren südlich von Pelizzara auf und richteten ihr Feuer auf den Monte Torre, wo 4 bis 5 feindliche Batterien thätig waren.

Die Brigade Töply und 2 Batterien der Geschütz-Reserve blieben in concentrirter Formation bei Casazze als Reserve.

In der Ebene, auf dem äussersten linken Flügel der kaiserlichen Armee, fiel nach dem ersten Zusammenstosse Nichts von Bedeutung vor. Die feindlichen Truppen vor Villafranca blieben wie festgebannt in ihren Stellungen. Einige mit schwachen Abtheilungen unternommene schüchterne Recognoscirungs-Versuche waren Alles, was der Feind mit seiner zahlreichen Reiterei anzufangen wusste.

Als Oberst Pulz das Misslingen des Angriffes auf den Monte della Croce bemerkte, zog er sich nach 10 Uhr mit beiden Brigaden näher gegen Cerchie, um den Feind, falls er nachdrängen sollte, anzufallen und von der Verfolgung abzuhalten. Da sich aber hiezu keine Gelegenheit bot, so rückte er später wieder gegen la Casetta zurück und gönnte dort den durch die Anstrengungen des am Morgen überstandenen Kampfes und auch noch vom vorhergehenden Tage ermüdeten Pferden etwas Ruhe.

Se. kais. Hoheit der Armee-Commandant war bis $8^{3}/_{4}$ Uhr auf der Höhe bei Sona geblieben und dann nach S. Giorgio in Salici geritten, um hinter die Mitte der Schlachtstellung zu gelangen und zugleich jenem Theile des Schlachtfeldes (Oliosi-Cricol) näher zu sein, wo um diese Zeit der Kampf am heftigsten war.

Gegen 11 Uhr stand die Schlacht wie folgt:

Die Ausfalltruppe von Peschiera war bei Feliona in die Schlachtlinie eingerückt und in Verbindung mit der Reserve-Division getreten, welch' letztere mit den beiden Batterien und der Mitte am Monte Cricol stand; der rechte Flügel war bei Burato, am Monte Torcolo und bei Campagna rossa mit dem Gegner im Kampfe; der linke Flügel war bis an die Strasse und in die Höhe von Oliosi vorgeschoben. In Oliosi standen 2 Bataillons und eine Compagnie, in Castelnovo 1 Bataillon.

Die Reserve-Division erhielt um diese Zeit Befehl, gegen Monzambano zu wirken, wo dichte Staubwolken den Anmarsch der Brigade **Siena** bemerkbar machten.

Vom 5. Corps folgte die Brigade **Piret** dem weichenden Feinde à cheval der Strasse Castelnovo-Valeggio gegen den Monte Vento.

Vier Bataillons der Brigade **Bauer** hatten das Tionethal bei Pernisa gesäubert und zum Theil den Abhang bei Muraglie besetzt. Zwei Bataillons **Grueber** unterhielten die Verbindung zwischen den Brigaden **Piret** und **Bauer**. Der Rest der Infanterie des 5. Corps, 8 Bataillons mit einer Batterie, stand in Reserve bei Brolino und S. Rocco. 5 Batterien des Corps bei Ragajolo, Colombarola und Forni waren in heftigem Kampfe mit den feindlichen Batterien am Monte-Vento und bei S. Lucia.

Auf dem linken österreichischen Flügel sammelten sich die gegen Sommacampagna zurückgegangenen Brigaden **Weckbecker** und **Böck** des 9. Corps. Die Brigade **Karl v. Kirchsberg** hielt Sommacampagna besetzt. 4 Batterien dieses Corps waren am Rande des Staffalothales, gegen den Monte della Croce, 1 Batterie in der Ebene gegen Capella im Feuer, um das Nachdrängen des Feindes zu verhindern.

Die bis auf das Belvedere und bis Custoza vorgedrungene Brigade **Scudier** des 7. Corps begann den Rückzug gegen Zerbare, die Brigade **Welsersheimb**, zur Aufnahme und Ablösung der Brigade **Scudier** vorbeordert, entwickelte sich zwischen Nadalini und Berettara.

Die Cavallerie in der Ebene war in der Nähe von Cerchie bereit, einer etwaigen feindlichen Verfolgung entgegen zu treten.

Bei der italienischen Armee war die Lage die folgende:

Beim 1. Corps. Von der 2. Division (Pianell) waren 4 Bataillons der Brigade **Aosta** am linken Mincio-Ufer gegen Brentina vorgeschoben, der Rest dieser Brigade hielt Peschiera im Auge; die Brigade **Siena** war im Marsche nach Monzambano;

Die 1. Division (Cerale) übel zugerichtet, befand sich im Rückzuge gegen Monzambano und den Monte Vento, wo die Reserve des 1. Corps eingetroffen war.

Die 5. Division (Sirtori) hielt mit der Brigade **Vallellina** und Trümmern der Brigade **Brescia** die Höhen zwischen Via Cava und S. Lucia.

Beim III. Corps. Die 3. Division (Brignone) war mit dem grösseren Theile im Rückzuge gegen Valeggio.

Die 8. Division (Cugia) stand zwischen Pozzo Moretta und Capella und hatte den Monte della Croce besetzt.

Die 9. (Govone) hatte den Monte Torre besetzt, das von der 3. Division verlorene Custoza wieder erobert und schickte sich an, gegen den Monte Arabica und M. Molimenti vorzudringen.

Die 7. (Bixio) und 16. (Prinz Humbert) Division mit der Linien-Cavallerie-Division (De Sonnaz) standen vor Villafranca.

Vom II. Corps war die 19. Division (Longoni) im Marsche von Goito gegen Villafranca, die 10. Division (Angioletti) scheint bei Goito geblieben zu sein.

Ereignisse zwischen 11 und 4 Uhr.

Vorrückung der Infanterie-Reserve-Division gegen Monzambano. Als GM. Rupprecht den Befehl erhielt, sich gegen Monzambano zu wenden, waren, wie aus der früheren Darstellung bekannt, die beiden Brigaden der Reserve-Division vermischt, über eine weite, dicht cultivirte Terrainstrecke zerstreut und zum Theile in eine schwer übersehbare Anzahl von Detailgefechten verwickelt.

Es konnte daher momentan nur mit den disponibeln Abtheilungen die Bewegung begonnen werden. Dies waren die Ausfalltruppe von Peschiera (4 Compagnien, 36 Huszaren, 4 Geschütze) und das noch intacte 36. Jäger-Bataillon. Dieselben wurden sofort über Renati und Burato gegen Salionze dirigirt; zugleich ward aber auch den übrigen Abtheilungen der Division befohlen, sich gegen Monzambano zu halten. Auch das in Castelnovo zurückgelassene 4. Bataillon Maroičić erhielt die gleiche Weisung.

Im Grossen ward die Rechts-Schwenkung der Reserve-Division begonnen und theilweise ausgeführt; die überaus schwierige Gestaltung des Terrains und eine neue Reihe vereinzelter Kämpfe mit den zerstreuten Truppen der Division Cerale, dem von der Reserve des I. Corps bis Busetta vorgeschobenen 8. Bersaglieri-Bataillon und den über den Mincio gekommenen Truppen der Division Pianell, liessen aber die einheitliche Leitung nicht mehr aufkommen und vereitelten schliesslich auch das Zusammenwirken der Division zur eigentlichen Lösung der erhaltenen Aufgabe.

Das 4. Bataillon Paumgartten, welches wir im Vorrücken auf Campagna rossa verlassen haben, konnte beim Angriffe dieses ausgedehnten Gehöftes nicht mehr mitwirken, da dasselbe mittlerweile durch die 2. und 3. Division Hohenlohe genommen worden war. Das Bataillon machte dort noch eine Anzahl Gefangene und setzte hierauf die Vorrückung in südlicher Richtung fort. Beim Überschreiten des Weges bei Campagna rossa schlug es den Angriff einer feindlichen Cavallerie-Abtheilung zurück, ging dann ziemlich rasch gegen das einsam gelegene Haus Maragnotte vor, stürmte dasselbe, stiess aber dabei auf eine beträchtliche Menge feindlicher Truppen und kräftigen Widerstand.

Das in der dichten Cultur und einem tiefen Graben verborgene 8. Bersaglieri-Bataillon benützte die Gelegenheit zu einem energischen und mit Geschick ausgeführten Offensivstoss; überrascht und in Front und Flanke angefallen ward das Bataillon Paumgartten in Unordnung gebracht und zurückgeworfen, ohne jedoch weit verfolgt zu werden.

Der Feind räumte selbst bald darauf Maragnotte, als ein Hohlprojectil das Dach des Gebäudes zertrümmerte, und auch das Bersaglieri-Bataillon trat den Rückzug gegen Pasquali an.

Mittlerweile waren die 1. und 2. Division Degenfeld, gefolgt von der 7. und 9. Division dieses Regiments, südlich des Monte Torcolo, angelangt, wo die 2. und 3. Division Hohenlohe hartnäckigen Widerstand gefunden hatten. Die 2. Division Degenfeld trat gleich in's Gefecht ein und erlitt dabei nicht unbedeutende Verluste; der Feind aber ward geworfen und zu einem ziemlich eiligen Rückzuge genöthigt.

Die 2. Division Degenfeld folgte ihm in südlicher Richtung bis Fontana; die 2. und 3. Division Hohenlohe drangen bis an den Beginn des Sorio-Grabens zwischen Scatola und Campuzze vor.

Die 1. Division Degenfeld, ursprünglich mit der 2. Division in Linie vorrückend, ward kurz vor dem Eingreifen der letzteren in's Gefecht, durch eine Abtheilung Bersaglieri in der linken Flanke angegriffen und dadurch veranlasst, sich nach Süden zu wenden. Sie folgte dem nach einem kurzen Gefechte weichenden Feinde auf dem Fusse, überraschte das mit dem Aufnehmen der abgelegten Tornister bei Ca bruciata beschäftigte 8. Bersaglieri-Bataillon und erstürmte das Haus, ward aber dann durch einen Hagel von feindlichen Geschütz-Projectilen zum Verlassen desselben und zum Rückzuge hinter die nächsten deckenden Höhen gezwungen.

Die 8. Division Degenfeld war hinter der 1. ohne Widerstand nach Maragnotte gelangt und hatte sich dort mit den später eingetroffenen beiden Divisionen des 3. Bataillons vereinigt. Veranlasst durch ein bei Pasquali entstandenes überaus heftiges Gewehrfeuer, wendete sich das 3. Bataillon Degenfeld von Maragnotte dahin.

Das Deutschbanater Grenz-Regiment mit einem Theile des 37. Jäger-Bataillons war, nachdem es sich gesammelt und geordnet hatte, vom Monte Cricol in der Richtung auf Monzambano vorgegangen, wandte sich aber in Folge eines Missverständnisses mit einem grossen Theile — ungefähr der Hälfte — gegen Pasquali; der Rest kam bis Scatola vor.

In der Zwischenzeit war die Ausfalltruppe von Peschiera ungehindert nach Salionze gelangt, wo 10 italienische Soldaten vom 20. und 30. Regimente, die sich in ein Haus eingeschlossen hatten, nach kurzem Widerstande gefangen wurden.

Das fast gleichzeitig in Salionze eingetroffene 36. Jäger-Bataillon, welches speciell mit der Zerstörung der Brücke bei Monzambano beauftragt war, stieg von da an das Mincio-Ufer hinab und ging auf sein Ziel los; die Ausfalltruppe aber rückte über Monte in südlicher Richtung vor.

Zwei vorausgesandte Huszaren-Patrullen, welche einige Gefangene (vom 18. Bersaglieri-Bataillon) gemacht, brachten dem Commandanten der Ausfalltruppe die übereinstimmende Meldung, dass die Höhen bei Pra vecchia vom Feinde besetzt seien [1]).

Die Ausfalltruppe rückte nun in Gefechts-Formation, mit der Infanterie zu beiden Seiten, mit der Artillerie und der Huszaren-Abtheilung auf der Strasse vor. Eine vorprellende feindliche Cavallerie-Abtheilung, welche das Überschreiten des Sorio-Grabens zu hindern suchte, ward durch eine Lage aus zwei schnell auf der Strasse abgeprotzten Geschützen zur Umkehr gebracht. Die beiden Geschütze blieben dann auf ihrem Platze, während die zwei anderen auf der Höhe südwestlich von Campuzze aufgefahren wurden.

Während die 2. und 3. Division Hohenlohe den Sorio-Graben hinabstiegen, und die 2. Division Degenfeld gegen Fontana vorging, drang die Ausfalltruppe bis auf die Höhe südöstlich von Pra vecchia und gegen Marzago vor.

Es ist nun an der Zeit, die Vorgänge beim Feinde, namentlich bei der Division Pianell näher zu betrachten.

Schon am Morgen, als die ersten Kanonenschüsse in Monzambano vernommen wurden, hatte der mit der 2. Division am rechten Mincio-Ufer vor Peschiera stehende GL. Pianell einen Generalstabs-Officier gegen Oliosi entsandt und von diesem die Meldung erhalten, dass die Truppen der 1. Division ernstlich engagirt seien. Da er aber gemessenen Befehl hatte, Peschiera zu beobachten, und nach seiner Annahme der grösste Theil des 1. Corps schon am linken Mincio-Ufer sein musste, so beschloss er, vorläufig den weiteren Verlauf der Dinge abzuwarten.

Als aber gegen 9½ Uhr der Kanonendonner lebhafter ward, in Monzambano auch schon das Gewehrfeuer deutlich zu vernehmen war, und die

---

[1]) Es waren Abtheilungen der aufgelösten Division Cerale dort.

ersten Flüchtlinge an der Brücke anlangten, traf GL. Pianell Vorkehrungen, um der Division Cerale zu Hilfe zu eilen. Er liess noch drei Bataillons der Brigade Aosta mit vier Geschützen den Mincio überschreiten (1 Bataillon war bereits am linken Ufer) und ertheilte auch der bei Pozzolengo stehenden Brigade Siena Befehl zum schleunigen Marsche nach Monzambano[1]).

GL. Pianell war den auf das linke Mincio-Ufer beorderten Bataillons der Brigade Aosta auf den Monte Sabbione vorausgeeilt, um den Stand des Gefechtes in's Auge zu fassen und auf Grund der gewonnenen Erkenntniss zu disponiren; die dichte Cultur und eigenthümliche Terrainbildung gestatteten ihm zwar keine Detail-Übersicht, aus der Richtung und Ausdehnung des Feuers glaubte er jedoch die Absicht der kaiserlichen Armee zu erkennen, den linken Flügel der italienischen Stellung am Monte Vento zu umfassen.

Er hielt es daher für nothwendig, den bedrohten Flügel zu verstärken und zu verlängern, disponirte zu diesem Zwecke die mittlerweile über Brentina und um den südlichen Fuss des Monte Sabbione herangerückten vier Bataillons in den Raum zwischen den nach Salionze und Castelnovo führenden Strassen und kehrte für seine Person nach Monzambano zurück.

Auf den Hügeln bei Canova und Pasquali hatte sich ein Theil der zertrümmerten 1. Division gesammelt und in einer gut gewählten Position zur Vertheidigung eingerichtet. Auch das 8. Bersaglieri-Bataillon hatte sich dort festgesetzt.

Vom linken Flügel dieser Truppen ward die **Ausfalltruppe von Peschiera** mit einem heftigen aber wirkungslosen Gewehrfeuer empfangen, welches sich bald auf der ganzen Linie bis über Canova fortpflanzte und wahrscheinlich Ursache war, dass sich ein Theil der Reserve-Division, statt die Direction auf Monzambano festzuhalten, nach Pasquali abziehen liess.

In diesem Augenblicke erschienen die über den Mincio gegangenen 4 Bataillons der Brigade Aosta bei Torrione, entwickelten sich, griffen unterstützt durch das Feuer der mitgebrachten und nordwestlich von Torrione aufgefahrenen vier Geschütze, die Ausfalltruppe von Peschiera an und warfen sie nach hartnäckigem Widerstande, wobei es bei Marzago zum Handgemenge kam, bis über den Sorio-Graben zurück. Von den bei Campuzze placirten zwei Geschützen warf eines beim Abfahren um und ward

---

[1]) Von der Brigade Aosta blieben 3 Bataillons mit 2 Geschützen am rechten Mincio-Ufer zwischen Monzambano und Ponti gegen Peschiera vorgeschoben. Um ferner den Flankenmarsch der Brigade Siena zu decken, ward ein Bataillon dieser Brigade auf den Höhen vor Pozzolengo, und ein von der Brigade Aosta zur Verbindung beider Brigaden am Monte Meneghi postirtes Bataillon in der Stellung belassen.

nur durch das muthige Eingreifen der Huszaren-Abtheilung und eines Theiles der 3. Division Hohenlohe gerettet¹).

Die Ausfalltruppe zog sich bis Salionze zurück, von wo die Halb-Batterie die Bottura-Brücke beschoss. Der Feind aber verfolgte nicht weiter, sondern ging im Gegentheile bis hinter Marzago zurück.

In der Zwischenzeit war das 17. Bersaglieri-Bataillon von Pozzolengo in Monzambano angelangt und vom GL. Pianell in der Richtung auf den Monte Vento an's linke Mincio-Ufer disponirt worden. Im Vorrücken über den Monte Sabbione bemerkte der Commandant dieses Bataillons Abtheilungen der Ausfalltruppe von Peschiera in seiner linken Flanke, wandte sich augenblicklich dahin, wirkte bei dem eben geschilderten Angriffe mit und drang bis Pra vecchia vor.

Dort sah er das 36. Jäger-Bataillon, welches sich der Brücke auf etwa 1200 Schritte genähert hatte, vollführte mit dem Bataillon eine Schwenkung links und ging auf die Flanke des Jäger-Bataillons los.

In Monzambano waren unterdessen Massregeln zum Empfang des am Mincio-Ufer ruhig vorrückenden Jäger-Bataillons getroffen. Es waren dort noch zwei Escadrons Guiden mit einer Batterie von Pozzolengo eingetroffen; die ersteren passirten die Brücke und stellten sich in der Nähe gedeckt auf, die Batterie aber nahm bei der Kirche Position. Die am rechten Ufer zurückgebliebenen zwei Geschütze der anderen Batterie standen beim Friedhofe. Mit einem Bataillon des 6. Regiments ward der steile Uferrand nördlich von Monzambano dicht besetzt. Das 32. Infanterie-Regiment passirte im Schnellschritte den Ort und überschritt den Fluss.

Als das 36. Jäger-Bataillon der Brücke auf etwa 1000 Schritte nahe und somit in den nächsten Schussbereich gekommen war, ward es mit einem überwältigenden Geschütz- und Gewehrfeuer empfangen. Ein Theil des Bataillons warf sich an's Fluss-Ufer und erwiderte das Feuer, — der Rest suchte im Terrain östlich der Strasse Deckung, ward aber durch die beiden Guiden-Escadrons wiederholt angefallen und konnte sich derselben nur mit grosser Mühe erwehren.

Dem Angriffe des mittlerweile herangekommenen 32. Regiments aber konnte das Bataillon nicht widerstehen, — es wich und suchte sich durch einen schnellen Rückzug der verderblichen Situation zu entziehen.

---

¹) Bei diesem Angriffe wirkten auch 2½ Compagnien vom 3. Bataillon des 44. Regiments (der Brigade Forli) mit. Dieses Bataillon hatte den Train der 1. Division begleitet, und zur Deckung seines Rückzuges nach Monzambano, auf den Höhen zwischen la Barozina und dem Monte bianco mit 2½ Compagnien Stellung genommen. Auf das bei Pasquali entstandene heftige Gewehrfeuer war der Bataillons-Commandant in der Richtung dahin vorgegangen und hatte sich den 4 Bataillonen der Brigade Aosta angeschlossen.

In dieser kritischen Lage erschien aber noch das 17. Bersaglieri-Bataillon im Rücken des Jäger-Bataillons und vollendete die Katastrophe. Nur ein geringer Theil des Bataillons, welches an Todten, Verwundeten und Gefangenen über 700 Mann verlor, erreichte die Höhen bei Pra vecchia und ging von da nach Salionze zurück.

Die 2. und ein Theil der 3. Division Hohenlohe waren in der Absicht, dem 36. Jäger-Bataillon zu folgen, den Sorio-Graben hinabgestiegen, aber noch nicht ganz in die Ebene hinausgelangt, als das Jäger-Bataillon in die Falle gerieth. Die 2. Division ward durch das vom rechten Mincio-Ufer auch gegen sie gerichtete Feuer empfindlich betroffen, warf sich aber demungeachtet entschlossen einem Theile des in Flanke und Rücken erschienenen 17. Bersaglieri-Bataillons entgegen und hat dadurch wohl am meisten beigetragen, dass das 36. Jäger-Bataillon nicht ganz abgeschnitten ward.

Hiemit und mit dem Aufhören der von Salionze gegen die Brücke gerichteten schwachen Kanonade endete zwischen 2 und 3 Uhr Nachmittag das Gefecht am rechten Flügel der Reserve-Division.

Es sind nun noch die Bewegungen mehrerer bisher nicht genannten Abtheilungen der Reserve-Division zu erwähnen.

Die 4. und 6. Division Degenfeld waren hinter dem 36. Jäger-Bataillon in Salionze eingerückt und hatten den Ort besetzt.

Die 5. Compagnie dieses Regiments hatte sich vorwärts Mongabia vom 3. Bataillon getrennt, um sich mit der 6. Compagnie zu vereinigen, war nach Renati und von da, der allgemeinen Vorrückung folgend, über Burato nach Scatola vorgegangen, wo sie sich mit der 6. Compagnie vereinigte, welch' letztere ihr vom Monte Torcolo dahin nachgefolgt war.

Die 5. Division Degenfeld war vom Monte Torcolo dem 3. Bataillon gegen Pasquali gefolgt.

Die Colonne unter Oberst Graf Attems (2., 4. Bataillon und 2. Compagnie Hohenlohe) war von Oliosi in südwestlicher Richtung vorgegangen und hatte sich dann gegen Pasquali gewendet, wo das gegen die Ausfalltruppe gerichtete heftige Infanteriefeuer einen hitzigen Kampf anzudeuten schien.

Das 4. Bataillon Maroičić war von Castelnovo nach Salionze marschirt.

Die in der Nähe von Renati aufgefahrene Batterie Nr. 6/V war später auf den Monte Torcolo vorgerückt, wo sie aber wegen mangelnder Aussicht, und weil die Infanterie schon zu weit vorgerückt war, nicht mehr wirken konnte.

Die 8pfündige Batterie 9/V bekämpfte eine Zeit lang die feindliche bei Canova und am Monte Vento thätige Geschütz-Reserve. Die Hälfte dieser

Batterie war über Burato bis über Scatola vorgerückt und hatte von dort eine Zeit lang die Brücke bei Monzambano und die am Monte Sabbione stehende feindliche Batterie beschossen. Nach 2 Uhr vereinigten sich die beiden Batterie-Hälften in Salionze; die Batterie kam dann nicht mehr in Verwendung.

Die Reserve-Division stand also gegen 3 Uhr in der Linie Salionze-Canova, mit den Hauptmassen bei Salionze unter GM. Benko, und vor Pasquali unter Oberst Prinz Weimar. In und bei dem ersteren Orte über Scatola gegen Campuzze befanden sich die 3, 4. und 6. Division Degenfeld, die 1. Compagnie 2. und 3. Division Hohenlohe, die Hälfte des Regiments Deutschbanater, die 4. Bataillons Paumgartten und Maroičić und der Rest des 36. Jäger-Bataillons.

Die übrigen Abtheilungen der Reserve-Division kämpften am rechten Flügel der Brigade Piret bei Canova und Pasquali.

Die Ausfalltruppe war gegen 3 Uhr nach Peschiera zurückgekehrt.

Das Festungs-Fort Monte Croce hatte bei dem Unternehmen gegen Monzambano durch Beschiessung des Ortes und der feindlichen Truppen kräftig mitgewirkt.

Von den Truppen der Division Pianell befanden sich 5 Bataillons der Brigade Aosta bei Pasquali [1]).

Das 17. Bersaglieri-Bataillon, nachdem es einen Theil des 36. Jäger-Bataillons abgeschnitten hatte, war auf den Monte Sabbione zurückgekehrt.

Das bald nach dem 32. in Monzambano angekommene 31. Regiment war über den Mincio gerückt und mit dem ersteren vereinigt vor der Brücke aufgestellt.

Die beim Friedhofe gestandenen 2 Geschütze hatten sich mit der Batterie auf dem Monte Sabbione vereinigt.

Es standen also zur Zeit, als der Kampf am rechten Flügel der Reserve-Division bereits verstummt und der Angriff der Brigade Piret und des linken Flügels der Reserve-Division auf den Monte Vento noch nicht entschieden war, 12 Bataillons, 2 Escadrons und 1 Batterie der Division Pianell in drohender Stellung am linken Mincio-Ufer [2]).

Aber die Offensive, welche GL. Pianell füglich mit 15 bis 16 Bataillons gegen die rechte Flanke der kaiserlichen Armee unternehmen konnte, und die, wenn auch keine Entscheidung herbeigeführt, doch die Reserve-Division und die Brigade Piret in eine vielleicht nicht unbedenkliche Lage

---

[1]) Das am Monte Meneghi gestandene Bataillon der Brigade Aosta, durch ein Bataillon des 31. Regiments abgelöst, war seinem Regimente (dem 5.) nach Pasquali nachgerückt.

[2]) 5 Bataillons bei Pasquali, 1 Bataillon und 1 Batterie am Monte Sabbione, 6 Bataillons und 2 Escadrons vor der Brücke.

gebracht hätte, unterblieb, — angeblich wegen Übermüdung der Truppen und aus Unkenntniss der allgemeinen Lage.

GL. Pianell hatte zwischen 2 und 3 Uhr Nachmittag eine kurze Meldung über die getroffenen Verfügungen, die Ereignisse und die eingenommene Stellung (mit 12 Bataillons, 2 Escadrons und 1 Batterie am linken Mincio-Ufer) an den Commandanten des I. Corps abgesendet, und blieb in Erwartung eines Befehles unthätig.

Erstürmung des Monte Vento. Während in der vorgeschilderten Weise die Reserve-Division, wenn auch nicht den vom Armee-Commando gewünschten Erfolg erreichte, so doch den Feind zurückdrängte, sich bei Salionze festsetzte und hiemit der ganzen Schlachtstellung die nothwendige Stütze am Mincio-Ufer gab, machte die Mitte der Armee entschiedene Fortschritte gegen Süden.

Der Befehl des Erzherzogs zur Vorrückung des 5. Corps gegen S. Lucia und der Reserve-Division gegen den Übergang bei Monzambano bei Festhaltung von Oliosi, traf erst gegen 11 Uhr beim 5. Armee-Corps-Commando ein.

Die dem Corps gestellte Aufgabe schien eine schwierige zu sein, und der vereinigten Anstrengung des ganzen Corps zu bedürfen.

GM. Baron Rodich war anfänglich Willens, die Brigade Piret wieder zurückzunehmen und sie gegen die feste und scheinbar stark besetzte feindliche Position von St. Lucia zu verwenden, und liess deshalb den Commandanten der Infanterie-Reserve-Division auffordern, das dem Feinde bereits abgenommene Oliosi zu besetzen und die weitere Aufgabe selbständig zu lösen [1]).

Allein bevor noch der Brigade Piret irgend eine Weisung ertheilt war, hatten sich die Gefechts-Verhältnisse so gestaltet, dass an das Zurücknehmen dieser Brigade nicht weiter zu denken war; am rechten Flügel der Reserve-Division tobte der Kampf wieder lauter (Burato, M. Torcolo und Campagna rossa) und schien ernste Verhältnisse anzunehmen; zudem war die im Vorrücken gegen Busetta begriffene Brigade Piret mit dem weichenden Feinde erneuert in einen hitzigen Kampf gerathen.

GM. Baron Rodich beschloss daher mit dem Angriffe auf S. Lucia noch so lange zurückzuhalten, bis die Brigade Piret einen entschieden festen Punkt erreicht hätte, und deren Stellung gesichert wäre. Dieser Moment trat aber erst ungefähr um $1\frac{1}{2}$ Uhr ein.

---

[1]) Das unterdessen erfolgte Eintreffen der Colonne unter Oberst Graf Attems in Oliosi war dem Corps-Commandanten nicht bekannt; — es schienen nur einzelne zerstreute Abtheilungen der Reserve-Division bei Oliosi eingetroffen zu sein.

Die Brigade Piret stand nach dem südlich von Oliosi bewirkten Aufmarsche in einem ziemlich offenen, wenig Deckung bietenden Terrain und im ergiebigsten Treffbereiche der am Monte Vento entwickelten und lebhaft feuernden feindlichen Geschützmassen. Bald machte sich ihre Wirkung fühlbar. GM. Baron Piret glaubte die Brigade nicht länger dem verderblichen, an Präcision stetig zunehmenden feindlichen Feuer aussetzen zu dürfen; — dem Impulse einer kühnen Initiative folgend, dabei aber des Zweckes und Zieles sich wohl bewusst, fasste er den Entschluss, die ihm gewordene und bereits vollführte Aufgabe durch Erstürmung des Defilé's am Monte Vento zu vervollständigen, und ordnete daher die Vorrückung der Brigade an.

Fast an der ganzen Front entspann sich alsbald ein hitziges Infanterie-Gefecht mit den noch kampffähigen Abtheilungen der Truppen Cerale's, Villahermosa's und dem auf den Hügeln zwischen Fontana fredda und der Strasse postirten 2. Bersaglieri-Bataillon [1]).

Busetta ward nach kurzem Widerstande genommen und sogleich die Brigade-Batterie Nr. 2/V dahin vorgezogen, welche dann Ca bruciata in Brand schoss [2]).

Nachdem die Höhen bei Fontana fredda dem Feinde durch das später vom 2. unterstützte 1. Bataillon Baden entrissen waren, wobei das letztere schwere Verluste erlitt, drang die Brigade bis an den Fuss des Monte Vento vor, wo den höchst ermüdeten Truppen Ruhe gegönnt werden musste.

Die Brigade stand damals wie folgt: Batterie 2/V auf der Höhe südwestlich von Busetta. Das Regiment Baden à cheval der Strasse bei Ca bruciata, rechts neben diesem Regimente das 2., links das 1. und 3. Bataillon Crenneville, letztere zwei Bataillons zwischen Caradini und Fontana fredda; das 5. Kaiser Jäger-Bataillon und eine Abtheilung Sicilien-Uhlanen rückwärts an der Strasse als Reserve. Am rechten Flügel der Brigade schloss sich, wie bekannt, ein Theil der Reserve-Division an.

Die Masse der feindlichen Geschütze, ihr lebhaftes Feuer, die Zähigkeit der bei Canova und Pasquali wiederholt angriffsweise vorbrechenden, augenscheinlich verstärkten feindlichen Infanterie und die natürliche Festigkeit der Position, welcher die Brigade gegenüberstand, schienen den letzten entscheidenden Angriff schwierig zu gestalten und einer sorgfältigen Vorbe-

---

[1]) Der am äussersten linken Flügel der Brigade Piret befindlichen 1. Division des 37. Jäger-Bataillons fiel südlich von Oliosi ein feindliches Geschütz in die Hände. Es war dies eines der beiden Geschütze, welche bei der Erstürmung des Ortes querfeldein davonfuhren und S. Lucia zu erreichen suchten, wobei es in einen Graben fiel und beim Erscheinen der Jäger im Stiche gelassen werden musste.

[2]) Dies geschah, nachdem die 1. Division Degenfeld von dort bereits vertrieben war.

reitung zu bedürfen; namentlich musste vor Allem die feindliche Artillerie zum Schweigen gebracht werden.

Diese hatte die westlich von Ca bruciata placirte Batterie 2/V zum Hauptzielpunkte gewählt und die volle Gewalt eines concentrirten Feuers dahin gerichtet.

Bald waren an zwei Geschützen die Räder zertrümmert und ein Geschütz ganz demontirt. Dies und der grosse Rücklauf, der auf einem schmalen, steil geböschten Rücken stehenden Geschütze, wodurch zum Vorschieben derselben die Kraft der Mannschaft auf's Äusserste in Anspruch genommen ward, nöthigte den Batterie-Commandanten, das Feuer nur mit vier Geschützen fortzusetzen und die gesammte Bedienungs-Mannschaft bei diesen zu verwenden [1]).

Um 1¼ Uhr beorderte der Corps-Commandant die beiden Batterien der Corps-Geschütz-Reserve Nr. 5/V und 7/V aus ihrer Stellung bei Colombarolo zur Unterstützung der Brigade Piret vor. Sie wurden vom Commandanten der Corps-Geschütz-Reserve, Major Popovich, persönlich vorgeführt und mit grosser Bravour unter einem Hagel feindlicher Projectile neben der Batterie 2/V in's Feuer gesetzt.

Nun schwanden rasch die glücklichen Augenblicke der feindlichen Artillerie; die Heftigkeit ihres Feuers liess nach, einzelne Geschützgruppen wechselten wiederholt ihre Aufstellungen und zogen sich endlich successive zurück.

Als das feindliche Geschützfeuer sichtlich nachgelassen hatte, und eine auffallende Bewegung unter den feindlichen Geschützgruppen wahrzunehmen war, glaubte GM. Baron Piret, den Angriff auf die Höhen bei Pasquali, Canova und auf den Monte Vento unternehmen zu können, und befahl gegen 3 Uhr die Vorrückung.

Die Truppen hatten sich von den früheren Anstrengungen etwas erholt und erhoben sich freudig zum Entscheidungskampfe.

Südlich von Marzago gegen Canova und Pasquali tobte seit Ankunft der zur Brigade Aosta gehörigen 4 (später 5) Bataillons ein ununterbrochener lauter Kampf. Angriffe der successive angekommenen Abtheilungen der Reserve-Division und kurze Offensivstösse feindlicher Truppentheile hatten sich ohne Entscheidung wiederholt, und war dabei besonders das 3. Bataillon Degenfeld und ein Theil des 2. Bataillons Crenneville betheiligt [2]).

---

[1]) Merkwürdigerweise hatte diese Batterie in einem anderthalbstündigen Kampfe, in welchem eine Zeit lang das Feuer von circa 30 Geschützen aus verhältnissmässig geringer Entfernung auf sie gerichtet war, nur einen Verlust von 3 Todten, 5 Verwundeten und 2 Pferden.

[2]) Das Detail dieser Kämpfe ist nicht sicherzustellen.

Der Angriffsbewegung der Brigade **Piret** schlossen sich die an ihrem rechten Flügel befindlichen Abtheilungen der Reserve-Division an und wirkten bei der Erstürmung der Höhen und des Weilers Pasquali in hervorragender Weise mit, — insbesondere das 3. Bataillon **Degenfeld**, das 4. Bataillon **Hohenlohe**, von welch' letzterem ein Theil in ein erbittertes Handgemenge verwickelt ward, dann Abtheilungen des **Deutschbanater-Grenz-Regiments**.

Von der Brigade **Piret** stürmte das 3. Bataillon **Baden** Canova und Pasquali, wobei Oberst **Schwaiger** den Heldentod fand. Das 1. und 2. Bataillon dieses Regiments, gefolgt vom 5. **Kaiser Jäger**-Bataillon, drang durch das Defilé des Monte Vento bis Fontanello vor.

Der linke Flügel der Brigade, 3. und 1. Bataillon **Crenneville**, rückte direct gegen den Monte Vento vor.

Das 1. Bataillon **Crenneville** war noch vor dem Angriffe auf Pasquali über Redolfo vorgegangen, und nach Zurückweisung einer attakirenden Cavallerie-Abtheilung, auf den Monte Vento und in die rechte Flanke der eben im Abfahren vom Bergrücken begriffenen feindlichen Batterien gelangt, ohne sie jedoch erreichen zu können. Das von einigen Geschützen gegen das Bataillon abgegebene Feuer hatte keine Wirkung.

Das 3. Bataillon **Crenneville** hatte ohne Kampf den Monte Vento zunächst des Defilé's erreicht.

An eine Verfolgung des Gegners war bei der Erschöpfung der Truppen nicht zu denken. GM. **Piret** musste sich auf die Besetzung des Monte Vento und die Beschiessung der weichenden feindlichen Truppen durch die Artillerie beschränken.

Die drei Batterien wurden rasch vorgezogen und wie folgt, postirt: 5/V zu gleichen Theilen am Monte Vento und bei Pasquali, 2/V bei Marzago, 7/V bei Fontana. Die drei letzteren Gruppen feuerten bis nach 4 Uhr gegen Monzambano, von wo die bei der Kirche stehende feindliche Batterie antwortete.

Die Infanterie bezog folgende Stellung: Das 5. **Kaiser Jäger**-Bataillon (später kamen noch zwei Geschütze dazu) Tirodella, das Regiment **Baden** Casa dal Prato und die anliegende Höhe. Das 1. und 3. Bataillon **Crenneville** blieben am Monte Vento, das 2. Bataillon mit einer Abtheilung **Sicilien**-Uhlanen in der Nähe von Pasquali diente den Batterien als Bedeckung. Der linke Flügel der **Reserve-Division** stand ebenfalls bei Pasquali.

Auf feindlicher Seite waren die vorgeschobenen zwei Bersaglieri-Bataillons mit den noch kämpfenden Abtheilungen der 1. Division, vor der

Reserve-Division und der Brigade Piret weichend, bis an den Fuss des Monte Vento zurückgegangen, wo etwa 10 bis 11 Bataillons und ein Cavallerie-Regiment in unmittelbarer Nähe der Batterien (33 Geschütze) wie folgt standen: 5 Bataillons der Brigade Aosta, etwa 2 bis 3 Bataillons der Division Cerale und das 8. Bersaglieri-Bataillon zwischen Torrione und Canova-Pasquali; das 13. Bersaglieri-Bataillon à cheval der Strasse Valeggio-Castelnovo, und östlich anschliessend das 2. Bersaglieri-Bataillon am nördlichen Abhange des Monte Vento; das Cavallerie-Regiment (Aosta Lancieri) am südlichen Abhange bei Cabriol.

In dem hauptsächlich gegen das Defilé gerichteten Feuer der bei Ca bruciata thätigen 20 österreichischen Geschütze ward der Commandant des I. Corps, General der Armee Durando, durch eine Shrapnelkugel an der rechten Hand verwundet und verliess das Schlachtfeld, nachdem er das Commando am Monte Vento dem General Ghilini übergeben hatte.

Dieser setzte die passive Vertheidigung fort und gab, als die Division Sirtori die Position bei St. Lucia verloren hatte, aus Besorgniss für seinen Rücken und die rechte Flanke, den Befehl zur Räumung der Stellung am Monte Vento in dem Augenblicke, in welchem sich die Brigade Piret zum Angriffe anschickte.

Die Artillerie konnte den Abmarsch noch ungehindert bewirken, der Infanterie jedoch gelang es nicht mehr, sich dem Angriffe zu entziehen; erst nach einem zwar kurzen, aber erbitterten Kampfe bei Pasquali trat sie den Rückzug an. Die 5 Bataillons der Brigade Aosta gingen nach Monzambano zurück, die übrigen Truppen folgten der Artillerie nach Valeggio [1]).

Zur Deckung des Rückzuges der letzteren, nahmen 2 Geschütze und einige Abtheilungen Aosta-Lancieri Stellung auf der Strasse nach Valeggio, die sie aber, da schon die Höhen zwischen Fenile und Barozina besetzt waren, bald verliessen.

Die Reserve-Artillerie ward an der Nordseite des mit einer hohen Mauer umfassten Parkes von Valeggio aufgefahren, und beschoss eine Zeit lang den Monte Vento; das 2. Bataillon des 44. Regiments, und einige Bersaglieri-Abtheilungen schlossen sich an die Flügel der Artillerie [2]).

---

[1]) Auch die am Monte Sabbione gestandene Batterie der Division Pianell ging nach Valeggio zurück.

[2]) Das zur Brigade Forlì gehörige 2. Bataillon des 44. Regiments war auf Vorposten gegen Peschiera zurückgeblieben, und hatte der Division nachrückend, eben Valeggio erreicht, als sich die Trümmer der 1. Division am Monte Vento sammelten. In Folge eines Missverständnisses hatte das Bataillon dann an der Nordseite des Parkes Stellung genommen, und war dort während des Kampfes am Monte Vento geblieben.

Zwei zur Division Sirtori gehörige und angehaltene Geschütze wurden an der Nordostecke der Parkmauer aufgestellt; zur Seite derselben in der Ebene standen das Regiment Aosta-Lancieri und 2 Escadrons Guiden. In dieser namentlich für die Artillerie, die nur den an der westlichen Parkmauer laufenden schlechten Weg zum Rückzuge offen hatte, äusserst gefahrvollen Stellung glaubte man einen Angriff auf Valeggio erwarten zu können.

Ein wesentlicher und glänzender Erfolg war somit von den kaiserlichen Truppen auf dem westlichen Theile des Schlachtfeldes erkämpft. Die Höhen am Mincio in der Nähe der Fluss-Übergänge Monzambano und Valeggio waren genommen, bedeutende Theile des feindlichen Heeres theils kampfunfähig gemacht, theils im Rückzug hinter den Fluss, also für den weiteren Kampf verloren.

Dennoch lag nicht hier die Entscheidung über das Geschick des Tages. Alle auf dieser Seite des Schlachtfeldes errungenen Erfolge waren verloren, wenn der Feind, obgleich sein linker Flügel unglücklich gekämpft, allen Muth und alle Kraft noch daran setzte, auf den östlichen Theilen des Schlachtfeldes durchzudringen.

Doch es waltete ein Unstern über dem feindlichen Heere, bei welchem nur noch der Zufall die Schlacht geleitet zu haben scheint; eine Position nach der andern fiel in die Hände der kaiserlichen Armee, der sich die Wagschale des Sieges immer entschiedener zuneigte.

Erstürmung von S. Lucia. Die am rechten Tione-Ufer aufmarschirte Brigade Valtellina hatte der Niederlage und Flucht der Brigade Brescia unthätig zugesehen; sie empfing das die Fliehenden über den Tione verfolgende 19. Jäger-Bataillon, von welchem eine Division bis Muraglie vorgedrungen war, mit heftigem Gewehrfeuer, blieb aber lange Zeit in ganz passiver Haltung, bis endlich die Initiative eines Bataillons-Commandanten den Impuls zu einer wohl energisch begonnenen, aber bald erlahmten Offensive gab.

Das am äussersten linken Flügel der Brigade Valtellina bei Muraglie gestandene 3. Bataillon des 66. Regiments griff die vorgedrungene Jäger-Division, die sich fast ganz verschossen hatte, energisch an und drängte sie an den Tione zurück.

GL. Sirtori, welcher dies sah, ward dadurch so begeistert, dass er die Vorrückung der ganzen Brigade befahl, welche zwar alsbald, aber ohne Zusammenhang und Übereinstimmung erfolgte. Einzeln stürzten die Bataillons den steilen Abhang hinunter und drängten die Abtheilungen des 19. Jäger-Bataillons zurück.

Fünf Bataillons überschritten den Tione und rückten bis über Pernisa vor, welches, vom 3. Bataillon des 66. Regiments angegriffen, nach lebhaftem Kampfe von der es vertheidigenden Jäger-Abtheilung geräumt werden musste.

Hier aber endete die feindliche Offensive; das in die linke Flanke gerichtete heftige Feuer des noch auf den Höhen bei Feniletto stehenden Regiments B e n e d e k scheint die feindlichen Bataillons zum Stehen gebracht zu haben.

Das Jäger-Bataillon zog sich, nur schwach verfolgt, auf die Höhe von Capellino zurück, hielt sich die noch vereinzelt vorbrechenden feindlichen Abtheilungen durch wiederholte Rückstösse vom Leibe und konnte sogar wieder Terrain gegen Pernisa gewinnen.

Um dem Feinde eine frische Truppe entgegenzustellen, liess der Brigadier Oberst B a u e r um 12 Uhr Mittag das Regiment N a g y zur Ablösung der in erster Linie stehenden vier Bataillons vorrücken [1]).

Das Regiment entwickelte sich in Divisionsmassen auf der Höhe südlich von Jese und bei Capellino mit dem 3. und 2. Bataillon im ersten, und dem 1. Bataillon im zweiten Treffen. — Das Regiment B e n e d e k ward hierauf nach Palazzina zurückgenommen, die Ablösung des 19. Jäger-Bataillons konnte jedoch erst bei Vorrückung der Brigade M ö r i n g durchgeführt werden.

Mittlerweile war, abgesehen vom Geschützfeuer, im Gefechte eine förmliche Ruhe eingetreten; der Kampf erwachte erst wieder beim Vorrücken der Brigade Möring.

Als die Brigade P i r e t eine entschieden haltbare Stellung auf den Höhen südlich Busetta und bei Fontana fredda erreicht hatte, und ein Rückschlag dort nicht mehr zu besorgen war, liess der Commandant des 5. Corps um 1 Uhr dem GM. M ö r i n g den Befehl zugehen, mit seiner Brigade direct auf S. Lucia vorzurücken und sich dieses Punktes zu bemächtigen.

Bei Übermittlung dieses Befehls trat jedoch eine Verzögerung ein, so dass die Brigade M ö r i n g, welche, wie bekannt zum grössten Theile bei San Rocco di Palazzolo stand, erst etwas nach 2 Uhr die Vorrückung begann. Während derselben schloss sich ihr das Regiment N a g y der Brigade B a u e r an und machte den Angriff mit.

Um den Vormarsch zu unterstützen, ward die vorhandene Artillerie schon früher in Thätigkeit gesetzt.

Die 8pfünd. Batterie 10/V war bei Forni geblieben, die Batterie 3/V

---

[1]) An die Stelle des Regiments N a g y ward ein Bataillon E r z h e r z o g L e o p o l d von der Brigade M ö r i n g nach Forni vorgeschoben.

(der Brigade Bauer) ging auf die Höhe von Jese vor; die Batterie 4/V (der Brigade Möring) fuhr bei Rosoletti und Ca Pieta auf. Durch das Feuer dieser drei Batterien wurden die feindlichen, auf den Höhen bei Lucia und Muraglie stehenden Geschütze bald zum Schweigen gebracht.

Indessen hatte sich die Infanterie in Bewegung gesetzt. Das 21. Jäger-Bataillon ging der Brigade voraus und nahm mit der 2. Division die Direction über Pernisa auf Via Cava, mit der 1. und 3. Division auf S. Lucia.

Das Gros war wie folgt geordnet: am rechten Flügel das Regiment Grueber, in der Mitte das 2. und 3. Bataillon Nagy, am linken Flügel das Regiment Erzherzog Leopold, von welchem das 3. Bataillon über Serraglio vorging.

Das 1. Bataillon Nagy, das Regiment Benedek und das 19. Jäger-Bataillon von der Brigade Bauer formirten sich bei Jese als Reserve.

Die Brigade Möring fand jedoch nur geringen Widerstand, da der Feind bereits den Rückzug begonnen hatte.

GL. Sirtori war nämlich bald nach dem Stocken der ergriffenen Offensive zur Einsicht gekommen, dass die von der Brigade Valtellina am linken Tione-Ufer eingenommene Stellung für die Dauer unhaltbar sei; als aber noch bald nach 2 Uhr (beim Auftreten der 2 Reserve-Batterien unter Major Popovich) der Kampf am Monte Vento an Heftigkeit zunahm, ward er für seine linke Flanke und den Rückzug nach Valeggio so besorgt, dass er den Befehl zum Rückzuge gab und nicht nur das linke Tione-Ufer, sondern beim Angriffe der Brigade Piret auch die feste Stellung von S. Lucia räumen liess.

Die Brigade Valtellina nahm anfänglich die frühere Stellung am rechten Tione-Ufer ein, was nicht ohne einige Verwirrung geschehen zu sein scheint, und trat dann nach einer nur partiellen und nicht sehr energischen Vertheidigung einen völlig ungeordneten Rückzug nach Valeggio an. Dort sammelte GL. Sirtori die Flüchtigen — ungefähr 2000 Mann — und liess mit diesen die Hauptpunkte des Ortes besetzen.

Die Brigade Möring fand am linken Tione-Ufer nur noch das 2. und 3. Bataillon des 66. Regiments, welche den Rückzug der Brigade Valtellina deckten und vor dem 21. Jäger-Bataillon rasch zurückwichen.

So kam es, dass Pernisa fast ohne Widerstand genommen ward; die feindlichen Abtheilungen, welche dieses Gehöft nicht schnell genug verlassen konnten, wurden gefangen.

Obwohl lebhaft beschossen, erlitten die vorrückenden Truppen doch nur unbedeutende Verluste. Sie durchwateten den Tione und erklommen in grösster Ordnung die äusserst steilen Höhen, welche von ungefähr 5 Bataillons (dem 2. Bataillon des 65. und dem ganzen 66. Regimente) ohne Zusammenhang und ziemlich matt vertheidigt wurden.

Die 1. und 3. Division des 21. Jäger-Bataillons, in Verbindung mit der Feuerlinie des 2. Bataillons Nagy, erstürmten die Höhen von S. Lucia und machten etwa 150 Gefangene vom 19., 65. und 66. Regiment[1]).

Die 2. Division des 21. Jäger-Bataillons nahm die Höhen bei Via Cava, erbeutete dort einen Munitionskarren und im Vorrücken auf Piceni, unterstützt durch eine Abtheilung des Regiments Grueber, zwei feindliche Geschütze, deren Bespannung bereits davon geeilt war[2]).

Nachdem die Division Piceni genommen und dort 18 Mann des 65. Regiments gefangen hatte, machte eine von Monteselle heransprengende feindliche Escadron Miene anzugreifen, blieb einige Zeit in drohender Haltung, zog sich aber bald zurück.

Um 3 Uhr waren die Höhen von S. Lucia, welche der grösste Theil der Truppen ohne eigentlichen Kampf erreichte, vollständig im Besitze der Brigade Möring.

Während die Brigade bei S. Lucia Stellung nahm, folgte das 2. Bataillon Grueber dem nach Valeggio weichenden Gegner bis über Ca Ripa nach; das 21. Jäger-Bataillon war, nachdem es sich gesammelt hatte, auf den Monte Mamaor gerückt, dessen östlichste Kuppen gegen Casette und Boroni es besetzte. 1½ Compagnien vom Regimente Erzherzog Leopold, welche schon früher auf dem Monte Mamaor und gegen Custoza vorgeschoben worden, hatten sich auf dem Abhange gegenüber Valle Busa festgesetz und dem Jäger-Bataillon angeschlossen.

Die Einnahme der wichtigen Position von S. Lucia ward gegen alle Erwartung mit wenig Mühe und Opfer erreicht. Es fiel damit der kaiserlichen Armee ein neues Stück des die Ebene beherrschenden Höhenrandes zu, und war für die österreichische Armee insoferne wichtig, als von S. Lucia und dem Monte Mamaor alle Anstrengungen, welche der Feind noch bei Custoza machte, in Flanke und Rücken genommen werden konnten. Mit der Einnahme von S. Lucia durch die kaiserlichen Truppen gestaltete sich die Lage des Feindes offenbar kritisch und es wird sich in der Folge auch zeigen, wie

---

[1]) Ein Act niederträchtiger Brutalität ward hier von dem Feinde verübt. Zwei tapfere Jäger des 21. Bataillons, die sich zu weit vorgewagt hatten, wurden gefangen, entkleidet, und einer davon in der Kirche, der andere in deren Nähe an einen Baum gehängt. Die Kameraden der Unglücklichen kamen noch rechtzeitig dazu, um ihnen das Leben zu erhalten, doch ward einer der Misshandelten irrsinnig.

[2]) Diese beiden Geschütze waren bei der Flucht des 19. Regiments der Brigade Brescia schon am Vormittage im Gedränge von dem schmalen Wege in den Graben gefallen und liegen geblieben.

lähmend dies auf seine Bemühungen, Custoza und den Monte Torre zu halten, wirkte.

GM. Br. Rodich war etwas vor 3 Uhr auf der Höhe bei S. Lucia angekommen. Man konnte von dort deutlich den Kampf am Belvedere beobachten, in welchem die Division Govone sich dieses von einigen Compagnien hartnäckig vertheidigten Punktes zu bemächtigen suchte.

So gerne auch GM. Br. Rodich die Bemühung jener schwachen Abtheilung unterstützt hätte, so glaubte er doch mit dieser Unterstützung zuwarten zu sollen, bis die verfügbaren Streitkräfte des Corps wieder gesammelt und geordnet wären, und bis auch beim 7. Corps Vorbereitungen zu einem kräftigen Eingreifen bemerkbar würden.

Die ungemein schlechten Wege und das durchschnittene Terrain waren Ursache, dass die Heranziehung des Restes der Brigade Bauer von S. Rocco di Palazzolo, namentlich aber die Herbeischaffung der Batterien auf die Höhen von S. Lucia, nur mit bedeutendem Zeitaufwande bewerkstelligt werden konnte. Insbesondere das Eintreffen der Batterie 4/V ward von Jedermann mit Ungeduld erwartet, um den auf den Höhen des Belvedere tobenden hartnäckigen Kampf wirksam unterstützen zu können; der Weg von Muraglie über Via Cava nach S. Lucia war aber so enge, steil und mit Steingerölle bedeckt, dass es der grössten Anstrengung der Bedienungs- und Bedeckungsmannschaft bedurfte, um diese Wegstrecke zu hinterlegen.

Gegen 3½ Uhr war der Rest der Brigade Bauer (Regiment Benedek und 19. Jäger - Bataillon) auf dem Rücken westlich von Serraglio eingetroffen. Um 4 Uhr war die Batterie nach unsäglichen Mühen auf der Höhe östlich von S. Lucia angekommen, wo sie sogleich das Feuer gegen Valle Busa und Custoza eröffnete.

Zweite Erstürmung des Belvedere. Die nach Zurückweisung des Angriffes auf den Monte della Croce auffallende passive Haltung des Feindes, wie nicht minder die Rücksicht auf die durch das Zurückweichen der Brigade Scudier befürchtete Lücke in der Schlachtlinie, bewog den Commandanten des 9. Armee-Corps FML. Hartung zur alsbaldigen Wiederaufnahme der Offensive.

In der Hoffnung, durch eine Diversion gegen Custoza den auf dem Monte della Croce stehenden Gegner um seinen Rückzug besorgt zu machen, ihn dadurch zu schwächen, und nach Sammlung der Brigaden Weckbecker und Böck einen erneuerten Angriff auf den Monte della Croce unternehmen zu können, ordnete FML. Hartung nach 11 Uhr die Vorrückung des bei Berettara stehenden Regiments Thun längs des Bosco dei fitti und über den

Monte Molimenti gegen Belvedere an, eine Unternehmung, welche die Brigade Scudier eben aufgegeben hatte [1]).

Das Regiment drang in der ihm vorgezeichneten Richtung unter heftigem Geschützfeuer vom Monte Torre vor, fand das Belvedere nur schwach vom Feinde besetzt, vertrieb ihn und nahm gegen 12 Uhr Mittag Stellung, mit dem rechten Flügel (1. Division und 2. Bataillon) auf dem Belvedere, mit dem linken Flügel (3. Bataillon) bei Palazzo Baffi.

Mittlerweile war das Regiment Grossherzog von Toscana, der überwältigenden Wirkung des concentrirten feindlichen Geschützfeuers weichend, von Gorgo gegen das Staffalo-Thal zurückgegangen, wodurch sich das Regiment Thun in einer völlig isolirten Stellung befand.

Der linke Flügel des letzteren versuchte gegen Custoza vorzudringen, nahm auch ein zwischen Palazzo Baffi und der Kirche gelegenes Haus, konnte jedoch nicht weiter gelangen. Dem Feuer mehrerer Batterien ausgesetzt, in Flanke und Rücken durch Cavallerie bedroht und durch das aus Custoza vorbrechende 34. Bersaglieri-Bataillon angegriffen, ward das 3. Bataillon nach schweren Verlusten gegen 1½ Uhr zum Weichen gezwungen, wobei es sich überdies noch der wiederholten Angriffe von Theilen des im Thale stehenden Regiments Foggia-Lancieri zu erwehren hatte.

Die äusserst gefahrvolle Situation, in welcher sich nun der Rest des Regiments unter der Wirkung des feindlichen Feuers und im Angesichte der heranrückenden feindlichen Verstärkungen befand, bewogen den Regiments-Commandanten Oberst Gyurits, den Rückzug gegen Berettara anzuordnen, wo der grösste Theil des Regiments um beiläufig 3 Uhr anlangte und sich ordnete.

Nur die 6. Division, mit einigen Abtheilungen der 1. und 4. Division, zusammen etwa 2 Divisionen, welche der Befehl zum Rückzuge nicht erreicht hatte, waren unter Hauptmann Helmburg auf dem Belvedere zurückgeblieben.

Der General-Stabs-Chef des 9. Corps, Oberstlieutenant v. Pielsticker, fand diese Abtheilungen gegen 3 Uhr Nachmittags noch auf dem Belvedere, wo sie sich die ganze Zeit hindurch mit Tapferkeit und Ausdauer vertheidigt hatten.

Der Feind, welcher insbesondere bei dem Friedhofe bedeutende Kräfte hatte, schien sich über die Stärke der auf dem Belvedere befindlichen Abtheilungen zu täuschen und deren ganz isolirte Lage nicht zu kennen, denn er

---

[1]) Das Regiment Thun der Brigade Karl v. Kirchsberg war schon früher aus Sommacampagna nach Berettara vorbeordert, und stand dort mit 15 Compagnien. Drei Compagnien des 1. Bataillons waren beim Train und Munitionspark des Corps.

hatte nur so schüchterne Angriffe gemacht, dass diese immer erfolgreich abgewiesen werden konnten [1]).

Da die Behauptung des Belvedere von entschiedener Wichtigkeit für ein späteres Vordringen gegen Custoza war, so munterte Oberstlieutenant Pielsticker die tapfere Truppe auf, noch einige Zeit auszuharren, ritt nach Mazzole und führte das dort gestandene 3. Bataillon **Bayern** über Bagolina gegen das Belvedere zur Verstärkung vor [2]).

Aber mittlerweile hatte der Feind die volle Gewalt seiner Batterien auf das Belvedere gerichtet, und bald darauf mit dem 34. Bersaglieri-Bataillon, dem 51. Infanterie-Regimente und einem Bataillon des 35. Regiments einen imposanten Angriff unternommen.

Gerade in dem Momente, als das 3. Bataillon **Bayern** auf der letzten etwa 300 Schritte nördlich des Belvedere liegenden Kuppe des Monte Arabica erschien, begannen die Abtheilungen des Regiments **Thun** vor der erdrückenden Übermacht zu weichen. Sie wurden zwar bald durch das in Folge des raschen Vorrückens wohl erschöpfte, aber dennoch vollzählig bis auf die Höhe des Belvedere gelangte Bataillon **Bayern** unterstützt, — die Übermacht des Feindes war jedoch zu gross, und insbesondere die rechte Flanke der kaiserlichen Truppen so bedroht, dass der Rückzug auf den Monte Arabica angetreten und nach kurzer Zeit (3½ Uhr) gegen Berettara fortgesetzt werden musste.

Die zähe Vertheidigung des Belvedere war indessen nicht ohne günstigen Einfluss auf den weiteren Verlauf des Kampfes geblieben, da dem Feinde bei dem bald darauf erfolgten Angriffe des 7. Corps die Zeit mangelte, sich in der eroberten Stellung gehörig festzusetzen, insbesondere aber dieselbe mit Geschütz auszustatten.

Auf eine ausgiebige Unterstützung des Regiments **Thun** und den vom FML. **Hartung** beabsichtigten erneuerten Angriff auf den Monte della Croce musste schliesslich verzichtet werden, weil wider Erwarten die

---

[1]) Der officielle italienische Bericht sagt darüber: „Der Feind, welcher das „Belvedere und die nächstliegenden Gebäude mit beträchtlichen Kräften besetzt hielt, „machte den Erfolg schwierig, und General **Govone** war daher bedacht, ihn von „dort zu verjagen.

„Die Gebäude wurden einzeln nacheinander durch die Artillerie auf das Leb„hafteste beschossen, und dadurch die Vertheidiger vertrieben."

[2]) Dieses Bataillon, welches den südlichen Theil von Sommacampagna mit Villannova und Corobiol besetzt hatte, war, wie bereits erwähnt, bei dem raschen Vormarsch der Brigade **Weckbecker** zu weit zurückgelassen worden und hatte den Südrand des Boscone erreicht, als der Angriff auf den Monte della Croce bereits gänzlich abgeschlagen war. Vom Brigadier zum Festhalten des Boscone angewiesen, blieb es eine Zeit lang dort, und ward später vom Corps-Commandanten an den Südrand des Bosco dei fitti dirigirt.

Brigaden **Weckbecker** und **Böck** bis 3 Uhr Nachmittag noch immer nicht in kampffähiger Verfassung waren, und weil das nur vom Regimente **Maroičić** besetzt gehaltene Sommacampagna nicht ganz entblösst werden konnte.

Die Abtheilungen der Brigaden **Weckbecker** und **Böck** hatten sich nach dem missglückten Angriffe auf den Monte della Croce hinter den Batterien gesammelt, worauf sich etwa gegen 1 Uhr die Brigade **Böck** — mit Ausnahme des an den Abfällen des Boscone verbliebenen 15. Jäger-Bataillons und einiger Abtheilungen des Regiments **Niederlande**, welche bei Berettara hielten — bei Sommacampagna formirte, während die Brigade **Weckbecker** — mit Ausnahme des 3. Bataillons **Bayern**, und des 1. und 2. Bataillons **Dom Miguel** welch' letztere mit dem grössten Theile bei Berettara standen — durch ein Missverständniss bis zur Eisenbahnstation Sommacampagna zurückging.

Auch die beiden Brigade-Batterien wurden aus der Gefechtslinie zurückgezogen, und zwar die der Brigade **Weckbecker** um $11^1/_2$ Uhr, und jene der Brigade **Böck** etwa eine Stunde später.

Indessen war noch mit Ausnahme der Brigade **Scudier** das ganze 7. Armee-Corps intact, und diesem Corps war es beschieden, im Vereine mit Truppen des 5. Armee-Corps den entscheidenden Schlag gegen den Feind zu führen.

Dritte Erstürmung des Belvedere. Nach dem Zurückweichen der Brigade **Scudier** hatte der **Erzherzog** dem Commandanten des 7. Corps FML. **Baron Maroičić** um $11^1/_2$ Uhr den Befehl gegeben, „mit den beiden Brigaden **Töply** und **Welsersheimb** vorwärts Zerbare „Stellung zu nehmen und die Artillerie zweckmässig zu placiren." Über eine vom GM. **Baron Rodich** erstattete Meldung, dass sich zwischen seinem und dem 7. Corps eine bedeutende Lücke befände, befahl der **Erzherzog** dem FML. **Baron Maroičić** gegen 2 Uhr Nachmittag weiters, „eine Brigade gegen Monte Godi vorzuschieben und die Verbindung mit „dem 5. Corps über Guastalla vecchia herzustellen."

Das 7. **Corps** hatte um 2 Uhr folgende Aufstellung: Am äussersten rechten Flügel, bei Guastalla, die 6. Escadron **Bayern-Huszaren**; zwischen dieser und Nadalini die Brigade **Töply** mit dem Regimente **Alemann** am rechten, **Erzherzog Ludwig Victor** am linken Flügel, — das 7. Jäger-Bataillon, die Brigade-Batterie und die Cavallerie-Batterie 7/VII der Corps-Geschütz-Reserve vor der Front. Die Brigade **Welsersheimb** und die übrigen Batterien hatten die schon früher geschilderte Stellung zwischen Nadalini und Berettara und vorwärts Pelizzara inne.

II. Schlacht von Custoza.

Die Brigade Scudier war mit einem Theile bei Zerbare angelangt und ging später nach Casazze zurück; nur ihre Arrieregarde, das 3. Bataillon Erzherzog Ernst und die Brigade-Batterie, befanden sich noch am Bosco dei fitti [1]).

Gleichzeitig mit dem für das 7. Armee-Corps zuletzt gegebenen Befehle, erliess der Erzherzog auch an den Commandanten des 9. Armee-Corps die Weisung: „wenn es die Situation zuliesse, mit einer Brigade einen grösseren Nachdruck gegen Staffalo zu üben." Die Ausführung dieses Befehles war jedoch aus den früher dargestellten Gründen unmöglich.

Dagegen entschloss sich um 3 Uhr der Commandant des 7. Armee-Corps, FML. Baron Maroičić, welcher dem Laufe der Ereignisse mit scharfem Auge gefolgt war, aus eigener Initiative zum Angriff gegen Custoza und gab den beiden Brigaden Welsersheimb und Töply den Befehl zur Vorrückung.

Unter dem Schutze sämmtlicher Batterien des Corps geschah der Vormarsch im feindlichen Geschützfeuer in der besten Ordnung; die Brigade Welsersheimb im Staffel etwas voraus über den Monte Molimenti, Brigade Töply über Godi, Bagolina, — beide Brigaden in der Richtung auf Belvedere. Monte Godi, wo noch kein Feind stand, ward vom 1. Bataillon Erzherzog Ludwig Victor besetzt. Bei Bagolina traf man auf den Feind, welcher jedoch bald zurückwich und erst auf der Cypressen-Höhe (Belvedere) hartnäckigen Widerstand leistete [2]).

Seit der Wiedereroberung des Belvedere hatte sich der Feind auf dem dortigen Hügellande durch den Rest des 35. und das 36. Regiment verstärkt, und zwei Geschütze der im Thale gestandenen reitenden Batterie hinaufgeschafft, so dass beim Belvedere 12 bis 14 Bataillons mit zwei Geschützen gestanden sein mögen.

Um 4 Uhr griffen die Brigaden Welsersheimb und Töply die feindliche, tapfer vertheidigte Stellung an und erstürmten im ersten Anlaufe die wichtige Höhe des Belvedere sammt dem ganzen gegen Valle Busa fortlaufenden Rücken, bei welcher Gelegenheit Abtheilungen vom 3. Kaiser-

---

[1]) Der grössere Theil des Regiments Kronprinz Erzherzog Rudolf war durch ein Missverständniss nach La Zina bei Sona zurückgegangen, wohin am Abende der Rest der Brigade folgte.

[2]) Bei dieser concentrischen Vorrückung war die Formation die folgende: Jede Brigade hatte ihr Jäger-Bataillon voraus, vier Bataillons in der Divisions-Massenlinie im ersten, zwei Bataillons in der geschlossenen Divisions-Massenlinie im zweiten Treffen.

Jäger- und 7. Feld-Jäger-Bataillon und vom Regimente **Erzherzog Ludwig Victor** ein feindliches Geschütz eroberten.

Der Feind wich nach Custoza und nahm die letzte Stellung in und bei dem Orte.

Die beiden kaiserlichen Brigaden waren zu erschöpft, um sogleich weiter stürmen zu können. Der Corps-Commandant FML. **Baron Maroičić**, welcher immer in den vordersten Reihen, die beiden Brigaden mit sicherer und fester Hand lenkte, befahl den Truppen zu ruhen, zog zu den nachgekommenen zwei Brigade-Batterien noch die drei Reserve-Batterien auf die Höhen des Belvedere und Monte Molimenti und liess mit diesen 40 Geschützen Custoza und die Höhen des Monte Torre und Monte della Croce beschiessen. Dieses gewaltige Feuer, im Vereine mit jenem der Geschütz-Reserve des 9. Corps, brachte die feindliche Artillerie bald zum Schweigen. Namentlich auf dem Monte Torre erlitt die feindliche Artillerie und das von der Division **Govone** noch dort gebliebene 52. Infanterie-Regiment im Laufe einer halben Stunde schwere Verluste.

Während der geschilderten Vorgänge hatte Oberst **Pulz**, nachdem er mit den beiden Cavallerie-Brigaden von Cerchie in die Stellung bei la Casetta rückgekehrt war, den vor Villafranca stehenden Gegner fest im Auge behalten, stets bereit, demselben bei einer etwaigen Vorrückung entgegenzutreten.

Mehrere Male ward das Vorrücken der feindlichen Cavallerie signalisirt, doch waren dies immer nur untergeordnete Kräfte, welche schnell wieder zurückwichen.

Um beiläufig 12 Uhr war die zur Beobachtung des Feindes nach Casino Polli vorgeschobene Escadron **Sicilien-Uhlanen** zur Recognoscirung des Terrains an die Veroneser Strasse und gegen Villafranca vorgegangen; — sie stiess dabei auf eine feindliche Cavallerie-Abtheilung und warf diese bis an die vor Villafranca stehenden Infanteriemassen, zog sich aber, da die letzteren heftig feuerten und in der feindlichen Stellung vor Villafranca keine Änderung vorgegangen zu sein schien, ohne verfolgt zu werden, wieder nach Casino Polli zurück.

Nach 2 Uhr war Oberst **Pulz** zur eventuellen Unterstützung der am linken Flügel kämpfenden Truppen in der Richtung La Fredda-Cerchie vorgegangen, hatte sich jedoch bald wieder auf la Casetta und gegen $3\frac{1}{2}$ Uhr nach Palazzina zurückgezogen, wo er rasten liess. Nur die 5. Escadron **Württemberg-Huszaren** ward zur Verbindung mit den vorgeschobenen 2 Escadrons und Sicherung der Haupttruppe bei la Casetta belassen.

Seine kais. Hoheit der Armee-Commandant, welcher den Gang der Ereignisse bis 12 Uhr von der Höhe bei S. Giorgio, dann vom Cypressenhügel bei Corte beobachtet, und um 12½ Uhr auf die Höhe von S. Rocco di Palazzolo geritten war, hatte um 3 Uhr zu einem allgemeinen Sturme auf Custoza, welchen der Commandant des 7. Armee-Corps schon aus eigener Initiative begonnen hatte, und zu welchem auch der Commandant des 5. Armee-Corps schon Vorbereitungen traf, an das 5., 7. und 9. Armee-Corps folgende Befehle erlassen:

„**Ein Bataillon und die Génie-Compagnie des 9. Corps
„werden in Sommacampagna bleiben; drei ausgeruhte Ba-
„taillons dieses Corps werden auf den rechten Flügel gezo-
„gen, wenn Sommacampagna nicht ernstlich bedroht ist.**

„**Das 7. Armee-Corps wird um 5 Uhr den letzten Ver-
„such auf Custoza machen. Das 5. Armee-Corps hat um
„5 Uhr mit einer Brigade links abmarschirt gegen Custoza
„vorzugehen. Zum Sturme werden die Tornister abgelegt.**"

Weiters erliess Se. kais. Hoheit um 3½ Uhr an die Cavallerie-Brigaden **Pulz** und **Bujanovics** den Befehl: „**wenn die Pferde noch
„bei Kraft sind, durch eine Vorrückung gegen Custoza
„dem um 5 Uhr auf Custoza stattfindenden Angriffe Nach-
„druck zu geben.**"

Die Schlacht war nun der Entscheidung nahe.

Um 4 Uhr war die Lage der kaiserlichen Armee die folgende:

Die Reserve-Division stand mit dem rechten Flügel bei Salionze, wo das Gefecht schon längere Zeit schwieg; ihr linker Flügel bei Pasquali hinter der Brigade Piret.

Letztere hatte den Monte Vento besetzt, wo gegen 4 Uhr der letzte Schuss fiel. Die Brigade Möring mit dem Regimente Nagy von der Brigade Bauer stand bei S. Lucia und schickte sich zur Vorrückung gegen Custoza an; die Batterie 4/V begann das Feuer gegen die Höhen von Custoza. Der Rest der Brigade Bauer marschirte über Serraglio gegen S. Lucia.

Die Brigaden Töply und Welsersheimb des 7. Corps hatten das Belvedere erstürmt und standen zwischen Valle Busa und dem Monte Molimenti nebst fünf Batterien des 7. Corps. — Die Brigade Scudier befand sich mit einem Theile bei Casazze.

Vom 9. Corps war die Geschütz-Reserve mit den auf den Monte della Croce stehenden feindlichen Batterien im Kampfe. Von den Truppen des Corps befanden sich die Brigade Weckbecker bei der Eisenbahn-Station

Sommacampagna, Brigade Böck bei Sommacampagna, Brigade Karl v. Kirchsberg in letzterem Orte und bei Berettara.

Die Cavallerie-Brigaden unter Oberst Pulz rasteten zwischen Corobiol und Palazzina.

Bei der italienischen Armee war um dieselbe Zeit die Lage folgende:

Das I. Corps war ohne Leitung und Commandanten, da G. d. A. Durando verwundet in Volta lag.

Die 2. Division (Pianell) stand mit 6 Bataillons und 2 Escadrons am linken Mincio-Ufer, mit dem Reste bei Monzambano [1]).

Die 1. Division (Cerale) war in vollständiger Auflösung, und der grösste Theil in voller Flucht nach Volta und Cavriana; einige Abtheilungen befanden sich noch bei der Reserve des 1. Corps am Nordrande des Parkes von Valeggio bei Fenile, waren aber gänzlich entmuthigt.

Die 5. Division (Sirtori) war in nicht viel besserer Verfassung als die 1. Division. Was noch bei den Fahnen geblieben war, sammelte sich in Valeggio und ward zur Besetzung dieses Ortes verwendet; der Rest war zerstreut und floh nach Volta und Cavriana [2]).

Die 3. Division (Brignone) war gänzlich aufgelöst. Ein Theil sammelte sich bei Molini della Volta am rechten Mincio-Ufer; zahlreiche Schaaren waren auf der Flucht nach Volta, Cavriana und sogar nach Goito. Nur 2 Bataillons des 1. Grenadier-Regiments, $1^{1}/_{2}$ Bataillon des 4. Grenadier-Regiments und 2 Escadrons Lucca-Cavalleggieri fochten mit der Division Govone bei Custoza.

Von der Reserve des I. Armee-Corps stand die Artillerie und Cavallerie am Nordrande des Parkes von Valeggio; die 3 Bersaglieri-Bataillons aber hatten sich theilweise aufgelöst und gingen über Borghetto zurück. Das beim Corps-Train befindliche 3. Bersaglieri-Bataillon mit einer Guiden-Escadron stand noch bei Montalto (zwischen Valeggio und Volta), und bemühte sich, die Flüchtenden anzuhalten und zu sammeln.

III. Corps. Die 9. Division (Govone) mit den bezeichneten Abthei-

---

[1]) Am linken Mincio-Ufer standen: das 17. Bersaglieri-Bataillon gegen den Monte Sabbione vorgeschoben, 5 Bataillons der Brigade Siena und 2 Escadrons vor der Brücke.

Am rechten Mincio-Ufer waren indessen die übrigen Truppen der Division wie folgt vertheilt: 4 Bataillons gegen Ponti vorgeschoben, 1 Bataillon bei Pozzolengo, 1 Batterie und der Rest der Infanterie bei Monzambano.

[2]) Valeggio ward wie folgt besetzt: Der Nordrand durch Reste des 19. und 20. Regiments, die Ostseite nächst der Strasse und die Rocca (Schlossruine bei Valeggio) durch solche des 65., die Südseite durch Reste des 66. Regiments. Auch diese Truppen waren moralisch auf's Äusserste herabgestimmt.

lungen der Division Brignone suchte Custoza und den vom 52. Regimente mit drei Batterien besetzten Monte Torre zu halten.

Die 8. Division (Cugia) stand noch in der früher geschilderten Stellung am Monte della Croce und bei Pozzo Moretta.

Die 7. und 16. Division (Bixio und Prinz Humbert) und die Linien-Cavallerie-Division waren noch unter dem Eindrucke des rücksichtslosen Angriffes der kaiserlichen Cavallerie wie festgebannt vor Villafranca.

Vom II. Corps war die 19. Division (Longoñi) bis Roverbella gelangt, von wo an die Strasse durch den fliehenden Train des 3. Corps so verlegt war, dass die Division nicht weiter vorrücken konnte.

Die 10. Division (Angioletti) war in Goito stehen geblieben.

Ereignisse von 4 Uhr Nachmittags bis in die Nacht.

Erstürmung von Custoza. Während FML. Baron Maroičić den Angriff auf Custoza vorbereitete, trafen auch das 5. und 9. Armee-Corps gegen 4¹/₂ Uhr Vorkehrungen, — das erstere zu einem Flankenstosse gegen Custoza, das letztere zu einem neuen Angriffe auf den Monte della Croce und Monte Torre.

Vom 5. Armee-Corps rückten die Brigade Möring und die beiden Bataillons Nagy gegen Custoza vor. Vom 9. Armee-Corps ward das Regiment Maroičić zu dem letzten entscheidenden Angriffe auf die Position des Monte della Croce und Monte Torre bestimmt, und zu diesem Zwecke aus Sommacampagna mit der Batterie 2/VIII (der Brigade Weckbecker) über Casa del Sole vorbeordert. Die Brigade Böck ward aus Sommacampagna nach Berettara, die Brigade Weckbecker von der Eisenbahnstation nach Sommacampagna vorrücken gemacht; bis zum Anlangen der letzteren war der Ort durch das 23. Jäger-Bataillon und die 4. Compagnie des 2. Génie-Regiments besetzt.

Um 4¹/₂ Uhr hatte die Brigade Möring des 5. Corps den Vormarsch auf Custoza begonnen. Die nach S. Lucia vorgebrachte Batterie 4/V hatte mit den ersten Schüssen eine auf den Wiesen des Prabiano stehende starke Cavallerie-Abtheilung (wahrscheinlich von der Linien-Cavallerie-Division) vertrieben, und leitete den Vormarsch der Brigade durch wohlgezieltes Feuer auf Custoza wirksam ein.

Das Regiment Erzherzog Leopold als links vorgeschobener Staffel mit dem 1. und 3. Bataillon im ersten und dem 2. Bataillon im zweiten Treffen, rückte über Coste Tagioli und Vantini vor. Das 2. und 3. Bataillon Nagy und das Regiment Grueber folgten im Tione Thale nach. Die rechte Flanke der Brigade war durch das den Monte Mamaor besetzt haltende 21. Jäger-Bataillon gedeckt.

Das voraus marschirende Regiment **Erzherzog Leopold** rückte trotz des noch immer lebhaften feindlichen Geschützfeuers, und obgleich wiederholt Geschützprojectile in den Massen namentlich des 3. Bataillons einschlugen, mit ausserordentlicher Ruhe und Ordnung vor. In dem bedeckten Terrain verloren jedoch die beiden ersten Bataillons, (mit Ausnahme der 2. Division) beim Überschreiten des Tione die Direction, und gelangten gegen die Höhe des Belvedere, wo sie sich ungefähr 400 bis 500 Schritte nördlich von Valle Busa aufstellten. Das 3. Bataillon, welchem sich die schon früher vorgeschobene und mittlerweile von Casette nach Canuova vorgegangene 7. Compagnie anschloss, ging direct auf den Westeingang von Custoza los. GM. **Möring**, welcher dieses Bataillon bei Ca nuova traf, gab dessen Commandanten Major **Gyurisević** den Befehl, den Eingang des Dorfes zu forciren.

Die Division **Govone** war indessen unter der erschütternden Wirkung des vom Belvedere gegen Custoza und dem Monte Torre gerichteten Feuers, welches wegen Munitionsmangels nicht mehr genügend erwidert werden konnte, und durch die vorrückende Brigade **Möring** in der linken Flanke bedroht, von beiden Punkten in die Ebene abgezogen; nur etwas über zwei Bataillons hielten Custoza noch besetzt. Diese Vorgänge beim Feinde waren dem GM. **Möring** nicht bekannt.

Vom 7. Armee-Corps war mittlerweile die Brigade **Welsersheimb**, nachdem ein feindlicher Offensivstoss zurückgewiesen war, bis über den Friedhof (Cimitero) und die Kirche (la Chiesa) vorgedrungen. Als die vom GM. **Möring** persönlich geführten 7 Compagnien **Erzherzog Leopold** auf den westlichen Abhang bei Custoza gelangten, ward auch das erste Treffen der Brigade **Welsersheimb** (Regiment **Paumgartten**, mit dem 2. und 3. Bataillon im ersten, dem 1. Bataillon im zweiten Treffen, das 3. **Kaiser-Jäger**-Bataillon und ein kleiner Theil des Regiments **Mecklenburg-Strelitz**) zum Angriff auf Custoza disponirt.

Dem GM. **Möring** war es jedoch vergönnt, vor den Sturm-Colonnen des 7. **Corps** jenen wichtigen Ort zu erreichen, der schon einmal, im Jahre 1848 einem glänzenden Siege des Feldmarschalls Grafen **Radetzky** den Namen gegeben hat.

Nach einer kurzen Rast auf der letzten der vielen Terrassen, welche den Anmarsch sehr erschwert hatten, stürzten sich die 7 Compagnien **Erzherzog Leopold** mit der Pionnier-Abtheilung des Regiments, auf den westlichen Ortseingang, nahmen denselben im ersten Anlaufe und trieben, angeeifert durch ihren Brigadier, im Vereine mit der nachgekommenen 2. Division **Erzherzog Leopold**, die Vertheidiger von Haus zu Haus, bis an den beiläufig in der Mitte des Ortes gelegenen Palazzo Bevilacqua (vormals Ottolini), in dessen Hofraum sie durch das Wirthschaftsgebäude eindringend, 359 Mann gefangen nahmen.

Fast gleichzeitig erreichten auch die bezeichneten Truppen der Brigade Welsersheimb, gefolgt von den übrigen 9 Compagnien des Regiments Erzherzog Leopold, die Nordseite des Palazzo. Das Gebäude war noch stark vom Feinde besetzt, und ward muthig vertheidigt. Unter heftigem Feuer aus den Fenstern des Palazzo und eines östlich davon gelegenen Gebäudes, drangen die Truppen der Brigade Welsersheimb von mehreren Seiten in den Hof und in den Park ein.

Hiemit endete der Widerstand des Feindes; was noch entkommen konnte, flüchtete den Hang des Berges hinab und folgte den Colonnen, welche sich nach Villafranca, Rosegaferro und Valeggio, theilweise sogar nach Goito zurückzogen.

Wenige Schüsse aus zwei rasch vom Belvedere nach Custoza gebrachten Geschützen, vertrieben die feindliche grösstentheils aus Cavallerie bestehende Arrieregarde, welche bei Coronini den Rückzug zu decken suchte.

Custoza bot einen furchtbaren Anblick dar; das zum Palazzo gehörige Wirthschaftsgebäude stand in Flammen, — Haufen von Leichen lagen im Hofraum, und Schwerverwundete und Verstümmelte füllten alle Räume.

Während des Angriffes auf Custoza waren das Regiment Grueber und das 2. und 3. Bataillon Nagy über Ca nuova in der Ebene gegen Coronini vorgerückt, und hatten dadurch den Abzug der letzten feindlichen Abtheilungen beschleunigt. Feindliche Reiterei (Lucca-Cavalleggieri und Foggia-Lancieri) machte einige matte und erfolglose Angriffe gegen das Regiment Nagy.

Erstürmung des Monte della Croce. Zu derselben Zeit, als Custoza erstürmt ward, drang auch das Regiment Maroičić siegreich auf den Monte della Croce vor.

Es überschritt am Boscone hinabsteigend, das Staffalo-Thal, griff den vom 63. Regimente und 30. Bersaglieri-Bataillon vertheidigten nordöstlichen Fuss des Monte della Croce an, warf die auf der Lehne und dem Rücken gestandenen feindlichen Bataillons theils den Bergrücken entlang gegen Custoza, theils direct gegen die Ebene vom Berge herab, machte viele Gefangene und eroberte auf der Kuppe des Monte della Croce 5 Geschütze. Diese wurden sofort gegen den Feind gekehrt, unter der Leitung des Majors König von mehreren Officieren bedient, und verwandelten durch ihr Feuer den Rückzug des gleichzeitig in der Ebene von der vorrückenden kaiserlichen Cavallerie bedrohten Feindes, in eine förmliche Flucht.

Die Batterie 2/VIII ward auf den Monte della Croce vorgenommen, langte jedoch wegen des schwierigen Terrains zu spät an, um noch wirken zu können.

Die Brigade **Böck** des 9. Corps war während der Erstürmung des Monte della Croce in Berettara eingetroffen und hatte die 3. und 4. Division des Regiments **Grossherzog von Toscana** über Balconi rossi gegen Gorgo vorgeschoben, kam aber nicht weiter in Verwendung.

GL. **Cugia** hatte gegen 4 Uhr die bei Pozzo Moretta gestandenen 5 Bataillons mit 2 Geschützen zur Unterstützung der Division **Govone** auf den Monte Torre disponirt. Als das Regiment **Maroičić**, das Staffalo-Thal überschritt, warf er demselben noch zwei Bataillons des 3. Regiments vom Monte Torre entgegen, welche jedoch zu spät anlangten und den schon begonnenen Rückzug nicht mehr aufhalten konnten. Die feindlichen Truppen waren in Folge der durch das verheerende Feuer der Reserve-Batterien des 9. Corps erlittenen schweren Verluste so erschüttert gewesen, dass sie dem Angriffe nicht zu widerstehen vermocht hatten.

Erneuerter Angriff der österreichischen Cavallerie.
Oberst **Pulz** hatte gegen 5 Uhr den Auftrag des Erzherzogs erhalten, mit der Reiterei gegen den rechten Flügel der italienischen Armee zu wirken, um dadurch die Wegnahme der Höhen bei Custoza zu erleichtern, — und sogleich die Vorrückung gegen la Casetta in der Absicht begonnen, sich mit gesammter Macht zwischen Villafranca und Pozzo Moretta einzudrängen, und dann, durch ein Regiment gegen Villafranca gedeckt, mit dem Reste zwischen Villafranca und Valeggio durchzubrechen.

Das Regiment **Kaiser-** und die 2. und 6. Escadron **Württemberg-Huszaren**, formirten den rechten Flügel, unter persönlicher Führung des Obersten **Pulz**; 2 Escadrons **Bayern-Huszaren** und 2 Escadrons **Sicilien-Uhlanen** unter Führung des Obersten **Bujanovics**, bildeten den versagten linken Flügel; **Trani-Uhlanen** mit der Brigade-Batterie 8/V die Reserve.

Die gegen Caselle vorgeschobene 5. Escadron **Württemberg-Huszaren** deckte die linke Flanke.

In der Höhe von la Casetta erhielt Oberst **Pulz** von den vorgeschobenen Eclaireurs die Meldung, dass die Gehöfte westlich der Fossa Berettara stark mit feindlicher Infanterie besetzt seien, worauf er halten, die Batterie auf der Strasse abprotzen und einige Schüsse gegen diese Gehöfte abfeuern liess.

Hierauf überschritt der rechte Flügel ungefähr 700 Schritte nördlich der Brücke, der linke an der Brücke westlich von **Ganfardine** die Fossa;

die Batterie und Trani-Uhlanen gingen bis an die von Ganfardine nach Pozzo Moretta führende Strasse vor.

Jenseits der Fossa entwickelte sich die Colonne unter Oberst Pulz mit Kaiser-Huszaren in erster Linie, und den beiden Escadrons Württemberg hinter den Flügeln, und zwar: die 2. Escadron hinter dem rechten, die 6. hinter dem linken Flügel, — und ging rasch in der Richtung Cerchie-Capella vor.

In Cerchie, wo einige Huszaren-Abtheilungen eindrangen, wurden zwei Compagnien mit ihren Officieren gefangen.

Bei der weiteren Vorrückung gegen Pozzo-Moretta traf diese Colonne auf jene Massen feindlicher Infanterie, welche vom Monte della Croce und Monte Torre herabkommend, Villafranca zu erreichen suchten. Die Huszaren fielen über diese grösstentheils ungeordneten Schaaren her, und machten bei Tausend Gefangene, verloren aber dabei die ursprüngliche Direction.

Oberstlieutenant Rigyitsky mit 2½ Escadrons Kaiser- und der 6. Escadron Württemberg-Huszaren gelangte an die nordwestliche Ecke Villafranca's; dort standen grössere geschlossene feindliche Infanterie-Abtheilungen mit Geschütz, welche jedoch ohne zu feuern die Huszaren ganz nahe herankommen liessen. Mehrere scheinbar aus dem Orte kommende Gruppen feindlicher Soldaten liefen den Huszaren entgegen, gaben sich freiwillig gefangen, und versicherten, dass auch die in und bei dem Orte stehenden starken Abtheilungen zur Waffenstreckung geneigt seien.

Dies veranlasste den Oberstlieutenant Rigyitsky einen Officier als Parlamentär nach Villafranca vorzusenden, an dessen nördlicher Ecke deutlich ein feindlicher General mit seinem Stabe zu sehen war, und diesen mit dem Bemerken zur Waffenstreckung auffordern zu lassen, dass die italienische Armee geschlagen und der vor Villafranca stehende Armeetheil umrungen sei. Der feindliche General war Bixio. Er empfing den kaiserlichen Offizier sehr höflich, wies jedoch die gestellte Forderung entschieden ab.

Der parlamentirende Officier war kaum zurück, und noch standen die Huszaren wie früher quer über der Strasse, des Ausganges dieser eigenthümlichen Verhandlung harrend, als bei einem feindlichen Geschütze ein Blitz aufleuchtete und ein Projectil sausend durch ihre Reihen fuhr. Oberstlieutenant Rigyitsky zog sich hierauf etwas zurück und liess die eben stattgehabten Vorgänge dem Obersten Pulz melden.

Während die Colonne des letzteren die vom Monte della Croce und Monte Torre herabgekommene Infanterie verfolgte, rückte die linke Flügel-Colonne unter Oberst Bujanovics auf der Strasse von Ganfardine gegen Capella vor. Dort angelangt, ward feindliche Cavallerie in der linken Flanke signalisirt.

Oberst **Bujanovics** liess ohne Zögern links schwenken und attakiren. Die feindliche Cavallerie (3 bis 4 Escadrons) zog sich jedoch eilig zurück, und konnte nicht mehr eingeholt werden; dagegen stiess Oberst **Bujanovics** einige hundert Schritte nördlich von Villafranca auf eine dichte Plänklerkette und dahinter stehende Carrés, deren heftiges Feuer ihn zur Umkehr bewog.

Auf Befehl des herbeigekommenen Obersten **Pulz** ging die Colonne **Bujanovics**, der sich auch 2. Escadron **Württemberg-Huszaren** anschloss, bis gegen Ganfardine zurück; die beiden Escadrons **Bayern-Huszaren** blieben an der Brücke der Fossa Berettara.

Bei der Erschöpfung der Pferde war an eine Wiederaufnahme der Verfolgung gegen Valeggio nicht mehr zu denken, dagegen schien eine nochmalige Vorrückung gegen die vor Villafranca stehenden feindlichen Truppen, bei welchen nach der vom Oberstlieutenant **Rigyitsky** erstatteten Meldung eine bedeutende Demoralisation vorausgesetzt werden musste, des Versuches werth.

Oberst **Pulz** liess demnach die Batterie auf der Strasse in gleicher Höhe mit derselben, links die 2. Escadron **Württemberg-Huszaren**, rechts die zwei Escadrons **Sicilien-Uhlanen**, — und westlich der Fossa Berettara die beiden Escadrons **Bayern-Huszaren** noch einmal vorgehen.

Die erstgenannten drei Escadrons leitete Oberst **Pulz** persönlich, die letzteren Oberst **Bujanovics**.

Die 5. Escadron **Württemberg-Huszaren** deckte die linke Flanke; **Kaiser-Huszaren** beobachtete die Nordwestseite Villafranca's, **Trani-Uhlanen** blieb in Reserve.

Um die letzte Kraft die den Pferden noch geblieben, für den entscheidenden Moment zu sparen, erfolgte die Vorrückung im Schritte. Als die vom Obersten **Pulz** geführten drei Escadrons bis auf Kartätschenschussweite an die feindliche Linie gelangten, brachen feindliche Lanciers vor und stürzten auf die Batterie los, von welcher zwei Geschütze rasch auf der Strasse abprotzten und feuerten. Die drei Escadrons **Sicilien-Uhlanen** und **Württemberg-Huszaren** griffen diese feindliche Cavallerie ohne Zögern an, warfen und verfolgten sie, geriethen aber an der Abzweigung der von Villafranca nach Staffalo führenden Strasse in das Feuer feindlicher Batterien und mehrerer Infanterie-Carrés, die sie wohl mit grosser Bravour aber vergeblich attakirten.

Oberst **Bujanovics** war indessen mit den zwei Escadrons **Bayern-Huszaren** in gleicher Höhe vorgerückt. Als er den Lärm der Attake auf der andern Seite der Fossa Berettara hörte, setzte auch er sich zum Angriff gegen die nördliche Ecke von Villafranca rascher in Bewegung; die Pferde waren jedoch schon so erschöpft, dass sie in dem schwierigen Terrain nicht mehr galoppiren konnten. Auch diese beiden Escadrons geriethen in das mit grosser Ruhe und Präcision abgegebene Feuer der gedeckt stehenden Infanterie-Carrés, und mussten sich zurückziehen.

Oberst Bujanovics versuchte dabei mit beiläufig 30 Huszaren, deren Pferde noch etwas bei Kräften waren, eine an der Strassentheilung stehende feindliche Batterie zu nehmen; das Feuer eines in der Cultur gedeckt stehenden und in der Dunkelheit zu spät wahrgenommenen Bersaglieri-Carrés vereitelte aber diesen Angriff und Oberst Bujanovics, dem das Pferd erschossen ward, blieb schwer verwundet wenige Schritte vor dem Carré liegen.

Nur Lieutenant Krisztiányi und ein Huszar gelangten in die feindliche Batterie, von welcher ein Geschütz umgeworfen im Graben lag und zwei Geschütze ohne Bespannung und Bedienungsmannschaft, verlassen in der Cultur standen [1])

Als sich die kaiserlichen Reiter zurückzogen, brachen zwar feindliche Cavallerie-Abtheilungen über die Infanterie vor, gaben aber bald die Verfolgung auf; die feindlichen Geschütze dagegen feuerten längere Zeit ununterbrochen in der Richtung, welche die österreichische Cavallerie genommen hatte.

Die seit 3 Uhr Früh weder gefütterten noch getränkten und zum grossen Theile seit vierzig Stunden gesattelten Pferde waren so erschöpft, dass Oberst Pulz bedacht sein musste die Cavallerie auf einen sichern Lagerplatz zu führen, wo sie Ruhe, namentlich aber Wasser finden konnte.

Nachdem sich die beiden Brigaden bei Ganfardine gesammelt hatten, marschirten dieselben, da in und bei Sommacampagna kein Tränkwasser zu finden war, um 10 Uhr Abends auf die früheren Lagerplätze bei dem Fort Gisella zurück.

Nach dem Verluste von Custoza und des Monte Torre hatten auch die vor Villafranca stehenden italienischen Truppen den Rückzug angetreten. Die 16. Division (Prinz Humbert) war in der rechten Flanke durch das Cavallerie-Regiment Piemonte reale gedeckt, bereits vor der letzten Attake nach Goito abmarschirt.

---

[1]) Lieutenant Krisztiányi, unter seinem schwer verwundeten Pferde liegend, ward in diesem wehrlosen Zustande durch feindliche Infanterie mit Bajonettstichen und Kolbenschlägen verwundet. Der in der Nähe stehende GL. Bixio benahm sich sehr ritterlich gegen den kaiserlichen Officier, indem er dessen Waffe nicht annahm, sondern sie mit den Worten zurückstellte: „Prendete la vostra spada, perchè meritate da portarla." (Nehmen Sie Ihr Schwert, da Sie würdig sind, es zu tragen), und ihn durch eine Schutzwache in die Ambulance geleiten liess.

Die 7. Division (Bixio) war gleichfalls schon unter dem Schutze der Regimenter Genova und Savoia Cavalleria, mit der Infanterie und Artillerie im Abmarsche nach Roverbella, als der letzte Angriff der österreichischen Cavallerie erfolgte. Gegen 10 Uhr war Villafranca gänzlich geräumt.

Die Cavallerie-Division vereinigte sich in Roverbello und übernahm die weitere Deckung des Rückzuges der 7. Division nach Pozzolo.

Wir haben nun nur noch einiger Vorgänge bei der 5. und 2. Division zu erwähnen.

GL. Sirtori hatte im Zweifel über die Möglichkeit, Valeggio gegen einen Angriff der Österreicher zu behaupten, und in zunehmender Besorgniss, angegriffen zu werden, bald nach 4 Uhr, ungeachtet mehrseitiger Vorstellungen den Befehl zur unverzüglichen Räumung von Valeggio gegeben.

Auch die Zerstörung der Mincio-Brücke war ohne Rücksicht auf die noch am linken Mincio-Ufer kämpfenden Truppen begonnen, und nur auf die Vorstellungen des Corps-General-Stabs-Chef nicht zu Ende geführt worden.

Auf den Höhen bei Borghetto, wo die Reserve-Artillerie Stellung nahm wurden vergebliche Versuche gemacht, die zurückgehende Infanterie der 5. Division zu sammeln und zu ordnen; nur ein Theil blieb hinter der Artillerie stehen; die Hauptmasse ging nach Volta, und vermehrte die Verwirrung in dem dort durcheinander gerathenen grossen Train.

Nach 6 Uhr, nachdem schon der grösste Theil den Mincio passirt hatte, und nur noch eine schwache Arrieregarde in Valeggio war, langte dort der Befehl des Armee-Commandos an, den Ort wenn möglich auf's Äusserste zu halten; GL. Sirtori glaubte jedoch zur Ausführung dieses Befehles nichts mehr thun zu können, und so ward Valeggio bis 7 Uhr vollständig geräumt.

GL. Govone, der nach dem Rückzuge von Custoza und vom M. Torre mit dem grössten Theile seiner Truppen in schon vorgerückter Abendstunde in Valeggio eintraf, und sehr überrascht war den Ort leer zu finden, liess denselben mit dem 52. Regimente neu besetzen und übernachtete dort.

Die vom GL. Pianell um 3 Uhr Nachmittag abgesandte Meldung über die Ereignisse bei Monzambano war dem General-Stabs-Chef des I. Armee-Corps erst um 5½ Uhr in Borghetto zugekommen, welcher sie an den Corps-Commandanten nach Volta weiter beförderte; — zugleich machte er jedoch dem GL. Pianell Mittheilung von dem Schicksale des Corps und der Armee, sowie über die beschlossene und bis 7 Uhr Abends wahrscheinlich schon durchgeführte Räumung von Valeggio, und empfahl schliesslich den Rückzug der gefährdeten 2. Division nach Castellaro zur Deckung von Cavriana.

Dieser Mittheilung liess der Generalstabs-Chef eine zweite über die bereits vollzogene Räumung Valeggio's folgen, welcher noch die Aufforderung an den GL. Pianell beigefügt war, das Commando des I. Corps zu übernehmen, und die 2. Division, wenn thunlich, nach Volta zur Besetzung und Vertheidigung der dortigen Stellung zu dirigiren, da die Truppen der 1. und 5. Division nicht zu ordnen seien.

Auf die erste Nachricht zog GL. Pianell gegen 7 Uhr Abends die noch am linken Mincio Ufer gewesenen Truppen über den Fluss zurück und liess die Brücke abtragen. Er trat hierauf mit der Division den Rückzug gegen Castellaro an, und liess später in Folge der vom Corps-General-Stabs-Chef erhaltenen zweiten Mittheilung den Marsch nach Volta fortsetzen.

In der Nacht vom 24. auf den 25. war die Lage der italienischen Armee die folgende:

Vom I. Corps' sammelte sich die 5. und ein Theil der 1. Division, dann die Corps-Reserve bei Volta; der grösste Theil der 1. Division befand sich bei Cavriana; die 3. Division passirte auf den bei Molini della Volta geschlagenen Brücken den Fluss; die 2. Division war im Marsche über Castellaro nach Volta.

Vom III. Corps befand sich die 9. Division in und bei Valeggio, die 8. und 16. Division gingen nach Goito, die 7. und die Linien-Cavallerie-Division überschritten bei Pozzolo den Mincio.

Die beiden Divisionen des II. Corps waren ebenfalls nach Goito zurückgegangen.

Das Hauptquartier des Königs befand sich in Cerlungo. Von dort wurden in der Nacht folgende Dispositionen erlassen:

Das I. Corps erhielt Befehl, Volta um jeden Preis zu halten, wenn es angegriffen werden sollte; im Gegenfalle aber Volta, Cavriana und Solferino zu besetzen; beigefügt war noch, dass sich das Corps, wenn Volta aufgegeben werden müsste, nach Brescia zurückzuziehen habe.

Das III. Corps ward in die Linie Cerlungo-Goito disponirt, welch' letzteres durch die 10. und 19. Division unter Befehl des GL. Cucchiari gehalten werden sollte.

Stellung der österreichischen Armee in der Nacht vom 24. auf den 25. Juni. Se. kaiserl. Hoheit FM. Erzherzog Albrecht war bis 5½ Uhr — um welche Zeit die Schlacht auf allen Punkten gewonnen schien — auf der Höhe von S. Rocco di Palazzolo verblieben und dann nach Zerbare geritten, um dort für die Nacht das Quartier zu nehmen.

Im Laufe des Abends trafen von den Corps, der Reserve-Division und der Cavallerie-Reserve die Meldungen über die letzten Ereignisse, die bezogenen Stellungen und den Zustand der Truppen im Armee-Hauptquartier ein. Alle stimmten darin überein, dass sowohl Menschen als Pferde durch die glühende Sonnenhitze des Tages, den Mangel an Trinkwasser und die Anstrengungen des Kampfes im höchsten Grade ermüdet seien.

Frische, intacte Truppen waren nicht vorhanden, denn mit Ausnahme von zwei Bataillons (23. Jäger- und 4. Bataillon Maroičić) und einer Batterie (5/VII) waren alle Truppen der Armee in's Feuer gekommen; die Cavallerie war erschöpft.

Von einer Verfolgung konnte somit nicht die Rede sein, und der Rückzug der italienischen Armee über den Mincio blieb ganz ungestört.

Die Truppen, mit Ausnahme der Cavallerie, welche wegen Wassermangels zum Fort Gisella zurückgegangen war, blieben grösstentheils an jenen Stellen, an welchen sie sich am Schlusse des Kampfes befanden, und lagerten daher unmittelbar auf dem Schlachtfelde.

Die Stellung der Armee war demnach die folgende:

Das Armee-Hauptquartier war in Zerbare.

Das Reserve-Divisions-Commando in Salionze; die Brigade Prinz Weimar, in und bei Salionze lagernd, hatte Vorposten von Molini di sotto über den Monte Sabbione; die Brigade Benko lagerte bei Maragnotte.

Vom 5. Corps war das Corps-Hauptquartier in Capellino; die Brigade Piret mit den Reserve-Batterien 5/V und 7/V auf dem Monte Vento; die Brigade Möring mit dem Regimente Grueber, dem 21. Jäger-Bataillon und der Batterie 4/V bei S. Lucia, mit dem Regimente Erzherzog Leopold in und bei Custoza; die Brigade Bauer zwischen S. Lucia und Serraglio; die Reserve-Batterie 10/V bei Pernisa; die 1. Génie-Compagnie bei Forni; der Munitionspark bei S. Rocco di Palazzolo; die Ambulance und die 2. Génie-Compagnie in S. Giorgio in Salici. Vor der ganzen Front des Corps gegen Süden waren Vorposten aufgestellt.

Vom 7. Corps war das Corps-Hauptquartier in Monte Godi; die Brigade Welsersheimb lagerte mit dem Regimente Paumgartten am Nordabhange der Höhe von Custoza, der Rest, vereint mit der Brigade Töply und der Geschütz-Reserve auf den Höhen des Belvedere und des Monte Molimenti; die Brigade Scudier bei La Zina nächst Sona, der Munitionspark zwischen Casazze und Sona.

Vom 9. Corps war das Corps-Hauptquartier, die Brigade Weckbecker, die Batterie 5/VII und der Corps-Munitions-Park in und bei Sommacampagna; die Brigade Böck bei Berettara; die Geschütz-Reserve bei Casa del Sole; die Brigade Kirchsberg mit der Batterie 2/VIII auf dem Monte

Torre. In der Richtung gegen Villafranca und Valeggio stand das 23. Jäger-Bataillon auf Vorposten.

Noch am Abende des 24. traf der **Erzherzog** alle Dispositionen für den Fall der Wiedererneuerung des Kampfes, so wie für den Munitionsersatz und die Verpflegung der Armee, und meldete die Ereignisse des Tages mittelst folgendem Telegramme an **Seine Majestät den Kaiser:**

„Heute im Vorrücken gegen den Mincio vom Könige mit einem Theile „seines Heeres angegriffen, beendete die Armee während des Kampfes die „begonnene Frontveränderung nach Süden, stürmte den Monte Vento und „schliesslich nach 5 Uhr Custoza. Mehrere Kanonen erobert, viele Gefangene."

„Unserseits namhafter Verlust."

„Die Armee focht ausserordentlich tapfer und ausdauernd trotz drücken-„der Hitze; — von 3 Uhr Morgens an waren die Truppen auf den Beinen, „sie sind vom besten Geiste beseelt."

Hauptquartier Zerbare am 24. Juni 1866.

EH. Albrecht m. p.

Seine Majestät versagten der Armee die Anerkennung nicht.

Am nächsten Tage gab der Erzherzog dieselbe den Truppen mit folgendem Armeebefehle bekannt:

„Seine Majestät unser Allergnädigster Kaiser geruhten Mir heute Nacht „folgende Worte zu telegrafiren:

„Dir und Meinen braven Truppen Meinen wärmsten Dank."

„Waffenbrüder! Es ist der schönste Augenblick Meines Lebens, Euch diese Allerhöchste Anerkennung bekannt geben zu können.

„Den uns vom Feinde frevelhaft aufgedrungenen Krieg habt Ihr mit dem „herrlichen Siege von Custoza eröffnet, — auf denselben Höhen, wo wir vor „18 Jahren bereits entscheidend gesiegt.

„Ich war Zeuge Euerer überwältigenden Tapferkeit, trotz der Über-„macht und den ungestümen Angriffen des Gegners.

„Kanonen wurden erbeutet, und zahlreiche Gefangene gemacht.

„Jeder von Euch hat als Held gestritten, keine Waffe ist der andern „nachgestanden, jede hat in ihrer Eigenschaft das Äusserste geleistet.

„Ihr waret der schweren Aufgabe würdig, wie Ich es Euch vorausgesagt.

„Wir gehen neuen Anstrengungen, aber so Gott will, neuen Siegen entgegen."

Hauptquartier Zerbare am 25. Juni 1866 [1]).

EH. Albrecht, m. p.

---

[1]) Der Chef des Generalstabes, GM. Baron John, der Commandant des 5. Armee-Corps, GM. Baron Rodich, der Commandant der Reserve-Division, GM. von Rupprecht, wurden zu Feldmarschall-Lieutenants, die Obersten v. Pürcker,

Verluste in der Schlacht. Die beiderseitigen Verluste waren nicht unbedeutend. Sie betrugen bei der österreichischen Armee 7956 Mann, wovon 1500, zum Theil verwundet, gefangen worden waren. Die italienische Armee verlor 8145 Mann, darunter über 4000 an unverwundeten Gefangenen [1]).

Der grössere Verlust der österreichischen Armee an Todten und Verwundeten erklärt sich daraus, dass dieselbe überall angriffsweise auftrat, während die Italiener in ihren festen Positionen sich grösstentheils defensiv verhielten, und das Feuer ihrer Infanterie mit Geschick ausnützten.

An Material wurden bei der österreichischen Armee drei 4pfdge Geschützrohre und fünf 4pfdge Laffeten unbrauchbar. Dagegen hatte sie an Siegestrophäen aufzuweisen: 14 Kanonen, 16 Protzen, 4 theilweise beladene Munitionswagen, 1 Génie-, 4 Ambulance-Wagen, 2 Feldschmieden und über 5000 Gewehre.

Chef der Operations-Kanzlei, Pulz, Commandant der Cavallerie-Reserve, Bujanovics, Cavallerie-Brigadier, zu General-Majors befördert, und zahlreiche, weitere Beförderungen, Auszeichnungen und Anerkennungen bewiesen dem Heere die Zufriedenheit ihres kaiserlichen Kriegsherrn und ihres ruhmgekrönten Führers.

[1]) Die beiderseitigen Verluste sind in der Beilage zum II. Abschnitt specificirt.

III. Abschnitt.

Ereignisse nach der Schlacht von Custoza, und Abmarsch der Süd-Armee an die Donau.

Der physische Zustand der kaiserlichen Armee, namentlich aber jener der Cavallerie, war am Morgen des 25. Juni kein derartiger, um eine energische Verfolgung des Feindes unternehmen zu können. Der Erzherzog musste sich entschliessen, der Armee an diesem Tage Ruhe zu gönnen. Es wurden nur kleine Dislocations-Veränderungen vorgenommen, und einzelne Abtheilungen vorgeschoben, um die Bewegungen des Gegners aufzuklären.

Gemäss der in der Nacht vom Armee-Commando für den 25. hinausgegebenen Disposition, entsandte die Brigade Piret zeitlich Morgens das 5. Kaiser-Jäger-Bataillon, 2 Geschütze und eine halbe Escadron Sicilien-Uhlanen gegen Valeggio, bei deren Herannahen der Feind den Ort verliess, und die Brücke bei Borghetto in Brand steckte.

Das Jäger-Bataillon besetzte um etwa 6 Uhr Früh Valeggio, wo es 120 Verwundete fand und 30 feindliche Nachzügler ohne Widerstand gefangen nahm. Die bei der Rocca aufgefahrenen zwei Geschütze gaben ein paar Schüsse auf die noch bei der Brücke beschäftigten feindlichen Sappeurs, und auf eine Cavallerie-Abtheilung, welche sich auf der Strasse nach Volta zurückzog.

Zwischen 8 und 9 Uhr rückte das Gros der Brigade Piret in Valeggio ein. Die Halb-Escadron Sicilien-Uhlanen ward hierauf am Mincio-Ufer abwärts nach Pozzolo entsandt, wo sie um 12 Uhr Mittags eintraf. Es ward von den Uhlanen nichts Feindliches bemerkt, und nur in Erfahrung gebracht, dass der Feind seine drei Pontonbrücken bei Molini della Volta, Bonati und Ferri um 6, 9 und $11^3/_4$ Uhr Vormittags abgebrochen habe. Valeggio, wohin das Corps-Commando noch die 8pfündige Batterie 10/V der Geschütz-Reserve disponirt hatte, ward durch die 1. Génie-Compagnie zur Vertheidigung eingerichtet, und die Brücke über den Mincio für Fussgänger practicabel gemacht.

Der Rest des 5. Corps nahm folgende Stellung ein: Brigade Bauer bei Ripa; Brigade Möring bei S. Lucia; die Batterien 5/V und 7/V der Geschütz-Reserve bei Pernisa; Munitions-Park in S. Rocco di Palazzolo, das Corps-Hauptquartier in Monteselle, das Colonnen-Magazin in Castelnovo.

Von der Reserve-Division lagerte die Brigade Benko am Monte Vento, die Brigade Prinz Weimar bei Salionze, das Divisions-Commando blieb in Salionze. Zur Recognoscirung und etwa thunlichen Zerstörung der Brücke ward ein Detachement gegen Monzambano entsandt, welches jedoch die hölzerne Brücke bereits abgetragen und das Material am rechten Ufer niedergelegt fand; die am Ufer befindlichen Einwohner wurden veranlasst, das Material in's Wasser zu werfen. Monzambano war vom Feinde geräumt; — einige Reiter, die sich hinter dem Orte zeigten, verschwanden bald in südwestlicher Richtung.

Das 7. Corps verblieb in seiner Stellung zwischen Custoza und Monte Godi; die Brigade Scudier ward zeitlich Morgens von la Zina nach Gasazze gezogen. Ein von diesem Corps gegen Quaderni vorgeschickter Huszaren-Zug brachte 30 Gefangene ein.

Das 9. Corps besetzte zeitlich Früh mit dem 4. Kaiser Jäger-, dem 1. und 3. Bataillon Bayern, 1 Zug Huszaren und der Batterie 5/VII Villafranca, wo viele feindliche Verwundete lagen. Von dort wurden je eine halbe Compagnie Bayern nach Quaderni und Mozzecane vorgeschoben und der Huszaren-Zug gegen Goito vorgesandt; letzterer kam der durch feindliche Infanterie besetzten Brücke bis auf einige hundert Schritte nahe und bemerkte am rechten Ufer auf dem Rideau bei Goito ein grösseres Infanterie-Lager.

Der Rest des Corps blieb in den am Abende vorher bezogenen Biwaks, u. z. die Brigade Kirchsberg am Monte della Croce, die Brigade Weckbecker in und bei Sommacampagna, wo auch die Geschütz-Reserve, der Munitions-Park und das Colonnen-Magazin lagerten.

Die Cavallerie-Reserve verlegte, um der Tränke näher zu sein, ihr Lager auf das Glacis von Verona bei Porta Nuova, mit Ausnahme von zwei Escadrons Bayern-Huszaren, welche bei Sommacampagna Biwak bezogen.

Das Armee-Hauptquartier blieb in Zerbare.

Nach der Schlacht blieb dem Erzherzog die Wahl unter folgenden Operationen:

1. Die directe Verfolgung der feindlichen Armee, um ihre Sammlung und Ordnung zu verzögern und ihr möglichsten Abbruch zu thun.

2. Im Falle dieselbe hinter dem Oglio Stellung genommen hätte, überraschendes Vorbrechen über Mantua und ein Stoss in die rechte Flanke der feindlichen Armee, um ihre taktische Lockerung zu vervollständigen.

3. Wenn Cialdini sich mit der Armee des Königs vereinigen wollte, und nahe genug am Po marschirte, der Übergang bei Borgoforte, ein überraschender Flankenangriff, und das Zurückwerfen Cialdini's gegen Bologna

4. Eine rasch gegen die untere Etsch ausgeführte Operation, um das Corps Cialdini, falls es trotz der Niederlage des Königs in das Venetianische eindringen wollte, entweder zwischen der Etsch und dem Po, oder an der Etsch zu fassen.

Auf die beiden ersten Operationsfälle konnte bei der Ungewissheit, in der man sich über Cialdini befand, nicht ohne weiters reflectirt werden, da der mögliche Gewinn bei der Ausführung nie im Verhältnisse zu den Gefahren im Falle eines Misserfolges gestanden hätte, — der dritte Operationsfall war an ganz besondere Bedingungen geknüpft, und überdies mit der Schwierigkeit verbunden, dass die k. k. Süd-Armee nicht mit hinreichendem Brückenmateriale zur Überschreitung des Po versehen war [1]).

Endlich lag, abgesehen davon, dass sich die Armee mit Rücksicht auf die beiden feindlichen Heerestheile nicht allzuweit von dem Haupt-Waffenplatze Verona entfernen durfte, ein Hinderniss für weiterreichende Operationen darin, dass die Armee weder mit einem bespannten Armee-Munitions-Parke, noch mit einer Armee-Feldgeschütz-Reserve versehen war.

Die natürlichste Operation war die gegen die untere Etsch, insbesondere da man nach den zuletzt am Abende des 23. eingelangten Nachrichten das Corps Cialdini noch zwischen dem Po und der Etsch vermuthen musste. Erzherzog Albrecht war auch dazu entschlossen, und liess am 25. die Dispositionen ausfertigen, nach welchen die operirenden Streitkräfte am 26. Juni zeitlich Morgens in mehreren Colonnen an die Etsch marschiren und am 28. bei Trecenta am Canal bianco vereinigt sein sollten.

Für die inzwischen fortzusetzende Beobachtung der Mincio-Übergänge bei Monzambano, Valeggio und Goito ward das Deutsch-Banater Grenz-Regiment mit einigen Escadrons Cavallerie bestimmt.

Als jedoch am Nachmittage des 25. Juni, und in der folgenden Nacht Oberst Graf Szapáry, dessen Truppen seit dem 24. hinter der Etsch von Cavarzere bis Castelbaldo standen, berichtete, dass die über den Po gedrun-

---

[1]) Mit den vorhandenen 9 Brücken-Equipagen, deren Gesammtlänge 945 Schritte betrug, konnte nur eine einzige Brücke über den im Mittel 500 — 600 Schritte breiten Po geschlagen werden und dies nur bei mittlerem Wasserstande; der Po war aber um diese Zeit aussergewöhnlich angeschwollen.

genen feindlichen Abtheilungen sich wieder auf das rechte Ufer zurückgezogen hätten, woraus auf deren Abmarsch zur Armee des Königs geschlossen werden konnte, musste diese Operation aufgegeben werden.

FM. Erzherzog Albrecht liess nun die Armee vorläufig im Hügel-Terrain am linken Mincio-Ufer, wo die in der Schlacht erlittenen Verluste möglichst ersetzt, Waffen und Materiale in vollkommenen Zustand gebracht und die Kräftigung der Armee für fernere Kämpfe am schnellsten erreicht werden konnte. Die Corps erhielten demnach die Weisung, ihre Aufstellungen bis auf Weiteres beizubehalten; die unter den neuen Verhältnissen entbehrlichen Brücken bei Ponton und Pescantina wurden abgetragen.

Gegen Abend besuchte Seine kaiserliche Hoheit die meisten Truppenkörper in ihren Lagern und ward überall mit begeistertem Jubel empfangen.

Die italienische Haupt-Armee, welche sich am 25. mit dem I. Corps bei Volta und Cavriana, mit der 10. und 19. Division bei Goito, mit dem III. Corps und der Linien-Cavallerie-Division bei Cerlungo sammelte, während die 4. und 6. Division des II. Corps noch bei Curtatone und vor Borgoforte standen, erhielt noch am Abende dieses Tages den Befehl zum Rückmarsche auf Cremona, welcher den 26. angetreten ward [1]).

Das I. Armee-Corps, dessen Commando GL. Pianell übernommen und welches in der Schlacht am meisten gelitten hatte, sollte über Medole, Gambara, Ossolengo bei Cremona auf das rechte Po-Ufer übergehen, und sich bei Monticelli ordnen.

Das III. Corps über Gazzoldo, Acquanegra, Monticello, Gudesco und Cremona instradirt, erhielt die Bestimmung nach Piacenza.

Vom II. Corps sollten die Divisionen Angioletti und Longoni über Castellucchio, Solarolo und Sospiro nach Cremona abrücken; die vor Mantua stehenden drei Brigaden gleichfalls nach Cremona, die vor Borgoforte am rechten Po-Ufer befindliche Brigade Regina aber nach Guastalla zurückgehen. Das Corps war zur Besatzung von Cremona, Pizzighettone und der Befestigungen bei Crotta d'Adda bestimmt.

Die Linien-Cavallerie-Division ward über Ceresara, Asola, Pontevico nach Monticello disponirt.

---

[1]) Der officielle italienische Bericht sagt darüber: „Da der Versuch, uns zwischen der Etsch und dem Mincio festzusetzen, um die Festungen von einander zu trennen, keinen guten Erfolg hatte, ward die von uns längs des Mincio eingenommene Stellung zwecklos. Desshalb ward den 26. die Bewegung zur Concentrirung hinter dam Oglio eingeleitet."

III. Ereignisse nach der Schlacht von Custoza, und Abmarsch etc.

Am 2. Juli hatte die ganze Bewegung beendet zu sein.

Als aber die befürchtete Verfolgung unterblieb, und man sich im Hauptquartier von der anfänglichen Bestürzung erholt hatte, ward die Armee durch am 26. und 27. ausgegebene neue Dispositionen schon hinter dem Oglio angehalten, wo sie zuerst eine concentrirte Stellung zwischen Pescarolo und Piadena einnahm. Später breitete sich die Armee beiderseits bis Monticelli d'Oglio (nordwestlich von Robecco) und Gazzuolo (südlich von Marcaria) aus.

Das II. Corps zwischen Gazzuolo und Bozzolo bildete den rechten Flügel der Armee, das III. Corps zwischen Calvatone und Isola Dovarese die Mitte, das I. Corps bei Pontevico den linken Flügel.

Vor der Front der Armee zwischen der Chiese und Mella, speciell in dem Raume zwischen Casalromano, Montechiaro, Ghedi, Leno, stand fast die gesammte Cavallerie, von wo sie gegen den Mincio streifte.

Die Reserve-Artillerie war in Piadena.

Das **Hauptquartier des Königs** kam am 29. Juni nach Torre Malamberti bei Cremona.

Das Corps Cialdini hatte am 24. nur einige vorbereitende Bewegungen zum Po-Übergange gemacht; die 15. Division und die 2. Cavallerie-Brigade waren von Mirandola nach Magnacavallo marschirt, die 20. Division ward bei Mesola, der Rest des Armee-Corps bei Ferrara enge concentrirt. Den 25. Früh stand das Corps zwischen Magnacavallo (südöstlich von Revere) und Mezzana (bei Ferrara); die 12., 13., 14. und 18. Division waren bei Cavagliera, Salvatonica, Porporana und Ravalle concentrirt; die 11. und 17. Division standen noch bei Ferrara, die 15. Division am äussersten linken Flügel bei Magnacavallo, die 20. bei Mesola und auf der Insel Ariano, die Reserve-Artillerie und der gesammte Brückentrain bei Bondeno. Das Corps-Quartier befand sich in Porporana.

Am Abende des 25. sollten sich die Divisionen in der Nähe der zum Brückenschlag bestimmten Punkte enge concentriren; letzterer sollte mit der Überschiffung von 14 Bersaglieri-Bataillons, 3 Génie-Compagnien, und über 50 Geschützen eingeleitet werden, welche sich am linken Po-Ufer festzusetzen, und die Arbeiten der Pontonniere, so wie später den Übergang der Truppen zu decken hatten.

In der Nacht vom 25. zum 26. hätten 2 Divisionen auf einer Brücke bei der Insel Rava, 5 Divisionen auf zwei Brücken bei Casette (östlich der Panaro-Mündung) den Strom passiren sollen; die erstübergegangenen Divisionen Medici und Ricotti sollten dann ohne Aufenthalt erstere nach Villa Bartolomea, um die linke Flanke gegen Legnago zu decken, letztere nach Badia vorgehen, wo der Etsch-Übergang beabsichtigt war.

G. d. A. Cialdini wollte hierauf mit sechs Divisionen gegen Vicenza vordringen, während zwei Divisionen Rovigo angreifen sollten.

Schon waren die Dispositionen zum Po-Übergange ausgegeben, und Abtheilungen der Division Franzini hatten sogar schon an verschiedenen Punkten den Po überschritten, als Cialdini durch Telegramme, welche die Niederlage der Mincio-Armee in der grellsten Weise schilderten, von der stattgehabten Schlacht bei Custoza Kenntniss erhielt.

Er berief nun schleunig seine Divisions-Generale zu einem Kriegsrathe nach Bondeno, in welchem beschlossen ward, mit dem IV. Corps ohne Verzug nach Modena zurückzugehen:

1. Um sich der Mincio-Armee zu nähern, welche man im Rückzuge nach Cremona und Piacenza annahm.

2. Um in der Lage zu sein, Bologna zu schützen, wohin die Division Franzini zurückgerufen werden sollte.

3. Um gleichzeitig die Strassen, welche nach der Hauptstadt Florenz führen, zu decken.

Wie müssen wohl die Telegramme gelautet haben, die bei dem Kriegsrathe solche Befürchtungen hervorzurufen geeignet waren!

Die rückgängige Bewegung begann am 26. Die Division Franzini ward von den Po-Mündungen nach Ferrara zurückbeordert, die übrigen Divisionen wurden über Finale, Cento und Ferrara (ohne Bologna zu berühren) direct nach Modena in Marsch gesetzt.

Das Hauptquartier Cialdini's befand sich den 26. in Ferrara, den 27. in Cento, den 28. in Modena, wo es bis 3. Juli blieb.

Der Erzherzog verlegte den 26. Juni sein Hauptquartier nach Verona und die Armee bezog am Nachmittage enge Cantonnirungen, in welchen sie mit geringen Änderungen bis 30. blieb, und zwar:

Das 5. Corps in und nächst Castelnovo [1]).

Das 7. Corps in und bei Sona und S. Giustina [2]). Oberst Baron Dahlen hatte das Commando der Brigade Scudier zu übernehmen.

---

[1]) Brigade Piret in Cavalcaselle, Brigade Bauer in Castelnovo, Brigade Möring in S. Giorgio, Geschütz-Reserve und Munitions-Park in Sandrà unter Bedeckung des 2. Bataillons Nagy, Verpflegs-Anstalten in Castelnovo, Ambulance in S. Giorgio. Am 28. ward das 2. Bataillon Crenneville mit 4 Geschützen zur Bewachung des unteren Garda-Sees nach Colà verlegt.

[2]) Brigaden Töply und Welsersheimb in Sona und Umgebung, Brigade Dahlen in S. Giustina, Geschütz-Reserve bei Ca Presa, Munitions-Park bei S. Francesco; Huszaren-Escadron in Osteria del Bosco, Verpflegs-Anstalten in Lugagnano.

Das 9. Corps in und bei Sommacampagna¹).
Die Infanterie-Reserve-Division bei S. Massimo und Chievo²).
Die Cavallerie-Reserve in Villafranca und Umgebung³).

Sämmtliche Stabsorte der Armee-Abtheilungen, Castelnovo, Sona, Sommacampagna, Villafranca und S. Massimo waren mittelst des Feldtelegraphen in Verbindung mit Verona.

Die Mincio-Grenze ward mit dem Deutsch-Banater Grenz-Regimente besetzt, und der Verkehr mit der Lombardie strenge verhindert⁴).

Um die Bewegungen Cialdini's zu beobachten, entsandte das Festungs-Commando von Legnago über Befehl des Armee-Commando's den 26. je eine Compagnie gegen Ostiglia und Massa, welche bei Maccacari nächst Correzzo und Torretta am Tartaro Aufstellung nahmen, da Revere und Sermide noch stark vom Feinde besetzt waren⁵).

Die Oberste Zastavniković und Graf Szapáry waren am 25. Morgens telegraphisch von der stattgehabten Schlacht verständigt, und angewiesen worden, stete Fühlung mit dem Feinde zu halten und genaue Erkundigungen einzuziehen.

Oberst Graf Szapáry liess noch an diesem Tage das Terrain zwischen der Etsch und dem Canal bianco recognosciren, wodurch constatirt ward, dass die über den Po gedrungenen feindlichen Abtheilungen sich wieder ans rechte Ufer zurückgezogen hatten. Den 26. rückte Oberst Graf Szapáry gegen den Po vor, musste jedoch schon am Canal bianco stehen bleiben, da die Übergänge nicht schnell genug hergestellt werden konnten.

Erst am Nachmittage des 27. konnten Abtheilungen den Canal bianco überschreiten und bis an den Po vorrücken, dessen linkes Ufer der Feind (mit Ausnahme einer kleinen Cavallerie-Abtheilung und einer Pontonnier-Compagnie auf der Insel Ariano) gänzlich verlassen hatte.

---

¹) Brigade Weckbecker in Villafranca und Povegliano, der Rest des Corps in Sommacampagna und dessen nächster Umgebung. Den 27. ward das Corps-Hauptquartier von Sommacampagna nach Villafranca; den 28. die Brigade Karl v. Kirchsberg nach Custoza und die Geschütz-Reserve nach Ganfardino verlegt.

²) Brigade Benko in S. Massimo, Brigade Weimar in Chievo.

³) 1. Huszaren-Regiment in Villafranca und Povegliano; 3. Huszaren-Regiment (3 Escadrons) Quaderni und S. Zenone; 11. Huszaren-Regiment (3 Escadrons) in Mozzecane, Belvedere und Pellaloco; die Division des 12. Uhlanen-Regiments in Pozzo Moretta; das 13. Uhlanen-Regiment in Grezzano; die Batterie in Villafranca.

⁴) Die Grenze ward wie folgt besetzt: Salionze mit 2 Compagnien; Valeggio mit 4 Compagnien; Roverbella mit 2 Bataillons; von letzteren ward der Übergang bei Pozzolo durch eine Compagnie, jener bei Golto durch zwei Compagnien beobachtet.

⁵) Wahrscheinlich von der Division Medici und der Cavallerie-Brigade De la Forest.

Oberst Zastavniković war am 26. Nachmittag mit dem 2. und 3. Bataillon Warasdiner Kreutzer, dem 2. und 3. Bataillon Wimpffen, der 2. Escadron Sicilien-Uhlanen, sechs Raketen-Geschützen und dem Sanitätszuge, von Padua über Bovolenta nach Conselve, und dann weiter bis Rovigo marschirt, wo diese Colonne am späten Abende anlangte [1]).

FM. Erzherzog Albrecht war bemüht, die Operations-Armee in jeder nur möglichen Weise zu verstärken.

Als durch die übereinstimmenden Meldungen der wieder am Po angelangten Truppen Szapáry's die Gewissheit von dem Abzuge Cialdini's Po aufwärts erlangt war, beschloss der Erzherzog den grösseren Theil der bisher in jene Gegend detachirten Truppen an die Operations-Armee heranzuziehen und erliess den 28. telegrafisch den Befehl an Oberst Zastavniković: „Ein Grenz-Bataillon mit der Uhlanen-Escadron am Po zurück„zulassen, mit dem Reste der Brigade sogleich nach Padua und von dort mit „der Eisenbahn nach Verona abzurücken [2])."

An Oberst Graf Szapáry: „mit seinem Regimente und dem 10. „Jäger-Bataillon sogleich auf dem kürzesten Wege in vier Märschen nach „Verona einzurücken" [3]).

Nach Heranziehung der Brigade Zastavniković sollte die Reserve-Division in ein Armee-Corps verwandelt werden, wofür am 28. Juni vom Kriegs-Ministerium vier Batterien und die nöthigen Sanitäts- und Transports-Anstalten verlangt wurden [4]).

---

[1]) Der Rest dieser Brigade war an diesem Tage wie folgt, vertheilt:
In Padua das 1. Bataillon Warasdiner Kreutzer; die 10. Division Wimpffen und 2 Raketen-Geschütze; in Treviso und Vicenza je eine Division, in Belluno und Feltre das 1. Bataillon des letztgenannten Regimentes.

[2]) Von dieser Brigade blieb das 2. Bataillon Warasdiner Kreutzer mit der 2. Escadron Sicilien-Uhlanen zurück, um mit grösseren Posten am Canal bianco (bei Canda, Pincara, Ponte del Ghebbo) und Vortruppen am Po, den Strom von Calto bis Cavanella di Po durch grösstentheils fahrende Patrullen zu beobachten. Weiters blieben als Besatzungen: 4 Compagnien des 4. Bataillons Wimpffen in Padua, 2 Compagnien des 1. Bataillons in Belluno, das 1. Bataillon Warasdiner Kreutzer in Treviso und Vicenza.

Der Rest der Brigade rückte am 29. Juni nach Monselice, am 30. nach Padua, am 1. Juli ward derselbe in Folge eines am 29. vom Armee-Commando gegebenen Befehles auf der Eisenbahn nach Verona und am 2. nach Peschiera befördert.

[3]) Das 13. Huszaren-Regiment unter Oberst Graf Szapáry marschirte am 29. nach S. Elena, am 30. nach Legnago, über am 29. nachgefolgte Disposition des Armee-Commando's am 1. Juli nach Castellaro, am 2. nach Goito. Das 10. Jäger-Bataillon war am 30. in Montagnana, am 1. Juli in S. Bonifacio und fuhr dann auf der Bahn nach Peschiera.

[4]) Das Kriegs-Ministerium stellte hiefür binnen zwei bis drei Wochen in Aussicht: 6 neuerrichtete 8pfündige Batterien, einen completen Armee-Corps-Munitionspark,

III. Ereignisse nach der Schlacht von Custoza, und Abmarsch etc. 137

Vorläufig nahm die Infanterie-Reserve-Division folgende neue Ordre de bataille an:[2])

Brigade GM. Benko:

	Bataillons	Batterie
37. Jäger-Bataillon	1	—
Infanterie-Regiment Hohenlohe Nr. 17, 1., 2., 4. Bat.	3	—
4. Bataillon Hartmann Nr. 9	1	—
4. „ Martini „ 30	1	—
8pfd. Fuss-Batterie „ 9/V	—	1
	6	1

Brigade Oberst Zastavniković:

	Bataillons	Batterie
Infanterie-Regiment Baron Wimpffen Nr. 22 (4 Comp. des 1., 2 Comp. des 4. Bat., 2. und 3. Bat.)	3	—
1. Bataillon Warasdiner Kreutzer Grenzer Nr. 5	1	—
4. „ Erzherzog Ernst Nr. 48	1	—
4pfdge. Fuss-Batterie Nr. 1/V	—	1
	5	1

Die ad interim vom Oberst v. Bienerth commandirte Brigade Prinz Weimar behielt die frühere Zusammensetzung.

Die Reserve-Division, welche vom 3. Juli an die Benennung „Reserve-Armee-Corps" führte, zählte demnach 16$^{2}/_{6}$ Bataillons und 3 Batterien. Beigegeben waren derselben noch die früher bei der Brigade Zastavniković gewesenen 16 berittenen Seressaner und ein Zug der 5. Sanitäts-Compagnie.

Die Brigade Bujanovics, deren Commandant schwer verwundet war, ward aufgelöst, und die Brigade Pulz aus 20 Escadrons, wie folgt, formirt:

Kaiser-Huszaren Nr. 1	3 Escadrons
Bayern- „ „ 3	3 „
Württemberg- „ „ 11	3 „
Liechtenstein- „ „ 13	4 „
Sicilien-Uhlanen „ 12	3 „

eine Sanitäts-Compagnie und eine Corps-Sanitäts-Reserve, die nöthigen Bespannungs- und Transports-Escadrons, ein Fuhrwesen-Ergänzungs-Depôt, dann das nöthige Personale für ein Hauptquartier, ein Colonnen-Magazin und Schlachtvieh-Vertheilungs-Depôt.

In Folge der späteren Ereignisse kamen jedoch diese Dispositionen nicht zur Ausführung.

[2]) Das Deutsch-Banater-Grenz-Regiment überging in die Ordre de bataille der Festungs-Besatzung von Verona, wogegen die 4. Bataillons der Infanterie-Regimenter Hartmann, Martini und Erzherzog Ernst derselben entnommen wurden. Die Raketen-Batterie Nr. 11/VII der Brigade Zastavniković ward mit der in Tirol eingetheilten 4pfündigen Fuss-Batterie Nr. 1/V verwechselt.

Trani-Uhlanen	Nr. 13	4 Escadrons
Cavallerie-Batterie	„ 8/V	— „ 8 Geschütze
		20 „ 8 Gesch. [1]).

Da unter den bestehenden Verhältnissen das Hügelland von Sommacampagna über Custoza bis Valeggio die meisten Vortheile für einen erneuerten Kampf bot, so war der Erzherzog darauf bedacht, dieser Stellung durch passagere Befestigung der wichtigsten Punkte und Armirung derselben mit Geschütz grössere Haltbarkeit zu geben, und dadurch das Missverhältniss der Kräfte, wenn auch nur einigermassen, in's Gleichgewicht zu bringen. Solche Befestigungen wurden bei Valeggio, bei Brentina gegenüber Monzambano, bei Custoza und bei Sommacampagna aufgeführt [2]).

Um wieder Fühlung mit dem Feinde zu erhalten und die Stellung desselben aufzuklären, beauftragte der Erzherzog, welcher am 23. sein Hauptquartier nach Sommacampagna verlegt hatte, den Obersten Pulz am 30. Juni, 4 Escadrons bei Goito den Mincio überschreiten zu lassen und dieselben zur Recognoscirung der Gegend zwischen Marcaria, Asola, Bagnolo, Lonato und Volta vorzusenden; diesen hatten nach Umständen 4 weitere Escadrons zu folgen und sich zur eventuellen Unterstützung der ersteren zwischen Gazzoldo und Piubega aufzustellen. Zur Sicherung des Überganges ward Goito den 29. mit 2 Compagnien des 3. Bataillons Dom Miguel und 4 Geschützen der Brigade Pulz besetzt; 4 Compagnien dieses Bataillons standen an der Brücke über die Fossa di Pozzolo bei Marengo.

Oberst Pulz sandte 2 Escadrons Bayern-Huszaren gegen Montechiaro, 2 Escadrons Württemberg-Huszaren über Gazzoldo gegen Canneto und Marcaria vor. Das Regiment Kaiser-Huszaren folgte in der Richtung auf Ceresara.

Bayern-Huszaren gelangten nach Vertreibung einiger feindlicher Cavallerie-Patrullen, wobei sie 1 Officier und 28 Mann gefangen nahmen, nach Castiglione delle Stiviere, wo eine grössere Cavallerie-Abtheilung stand, die sich schleunigst gegen Lonato zurückzog; aus den übereinstimmenden Aussagen der Gefangenen und der Bevölkerung ward constatirt, dass Lonato mit Infanterie (grösstentheils Freiwilligen) und Cavallerie besetzt sei, dass

---

[1]) Bei den Armee-Corps blieben an Cavallerie:
Beim 5. Corps   1 Escadron Sicilien-Uhlanen;
„ 7. „   1 „ Bayern-Huszaren;
„ 9. „   1 „ Württemberg-Huszaren;
„ Reserve-Corps 1 „ Kaiser- „

[2]) Es war bei Anordnung dieser Befestigungs-Arbeiten die Vereinigung der Armee Cialdini's mit jener des Königs als vollzogen oder eben im Werke angenommen.

das Gros der Armee hinter dem Oglio, die Cavallerie mit vorgeschobenen Detachements hinter der Chiese stehe.

Die beiden Escadrons **Württemberg-Huszaren** stiessen schon in Gazzoldo unvermuthet mit feindlicher Cavallerie (nach Corvetto war es eine Escadron Foggia-Lancieri) zusammen, welche die Vorhut attakirte. Der übel verstandene Befehl „sich in kein Gefecht einzulassen" bewog den Divisions-Commandanten ohne nähere Prüfung der Verhältnisse zur Umkehr, und so geschah es, dass der geworfene Avantgarde-Zug an Todten, Verwundeten und Gefangenen 18 Mann verlor. Die Gegend zwischen Asola und Marcaria blieb durch das Zurückgehen dieser Division unaufgeklärt.

Die 4 Escadrons **Kaiser-Huszaren** hoben in Castel Goffredo eine feindliche Cavallerie-Patrulle von 5 Mann auf, vertrieben eine grössere Cavallerie-Abtheilung aus Acqua Fredda, welcher sie 4 Mann abnahmen, und überzeugten sich gleichfalls von der Anwesenheit der feindlichen Armee hinter dem Oglio und der Chiese.

Gegen 11 Uhr Nachts waren sämmtliche 8 Escadrons bei Goito wieder versammelt.

Da durch Kundschafter-Nachrichten und die Ergebnisse der letzten Recognoscirungen constatirt war, dass der Feind hinter dem Oglio stehe, so entschloss sich der **Erzherzog** zu einer Translocirung der Armee in das Hügelland am rechten Mincio-Ufer.

Nachdem bei Salionze eine Kriegsbrücke geschlagen und die Brücke bei Valeggio wieder hergestellt war, liess der **Erzherzog** die Armee am 1. Juli den Mincio überschreiten.

Hiezu ward folgende Disposition für den 1. Juli erlassen:

„Das 5. **Armee-Corps** rückt durch Peschiera und lagert innerhalb „der Werke. Das Colonnen-Verpflegs-Magazin und Schlachtvieh-Vertheilungs-„Depôt hat an diesem Tage in Castelnovo zu bleiben."

„Das 7. **Armee-Corps** marschirt bei Salionze über den Mincio, wo „eine Kriegsbrücke geschlagen sein wird, nach Pozzolengo. Das Corps-„Colonnen-Verpflegs-Magazin und Corps-Schlachtvieh-Vertheilungs-Depôt „kommt nach Salionze."

„Das 9. **Armee-Corps** rückt über Valeggio, wo zwei Bataillons „zurückbleiben, auf der wieder hergestellten Brücke über den Mincio und „besetzt Volta. Das Corps-Colonnen-Magazin und Schlachtvieh-Vertheilungs-„Depôt stellt sich in Valeggio auf."

„Die **Infanterie-Reserve-Division** rückt nach Cavalcaselle."

„Die **Reserve-Cavallerie-Brigade** GM. **Pulz** marschirt nach Goito."

„Das Armee-Hauptquartier kömmt nach Peschiera, dessen
„Colonnen-Verpflegs-Magazin nach S. Giorgio in Salici."

„Die Bestimmung der Aufbruchsstunde der verschiedenen Abtheilun-
„gen bleibt den betreffenden Armee-Corps-, Divisions-, Brigade-Comman-
„danten, mit Rücksicht auf den zu bewirkenden Fluss-Übergang überlassen,
„Ich ordne jedoch an, dass diese möglichst früh, und dass die Colonnen-Ver-
„pflegs-Magazine erst Nachmittag sich in Bewegung setzen."

„Am 1. Juli werden in Pozzolengo und Volta Telegraphen-Stationen
„errichtet, dagegen jene in Sommacampagna, Sona und S. Massimo aufge-
„lassen."

„Die Brücken über den Mincio bei Salionze und Valeggio, werden am
„1. Juli Früh 5 Uhr fertig sein."

„Die grossen Bagagen bleiben in den Stationen der Colonnen-Verpflegs-
„Magazine zurück."

„Hauptquartier Sommacampagna am 30. Juni 1866."

Erzherzog Albrecht m/p.

Mit dieser Disposition ward auch jene „für den 2. Juli" ausgegeben,
nach welcher die Armee an diesem Tage in die Linie S. Martino, Rondotto,
Castellaro, Olfino vorgehen, den Rand der Höhen durch vorgeschobene Ab-
theilungen, u. z. Desenzano und Lonato, Castiglione und Solferino, Cavriana,
Volta und Valeggio mit je einer Brigade besetzen, und die Cavallerie in der
Ebene nach Guidizzolo und Medole vorrücken sollte.

Gleichzeitig erliess der Erzherzog an die Corps-Commandanten eine
besondere Instruction, welche folgende Stellen enthielt:

„Es liegt wohl nahe, dass es nicht Meine Absicht sein kann, in dem zur
„Cantonnirung angewiesenen Terrain Gefechte ernsterer Natur herbeizuführen,
„denen die numerische Stärke der Armee kaum gewachsen wäre. Die Occu-
„pirung des feindlichen Gebietes hat nur den Zweck, den vielleicht im Zuge
„begriffenen Operationen des Gegners eine andere Richtung zu geben, oder
„denselben einen nachtheiligen Aufenthalt zu bereiten; ferner soll die Armee
„aus der mephitischen Luft eines blutigen Schlachtfeldes auf einige Zeit ent-
„fernt und dies durch eine Bewegung nach vorwärts, welche uns nicht weit
„von unserem vorbereiteten Schlachtfelde entfernt, erzielt werden.

„Ich lege es daher angelegentlich den Herren Commandanten der vor-
„geschobenen Abtheilungen an's Herz, sich sobald sie sich von überlegenen
„Streitkräften bedroht sehen, in ihren Stellungen in keine hitzigen oder hart-
„näckigen Gefechte einzulassen, deren Folgen unter allen Verhältnissen
„ungünstig, weil mit Verlusten verbunden, sein würden. Wir müssen un-
„sere Kräfte schonen, und für die nächste Schlacht zusammen halten, welche

„— wenn zu unseren Gunsten — wahrscheinlich das Schicksal dieses Feld„zuges entscheiden dürfte. Diese Schlacht wollen wir, wenn thunlich, abermals „auf unserem Ehrenfelde von Custoza liefern."

„Sollten Verhältnisse uns dennoch zwingen einen Kampf auf dem rech„ten Mincio-Ufer einzugehen, so will Ich, dass er mit dem linken Flügel-Stütz„punkte „Valeggio" in der Linie der Höhen von Olfino, dann über Castellaro, „Rondotto und S. Martino geschlagen werde, in welche Linie, — auf der die „Gros der Armee-Corps ohnehin stehen, — somit die vorpoussirten Abthei„lungen unter leichter Fühlung mit dem nachdrängenden Gegner sich zurück„zuziehen haben werden.

„Die näheren Details hierüber zu geben, behalte Ich mir vor, bemerke „jedoch schon jetzt, dass jeder solche Abtheilungs-Commandant vor dem An„tritte seines Rückmarsches in die Hauptstellung die neben befindlichen Com„mandanten schleunigst zu verständigen hat.

„Für den Übergang auf das linke Mincio-Ufer, sind übrigens die Brücken „bei Valeggio und Salionze hergestellt, und weiters noch Peschiera als Rücken„und Flankenschutz und Übergangspunkt zur Hand; auch wird der Über„gang bei Monzambano wieder hergerichtet werden."

Ein anderer Erlass des Armee-Commandanten gab den Corps-Commandanten bekannt, dass das Überschreiten der Grenze nicht die Besitzergreifung oder dauernde Besetzung des feindlichen Landes zum Zwecke habe; die Truppen-Commandanten seien daher zu belehren, nach dieser Andeutung das Benehmen gegen die Behörden und Bewohner einzurichten, besonders aber Demonstrationen, welche Veranlassung zu der Vermuthung geben könnten, als wolle sich Österreich zum Herrn des Landes machen, mit Entschiedenheit zu verhindern.

Das Truppen-Commando in Tirol ward von der Bewegung auf das rechte Mincio-Ufer verständigt und angewiesen, mit den nach Besetzung der wichtigsten Objecte disponiblen Truppen im Ogliothale und gegen Rocca d'Anfo vorzugehen.

Die Armee erreichte am 1. Juli die ihr laut Disposition zugewiesenen Stellungen. Das Armee-Hauptquartier kam nach Peschiera.

Die Cavallerie-Brigade Pulz, welche Befehl hatte, die Gegend bis an die Chiese und den Oglio erneuert zu durchstreifen, concentrirte sich bei Goito und sandte zahlreiche Detachements und Patrullen vor, von welchen einige an diesem Tage 14 bis 16 Meilen ritten. Sie fanden das Terrain von Acqua Fredda abwärts über Castel Goffredo, Piubega, Gazzoldo mitunter ziemlich stark vom Feinde besetzt, dagegen war Montechiaro und die dortige Chiese-Brücke frei.

Den 2. Juli nahm die Armee in Folge einer vom Armee-Commando Tags vorher ergangenen Dispositionsabänderung folgende Aufstellung ein.

Das 5. Armee-Corps bezog das Lager in der Linie Villa Onofrio — S. Giacomo, und schob Abtheilungen nach Rivoltella und Castel Venzago vor [1]).

Das 7. Armee-Corps hatte mit einer Brigade Pozzolengo besetzt, die zweite stand zwischen S. Giacomo und Pozzolengo, die dritte auf den Höhen bei Ca di Paroni und Cesari. Vortruppen waren in Solferino und Cavriana [2]).

Das 9. Armee-Corps hielt Volta und Valeggio mit je zwei Bataillons und zwei Geschützen besetzt, der Rest des Corps stand auf den Höhen nördlich von Monzambano, mit dem rechten Flügel an das 7. Corps, mit dem linken bei Monzambano an den Mincio schliessend [3]).

Die Infanterie-Division stand zwischen Ponti und Broglio (in der Nähe des Laghetto [4]).

Die Brigade Pulz rückte nach Guidizzolo und detachirte nach Medole [5]).

---

[1]) Corps-Quartier S. Giacomo; Brigade Piret mit zwei Zügen Sicilien-Uhlanen S. Giacomo; Brigade Bauer mit der Reserve-Batterie 5/V Rovizza; Brigade Möring Grilli; Geschütz-Reserve (7/V und 10/V) mit der Sanitäts-Compagnie Casa nuova; Munitionspark und Ambulance bei Peschiera am rechten Ufer; Colonnen-Verpflegs-Magazin am linken Ufer beim Fort VIII. Nach Rivoltella wurden von der Brigade Bauer das 1. Bataillon Nagy mit zwei Geschützen und einigen Uhlanen, nach Castel Venzago von der Brigade Piret das 3. Bataillon Crenneville mit zwei Geschützen und ein Zug Uhlanen vorgeschoben. Die Vorposten des Corps waren in der Linie Campagnola — Mirabella — Cornarolo, an Venzago westlich vorbei bis Feuile di Lonato aufgestellt.

[2]) Corps-Hauptquartier Pozzolengo; Brigade Töp'ly auf der Höhe von S. Giacomo; Brigade Dahlen auf dem Monte Rocolino (S. W. von Pozzolengo); Brigade Welsersheimb bei Ca di Paroni und Cesari; Corps-Geschütz-Reserve bei Pradavena (auf halbem Wege zwischen Pozzolengo und Ponti); Sanitäts-Anstalten in Pozzolengo; Verpflegs-Anstalten bei Salionze am rechten Ufer. Den Sicherheitsdienst versahen das 3. Kaiser-Jäger-Bataillon und ein Zug Bayern-Huszaren bei Solferino, das 1. Bataillon Mecklenburg Strelitz und ein Zug Bayern-Huszaren bei Cavriana. Auf der Spia d'Italia ward ein Observatorium errichtet.

[3]) Corps-Quartier Monzambano; Brigade Weckbecker bei Ca Meneghi; Brigade Kirchsberg bei Ca vecchia, mit 1 Bataillon bei Monticello; Brigade Böck (mit drei Bataillons und sechs Geschützen) in Monzambano; Geschütz-Reserve, Munitions-Park und Sanitäts-Anstalten des Corps bei Ca Martino (zwischen Monzambano und Ponti), Colonnen-Magazin bei Salionze am rechten Ufer des Mincio. Volta blieb mit zwei Bataillons Niederlande, zwei Geschützen und $1/2$ Escadron Huszaren, Valeggio mit zwei Bataillons Toscana besetzt.

[4]) Divisions-Stab in Cavalli; Brigade Rienerth bei Broglio; Brigade Benko bei Palazzina di Cavalli; Brigade Zastavniković bei Ponti.

[5]) Das Gros der Brigade bei Guidizzolo, bei Medole die 1. Escadron Sicilien-Uhlanen.

Das **Armee-Hauptquartier** befand sich in Pozzolengo.

Die disponibeln Pionnier-Abtheilungen und Brücken-Equipagen standen bei Peschiera am linken Mincio-Ufer.

Goito war durch das 3. Bataillon **Deutschbanater** Grenzer besetzt [1]).

In Folge der am 30. Juni von der österreichischen Cavallerie unternommenen Recognoscirung, welche die Bevölkerung allenthalben in Schrecken setzte und übertriebene Gerüchte erzeugte, die schnell bis hinter den Oglio drangen, liess der Feind den 2. Juli starke Cavallerie-Streif-Commanden über die Chiese gegen den Mincio vorgehen. So überschritt unter anderm das ganze Regiment **Aosta-Lancieri** den Fluss bei Casalmoro und streifte gegen Medole, Piubega u. s. w.

Dadurch kam es zu mehreren Zusammenstössen zwischen österreichischer und italienischer Cavallerie.

Die von der Brigade **Pulz** nach Medole vorgeschobene Escadron Sicilien-Uhlanen stellte eben Vorposten aus, als eine starke feindliche Abtheilung **Aosta-Lancieri** in den Ort sprengte, und ein daselbst befindliches Requisitions-Commando überfiel. Bei dieser Gelegenheit wurden der Commandant der Abtheilung und drei Mann schwer verwundet.

Als nach einiger Zeit die Vorposten ausgestellt waren, wurden dieselben durch eine andere von Castel Goffredo gekommene feindliche Escadron angegriffen und zum Rückzuge gezwungen. Ein Uhlanen-Zug musste sich förmlich durchhauen. Die Verfolgung des Feindes endete erst an der Strasse Castiglione — Guidozzolo, wo demselben das Regiment **Liechtenstein-Huszaren** entgegen ging.

Von einer Abtheilung Huszaren verfolgt, wurden die feindlichen Reiter gänzlich zerstreut und vier Mann nebst mehreren Pferden gefangen.

In Piubega stiess eine von Guidizzolo gegen Marcaria vorgesandte Patrulle von **Kaiser-Huszaren** mit einer Escadron Lucca-Cavalleggieri zusammen, ward gegen Ceresara zurückgeworfen, und hier noch von einer Abtheilung Aosta-Lancieri angegriffen. In dem von den Huszaren gegen Übermacht muthig aufgenommenen Scharmützel geriethen der Officier und sechs Mann verwundet in Gefangenschaft.

Desenzano fanden vom 5. **Corps** ausgesandte Patrullen schon am Vormittage vom Feinde verlassen; bei Lonato zeigten sich zwar bis gegen Mittag noch Freischaaren, doch zogen sich dieselben um diese Zeit zurück.

Erzherzog Albrecht hatte Kenntniss von den ersten nachtheiligen Gefechten der Nord-Armee erhalten und war am Abende des 1. Juli von

---

[1]) Das 3. Bataillon **Dom Miguel** war am 1. Juli von Goito zum Regimente nach Volta eingerückt.

Sr. Majestät dem Kaiser beauftragt worden, mit Vorsicht zu operiren und keine weitreichenden und gewagten Bewegungen zu unternehmen.

Die Armee ward nun am 3. Juli wieder auf das linke Mincio-Ufer zurückgeführt, wo sie folgende Stellung einnahm:

Das 5. **Armee-Corps** zwischen Cavalcaselle und Lacise [1]).

Das 7. **Armee-Corps**, welches den Mincio auf zwei Kriegsbrücken bei Salionze und Valscarpino überschritt, in dem Raume zwischen Castelnovo, Sona und S. Rocco di Palazzolo [2]).

Das 9. **Armee-Corps** überging bei Monzambano und lagerte bei Valeggio.

Die **Infanterie-Reserve-Division** überging auf der Eisenbahnbrücke und lagerte zwischen S. Giustina, Sandrà und Pastrengo [3]).

Die Brigade **Pulz** ging über Volta, mit den vom 9. Corps dort detachirten zwei Bataillons bei Valeggio über den Mincio, lagerte bei Quaderni und schob eine Escadron nach Marengo, welche mit einem Detachement die Brücken bewachte.

Die Kriegsbrücken, so wie die Brücke bei Monzambano wurden abgetragen.

Das **Armee-Hauptquartier** kam nach Colà.

Den 4. Juli rückte vom 5. **Armee-Corps** die Brigade **Piret** nach Valeggio und übernahm die Bewachung des Mincio von Salionze bis Pozzolo [4]).

Das 9. **Armee-Corps**, welchem diese Brigade provisorisch zugetheilt ward, rückte von Valeggio ab und cantonnirte bei Villafranca, Sommacampagna und Custoza [5]).

Die Brigade **Pulz** lagerte in dem Raume zwischen Dossobuono, Villafranca, Roverbella und Quaderni, und liess durch eine Escadron die Brücke

---

[1]) Corps-Quartier Pacengo; Brigade **Möring** Pacengo und Lacise; Brigade **Bauer** und Corps-Geschütz-Reserve Cavalcaselle; Brigade **Piret** bei Fort Mandella; Train zwischen den Forts von Peschiera.

[2]) Corps-Quartier Castelnovo; Brigade **Welsersheimb** S. Rocco di Palazzolo; Brigade **Töply** Sona; Brigade **Dahlen** und Corps-Geschütz-Reserve Castelnovo; Reserve-Anstalten Osteria del Bosco.

[3]) Brigade **Bienerth** südlich Pastrengo bei Bagnolo und Figara; Brigade **Benko** bei S. Giustina; Brigade **Zastavniković** bei Sandrà.

[4]) Die Brigade detachirte: ein Bataillon **Baden** nach Salionze (hievon eine Division zur Besetzung der zwei bei Brentina erbauten, mit acht Geschützen armirten Batterien) ein Bataillon **Crenneville** nach Pozzolo. Das Castell von Valeggio war mit acht Geschützen armirt.

[5]) Corps-Quartier und Brigade **Kirchsberg** Villafranca und Povegliano; Brigade **Weckbecker** mit den Reserve-Anstalten Sommacampagna und Umgebung; Brigade **Böck** Custoza und Umgebung.

III. Ereignisse nach der Schlacht von Custoza, und Abmarsch etc.

bei Goito, welche in der Nacht zum 5. Juli von der Génie-Compagnie des 9. Corps gesprengt ward, beobachten.

Der Rest der Armee blieb in den am 3. eingenommenen Cantonnements.

Für den Fall eines feindlichen Angriffes auf die Höhen zwischen Valeggio und Sommacampagna erliess der Erzherzog den 4. Juli eine Disposition zur Besetzung des befestigten Schlachtfeldes.

Hienach hatte das 5. Armee-Corps mit einer Brigade Valeggio, Brentina, dann die Höhen von Fornello und Gardoni, mit der zweiten den Monte Mamaor, mit der dritten den Monte Vento zu besetzen;

das 7. Armee-Corps mit einer Brigade den Monte Torre und Monte della Croce, mit der zweiten Sommacampagna, mit der dritten Berettara;

die Reserve-Cavallerie — einstweilen ein Regiment zur Beobachtung des Mincio zurücklassend — hatte sich als Staffel nächst Sommacampagna (zwischen Madonna della Salute und Madonna del Monte) aufzustellen;

das Reserve-Armee-Corps concentrirt bei Guastalla vecchia.

Das Armee-Hauptquartier war nach S. Rocco di Palazzolo bestimmt.

Doch nicht lange sollte sich der Erzherzog und seine Armee dem Gedanken hingeben, noch ein zweites Mal auf diesem schönen und nunmehr gut vorbereiteten Schlachtfelde kämpfen zu können. Kaum $^3/_4$ Stunden nach der Expedition der eben mitgetheilten Disposition langte um 10 Uhr 35 Minuten ein erschütterndes Telegramm Seiner Majestät des Kaisers im Hauptquartiere der Armee an, das den Erzherzog in Kenntniss setzte, die Nord-Armee hätte am 3. Juli bei Königgrätz die Schlacht angenommen und wäre in derselben völlig unterlegen. Das Telegramm lautete: „Die Nord-„Armee gestern total geschlagen. Ich befehle, dass Du die Süd-Armee auf „das linke Mincio-Ufer ziehst und dort eine solche concentrirte Stellung ein-„nimmst, um etwaige feindliche Angriffe zurückzuschlagen, oder wenn ein „solcher nicht erfolgen sollte, Meine weiteren Befehle erwarten zu können."

Erzherzog Albrecht antwortete hierauf mit dem folgenden Telegramm an Seine Majestät den Kaiser: ·„Bereits gestern die Süd-„Armee auf's linke Mincio-Ufer herüber geführt. Die Niederlage der Nord-„Armee ist ein grosses Unglück, aber desswegen doch noch nichts verloren. „1809 folgte auf die Niederlage bei Regensburg der schönste Sieg bei Aspern. „Auch diesmal steht ein Gleiches in Aussicht, wenn man weder bei der „Armee noch im Volke Kleinmuth aufkommen lässt."

Ein am Abende desselben Tages angelangter telegraphischer Befehl Seiner Majestät des Kaisers ordnete die Absendung eines aus 4 Brigaden zusammengesetzten Armee-Corps und zweier Cavallerie-Regimenter mittelst Eisenbahn nach Wien an.

Auf die Vorstellung des Erzherzogs, dass nach einer solchen Verminderung die Süd-Armee nicht mehr in der Lage wäre, das freie Feld zu behaupten, während dieselbe zur blossen Verwendung in den Festungen zu stark bliebe, — andererseits auch durch Heranziehung eines einzigen Armee-Corps an die Donau die Verhältnisse der Nord-Armee nicht wesentlich gebessert würden, ward später der Abmarsch des grösseren Theiles der Süd-Armee an die Donau beschlossen, nachdem es sich herausgestellt hatte, dass die von Kaiser Napoleon III., nach Abtretung Venetiens an Frankreich, versuchte Mediation weder bei Preussen noch bei Italien die Einstellung der Feindseligkeiten zu erreichen vermochte.

Bis der mit Ungeduld erwartete Befehl zum Abmarsche der Süd-Armee eintraf, suchte Erzherzog Albrecht die Armee vor Allem vor jedem grösseren Zusammenstosse mit dem Feinde zu bewahren, andererseits alles vorzubereiten, was nach Empfang des Befehles den Transport der Armee nach Norden beschleunigen konnte.

Am 5. wurde die Disposition zum Marsche an die Etsch gegeben.

In Folge derselben besetzte am 6. Juli das 5. Armee-Corps die für die ganze Armee früher vorbereitete Stellung zwischen Valeggio und Sommacampagna, um den Abmarsch der übrigen Armee-Corps aus dem Hügellande nach Verona gegen einen eventuellen feindlichen Angriff zu decken, u. z. mit einer Brigade Valeggio und die Höhen bis an den Tione, mit der zweiten jene von Custoza bis Sommacampagna, mit der dritten als Reserve S. Giorgio in Salici und Castelnovo.

Das 7. Armee-Corps marschirte nach Croce bianca und S. Massimo.

Das 9. Armee-Corps nach S. Michele; das Reserve-Armee-Corps nach Chievo. Die Cavallerie-Brigade Pulz blieb in ihrer Aufstellung.

Das Armee-Hauptquartier kam nach Verona.

Der bereits begonnene Bau einer Kriegs-Brücke bei Ponton, so wie die Fortsetzung der Befestigungsarbeiten im Hügellande wurden eingestellt.

Das Reserve-Armee-Corps ward an diesem Tage aufgelöst; die Brigaden Benko und Zastavniković erhielten die Bestimmung, als mobile Division unter FML. v. Rupprecht, die Besatzung Verona's zu verstärken [1]).

---

[1]) Bei Auflösung des Reserve-Corps wurden folgende Veränderungen in der Ordre de bataille vorgenommen: Das 37. und 56. Jäger-Bataillon wurden in der Eintheilung gegenseitig verwechselt. Die Batterien Nr. 9/V und 1/V der Brigaden Benko und Zastavniković kamen zu den Brigaden Weckbecker und Böck, welche dafür die Batterien Nr. 1/VIII und 2/VIII an die ersteren abgaben. Die beim Reserve-Corps eingetheilte Escadron Kaiser-Huszaren rückte zur Brigade Pulz ein, welche dagegen 1 Escadron Sicilien-Uhlanen an die Festung Verona abgab.

Die Garnison Verona's ward hiedurch auf 20 Bataillons, 2 Escadrons und 2 Batterien gebracht. Jene von Venedig ward auf 12 Bataillons und 1 Batterie, die von Mantua auf 7 Bataillons festgesetzt.

Die Festungs-Comandanten von Verona, Venedig, Mantua, Peschiera, Legnago und Palmanuova waren schon den 5. beauftragt worden, sich für einen vierten Monat mit Allem zu verproviantiren, und zwar sofern die Armee-Intendanz den Bedarf nicht zu decken vermochte, im Wege der Requisition.

Am 6. ward weiters die Absendung alles in den Festungen überflüssigen oder entbehrlichen Materials, der Pionnier- und Génie-Depôts, so wie die Überführung aller transportabeln Kranken, deren Genesung nicht in nächster Aussicht stand, aus den Spitälern in das Innere der Monarchie, ferner die Räumung der Arsenale von Verona und Mantua und der Monturs-Comission in Venedig angeordnet.

Um die Eisenbahn zu sichern, ward die Brigade Bienerth am 7. Juli nach Padua befördert, und die Stadt nebst den wichtigsten Eisenbahnobjecten zwischen Verona und dem Tagliamento besetzt.

Die Hauptmasse der Armee blieb den 7. Juli in den Stellungen des vorigen Tages; nur die Brigade Pulz ward in die Gegend von Bovolone zurückgenommen, mit Ausnahme des Regiments Liechtenstein-Huszaren, das am Mincio verblieb.

Die Verpflegs-Anstalten und grossen Bagagen der Armee-Corps wurden am Nachmittage, u. z. jene des 7. Armee-Corps und des Armee-Hauptquartiers nach Torre di Confine, des 9. Armee-Corps nach Montebello, der Armee-Munitions-Park nach S. Bonifacio abgesendet.

Am 8. ward das 5. Armee-Corps noch in der Stellung zwischen Valeggio und Sommacampagna belassen, hatte jedoch Befehl sich bei einem etwaigen Angriffe in keinerlei Gefecht einzulassen, sondern nach Pastrengo und auf das linke Etsch-Ufer zurückzugehen.

Das 7. Armee-Corps rückte nach Bonifacio und Monteforte (grosser Train nach Vicenza); das 9. Armee-Corps über Mambrotta nach Lonigo (grosser Train nach S. Pietro Engù).

Die Brigade Pulz marschirte über Legnago nach Bevilacqua.

Das Armeé-Hauptquartier kam nach Caldiero: der Armee-Munitionspark mit den beiden Pionnier-Bataillons nach Vicenza.

In dieser Stellung beabsichtigte der Erzherzog die weiteren Befehle abzuwarten.

Die in den letzten Tagen eingelangten Nachrichten und ein mittlerweile, am 5. Juli, erfolgter Angriff auf Borgoforte liessen keinen Zweifel, dass der Feind im Begriffe sei, seine Operationen wieder aufzunehmen.

Im Hauptquartier des Königs war auf die Kunde von dem Ausgange der Schlacht von Königgrätz, und der Art und Weise wie der Friede angebahnt werden sollte, beschlossen worden, unverweilt mit dem ganzen nun vereinigten Heere wieder in das Venetianische einzudringen.

G. d. A. Cialdini, welcher nach dem Rückzuge gegen Modena mit der Haupt-Armee des Königs in Verbindung getreten war, sollte die Operationen eröffnen.

Es schien nothwendig, sich des Brückenkopfes von Borgoforte zu bemächtigen und schon am 5. Juli ward mittelst einer heftigen Beschiessung der Werke der Versuch gemacht, dieselben zu zerstören [1]).

Da dies nicht gelang, liess G. d. A. Cialdini zur Durchführung eines regelmässigen Angriffes auf die Werke die dem Corps neu zugetheilte Division Mignano und die nöthigen Geschützmassen vor dem Brückenkopfe zurück. Die anderen Divisionen setzten unaufgehalten den Marsch an den Po fort.

Am 7. standen die Divisionen seines Armee-Corps (mit Ausnahme der Divisionen Franzini welche in Ferrara, und Mignano welche wie eben erwähnt vor Borgoforte verblieben war) zwischen der untern Secchia und dem mittleren Panaro bei Fittanza, Bardellona, Roversella, S. Croce, Virginia und Casa Rossa; die Artillerie, der Brückentrain und grosse Corpspark bei Roversella, S. Martino in Spino und Pilastri.

Das Hauptquartier war in Roversella.

In der Nacht vom 7. auf den 8. wurden drei Brücken über den Po geschlagen, und zwar eine bei Carbonerola, eine bei Sermide und die dritte bei Felonica. Eingeleitet ward der Brückenschlag durch die Überschiffung einiger Bersaglieri-Bataillons und Génie-Compagnien.

Die zur Beobachtung an den Po vorgeschobenen österreichischen Abtheilungen zogen sich nach Legnago und gegen Rovigo zurück.

Am 8. Früh 7 Uhr waren die Brücken hergestellt, worauf unmittelbar der Übergang der schon seit Tagesanbruch am Fluss-Ufer stehenden Truppen begann. Bei Carbonerola übergingen die 13. und 14. Division (Mezzacapo und Chiabrera), bei Sermide die 15. und 12. (Medici und Ricotti), und bei Felonica die 18., 11. und 17. Division (Della Chiesa, Casanova und Cadorna), dann die aus 50 Geschützen bestehende Reserve-Artillerie und der Artillerie-Park, so dass gegen Mittag des 8. Juli über **80.000 Mann** am linken Ufer des Po standen.

---

[1]) Die Details dieser Operation gegen Borgoforte werden in der Folge besprochen werden.

III. Ereignisse nach der Schlacht von Custoza, und Abmarsch etc.

Nach bewirktem Übergange wandte sich G. d. A. Cialdini gegen Rovigo.

In Folge des feindlichen Po-Überganges, welcher Seiner Majestät dem Kaiser sogleich zur Kenntniss gebracht ward, liess Erzherzog Albrecht, der in dem aufgegebenen Lande keinen Mann mehr unnütz opfern wollte, die Armee den für diesen Fall bereits beschlossenen Rückzug hinter die Piave antreten.

Dem Festungs-Commando von Rovigo gab Seine kais. Hoheit telegraphisch Befehl: Alles zum Wegmarsch vorzubereiten, in der Nacht vom 9. auf den 10. Juli gegen Padua abzumarschiren, dann die Werke durch Anzünden der Pulvermagazine in die Luft zu sprengen, die Eisenbahn- und Strassenbrücken über die Etsch und den Canal Gorzone, später auch die Bacchiglione-Brücke bei Padua zu zerstören. Die Fusstruppen der Besatzung und das zur Grenzbewachung bestimmt gewesene Grenz-Bataillon hatten den am 10. Früh in Monselice bereit gestellten Eisenbahnzug bis Padua zu benützen, die Fuhrwerke mit der Uhlanen-Escadron nach Padua zu marschiren, wo Alles bis 10 Uhr Abends eintreffen sollte [1]).

An den Truppen-Commandanten in Tirol GM. Baron Kuhn schrieb der Erzherzog am gleichen Tage:

„Die Unfälle, welche die k. k. Nord-Armee jüngst in Böhmen erlitten, „erheischen gebieterisch dem Staate noch ein intactes Heer zu erhalten.

„Aus diesem Grunde sehe Ich mich veranlasst, mit einem Theile der „Mir unterstehenden Armee die Piave zu erreichen, während ein anderer „Theil derselben über Tirol abrücken wird.

„Nachdem Ich das Reserve-Armee-Corps unter FML. v. Rupprecht „aufgelöst, und diesen Herrn FML. zum Truppen-Divisionär der vier in „Verona zurückbleibenden Brigaden GM. Baron Benko, Oberst v. Zastav-„niković, GM. Graf Daun und GM. Drechsler ernannt, ferners die „Festungen Mantua, Peschiera, Legnago, Rovigo, Venedig angemessen ver-„stärkt habe, — bin Ich im Begriffe mit dem 7. und 9. Corps nebst der Caval-„lerie-Brigade GM. Pulz hinter die Piave zu marschiren, während das „heute noch längs des Mincio stehende 5. Armee-Corps voraussichtlich am „9. oder 10. Juli über Pastrengo den Durchzug durch Tirol beginnen wird; „über das letztere wird weitere Verständigung folgen.

---

[1]) Die Festung Rovigo, aus blos vier an den Hauptstrassen angelegten Forts bestehend, wäre unter Mitwirkung einer angemessen starken mobilen Truppe einige Zeit zu vertheidigen gewesen; unter den bestehenden Verhältnissen war dies jedoch nicht möglich.

„In der Stellung hinter der Piave beabsichtige Ich die Erfolge der „bereits eingeleiteten militärisch diplomatischen Verhandlungen abzuwarten, „oder nach Umständen etwaigen Allerhöchsten Anordnungen folgend, mit „den genannten zwei Armee-Corps nach Norden abzurücken.

„Aus dieser Exposition werden Euer Hochwohlgeboren entnehmen, „dass nicht nur die Festungen des lombardisch-venetianischen Königreiches, „sondern auch der Ihnen unterstellte Heereskörper in Tirol zu selbststän„digem, den Umständen angemessenem Handeln gegenüber den etwaigen „Unternehmungen der Sardo-Italiener berufen ist.

„Den gestern und heute eingelaufenen Nachrichten gemäss, ist das sar„dinische Heer, wenn auch vorläufig nur mit geringeren Abtheilungen zwi„schen Ostiglia, Bergantino, Stellata im Überschreiten des Po begriffen.

„Nach der unsererseits erfolgenden Räumung des Flachlandes bis zur „Piave, dürften feindliche Heeres-Abtheilungen, neben den Bedrohungen Ihrer „rechten Flanke durch Freischaaren aus den lombardischen Engpässen, auch „Unternehmungen gegen die Vall' Arsa und die Valsugana versuchen.

„Es wird daher von Belang sein, wenn Sie Ihr Augenmerk nebst der „mehr oder minder scharfen Beobachtung der aus Tirol nach West und „Süden führenden Engpässe, auch auf die beiden genannten Thäler insbe„sondere richten würden, und müsste namentlich der hart an der Tiroler „Grenze liegende, wichtige Strassenknotenpunkt von Primolano Ihrerseits „durch reguläre Truppen und Geschütze besetzt werden.

„Ich hege das Vertrauen, dass es Euer Hochwohlgeboren bewährter „Umsicht gelingen werde, in energischer Thätigkeit die Unternehmungen des „Gegners vom Tiroler Boden so lange hinzuhalten, bis entweder die vorbe„zogenen Verhandlungen zu einem Abschluss gediehen, oder Ich wieder in „die Verfassung gesetzt sein werde, mit der Süd-Armee die Offensive zu „ergreifen."

In einem an das Festungs-Gouvernement von Venedig und die Festungs-Commandanten von Verona, Mantua, Peschiera, Legnago und Palmanuova gerichteten Erlasse gleichen Inhalts sprach der Erzherzog mit ruhiger Zuversicht die Überzeugung aus, „dass jeder nunmehr zum selbständigen „Handeln berufene Commandant der Ehre und des Allerhöchsten Vertrauens, „welches in denselben gesetzt wurde, wie nicht minder des von der Süd„Armee am 24. Juni erfochtenen Sieges eingedenk, — die mit Vertheidi„gungsmitteln und Proviant reichlich versehene Festung mit erprobter Um„sicht und Energie vertheidigen und des Gegners Unternehmungen zu ver„eiteln trachten werde."

Der Armee-Intendanz ward befohlen, den 9. nach Conegliano abzugehen und Vorsorge zu treffen, damit jener Theil der Armee, namentlich

III. Ereignisse nach der Schlacht von Custoza, und Abmarsch etc.

Cavallerie und Bespannungen, welcher durch Kärnthen instradirt werden dürfte, auf den Linien über Pontafel und Tarvis, möglichen Falls über Kaufreit, die Naturalverpflegung finde.

Der Marsch der Armee hinter die Piave hatte bereits begonnen, als FM. Erzherzog Albrecht den 9. Juli telegraphisch von Seiner Majestät dem Kaiser Befehl erhielt, sich unter Vermeidung eines ernsteren Zusammenstosses mit dem Feinde, bis an die Grenzen des Venetianischen zurückzuziehen, diese aber auf das Energischeste zu vertheidigen.

In Folge der am 8. ausgegebenen Dispositionen rückte das 5. Armee-Corps am 9. über Pastrengo auf das linke Etsch-Ufer, um Tags darauf durch Tirol nach Wien abzugehen [1]).

Das Gros der Armee bewirkte den Marsch hinter die Piave in folgender Weise:

Das Armee-Hauptquartier rückte am 9. nach Vicenza, am 10. nach Galliera, am 12. nach Conegliano.

Das 7. Armee-Corps:
am 9. nach Vicenza, der grosse Train nach S. Martino di Luparo [2]).
„ 10. nach Cittadella, der grosse Train nach Montebelluna;
„ 11. Rasttag;
„ 12. nach Caselle und Barcon, der grosse Train nach Conegliano;
„ 13. mit Benützung der bei Nervesa geschlagenen Kriegsbrücke auf das linke Piave-Ufer in's Biwak bei Susigana.

Das 9. Armee-Corps:
am 9. nach Lisiera, der grosse Train nach Fanzolo (bei Castelfranco);
„ 10. nach Castelfranco, der grosse Train nach Cusignano;
„ 11. Rasttag;
„ 12. nach Volpago;
„ 13. mit Benützung der Ponte della Priula auf's linke Piave-Ufer in's Biwak nach S. Lucia.

Brigade Pulz:
am 9. nach Ponte di Barbarano;
„ 10. nach Campo d'Arsego;

---

[1]) Das Corps-Commando erhielt Befehl, den Marsch durch Tirol so einzurichten, dass die Spitze am 15. oder 16. in Innsbruck eintreffe.

[2]) Das 10. Jäger-Bataillon ward in Vicenza zurückgelassen, um das 13. Huszaren-Regiment zu erwarten, mit welchem es der Armee zu folgen hatte; letzterem war befohlen, am Abende des 8. die an den Mincio vorgeschobenen Abtheilungen auf Villafranca zurückzuziehen, und den 9. nach Caldiero, den 10. nach Vicenza abzurücken.

am 11. Rast;

„ 12. nach Istrana;

„ 13. über Ponte della Priula auf das linke Piave-Ufer bei Parco.

Die Brigade Bienerth vereinigte sich im Laufe des 10. in Padua mit den von Rovigo und dem Po zurückgenommenen Truppen und marschirte mit diesen am 11. nach Treviso (die Infanterie benützte die Eisenbahn), hielt dort am 12. Rasttag, und rückte den 13. auf der vom 4. Pionnier-Bataillon geschlagenen Kriegsbrücke, bei Ponte di Piave, auf das linke Piave-Ufer und lagerte daselbst.

Der Armee-Munitions-Park kam:

am 9. nach Castelfranco;

„ 10. nach Volpago;

„ 11. Rasttag;

„ 12. nach Conegliano ¹).

Das 10. Jäger-Bataillon und das 13. Huszaren-Regiment, welche die Nachhut der Armee bildeten, marschirten:

am 12. nach Castelfranco;

„ 13. nach Montebelluna;

„ 14. nach Mandrè.

Die Brenta-Brücken bei Fontaniva, Vigodarzere, und Strà, dann die Eisenbahnbrücke über den Bacchiglione bei Padua wurden zerstört, die Eisenbahnbrücke über die Brenta bei Ponte di Brenta ward abgetragen.

Die Mediation des Kaisers der Franzosen hatte bis zu dieser Zeit noch immer zu keinem Resultate geführt. Die preussische Armee stand am 10. schon in der Linie Iglau, Saar, Brüsau und M. Trübau und bedrohte die directe Verbindung zwischen Olmütz und Wien.

Es waren die äussersten Anstrengungen nöthig, um den Fortschritten des Gegners, wenigstens an der Donau ein Ziel zu setzen. Seine Majestät der Kaiser befahlen demnach am 11. Juli die Absendung aller noch disponibeln Kräfte aus Italien nach Wien, und ernannte den FM. Erzherzog Albrecht zum Ober-Commandanten der gesammten operirenden Armee.

Der Erzherzog bestimmte ausser dem bereits in Marsch gesetzten 5. noch das 9. Armee-Corps zum Abrücken an die Donau.

Nach einer neuen Ordre de bataille ward die Brigade Welsers-

---

¹) Die beiden Pionnier-Bataillons marschirten bis zum 9. gemeinschaftlich mit dem Munitionspark; am 10. rückte das 3. Bataillon nach Volpago, das 4. nach Treviso; am 11. das 3. Bataillon nach Nervesa, das 4. nach Ponte di Piave, schlugen daselbst die erwähnten Kriegsbrücken und brachen selbe nach bewirktem Übergange gleich wieder ab.

heimb vom 7. in's 9. Armee-Corps versetzt, die durch das 10. Jäger-Bataillon (von der Brigade Dahlen) verstärkte Brigade Bienerth in's 5. Corps eingetheilt, so dass jedes der an die Donau abrückenden zwei Armee-Corps aus vier Brigaden bestand.

Das 7. Armee-Corps erhielt für die demselben entnommene Brigade vier aus Dalmatien heranbeorderte Bataillons und das Huszaren-Regiment Prinz Württemberg Nr. 11.

Das Commando der bisher vom Oberst Böck beim 9. Armee-Corps commandirten Brigade, übernahm Oberst Baron Kleudgen des Regiments Paumgartten. Oberst Baron Böck dagegen übernahm eine neu formirte Brigade in Kärnthen, welche den Kern für das allgemeine Aufgebot in diesem Lande zu bilden bestimmt war, und aus dem 37. Jäger-Bataillon, dem 4. und 5. Bataillon Maroičić, dem 5. Bataillon Hohenlohe, der Batterie Nr. 4/VII und der 5. Escadron Württemberg-Huszaren bestand.

Das Commando des 7. Armee-Corps übernahm Seine kaiserliche Hoheit FML. Erzherzog Heinrich.

FML. Baron Maroičić, der bisherige Commandant dieses Corps, ward mit dem Oberbefehle im Süden betraut. Seine Aufgabe war, die Abfahrt des 9. Armee-Corps zu decken, das 7. Armee-Corps an den Isonzo zurückzuführen, dort Stellung zu nehmen, und dem Vordringen des italienischen Heeres möglichst Schranken zu setzen, wozu ihm nebst dem 7. Corps noch die Truppen-Division in Istrien und die Brigade Böck in Kärnthen untergeordnet wurden.

FM. Erzherzog Albrecht erliess noch die nöthigen Dispositionen für den Eisenbahn-Transport der nach Wien bestimmten Truppen, und begab sich dann am 12., in Begleitung seines Generalstabs-Chef, des FML. Baron John, nach Wien.

Bei seinem Abgehen erliess der FM. Erzherzog nachstehenden Armee-Befehl:

„Soldaten der Süd-Armee!

„Unsere Waffen im Norden waren bei den ersten Kämpfen vom Glücke „nicht begünstigt, doch vermochte der Unfall, der sie betroffen, das Ver„trauen unseres erhabenen Monarchen auf Gott, unser gutes heiliges Recht „und unsere Kraft nicht zu erschüttern, und unerschütterlich wie Er, ist die „ganze Armee, ist ganz Österreich zum Kampfe auf das Äusserste entschlos„sen, so lange kein ehrenvoller, Österreichs Machtstellung sichernder Friede „erreicht wird.

„Durch den im kaiserlichen Manifeste vom 10. Juli verkündeten Aller„höchsten Entschluss wird uns eine veränderte Aufgabe zu Theil. Während „die nothwendigen Kräfte zurückbleiben, um die hierländigen Festungen zu

„behaupten und im Vereine mit der treuen und muthigen Bevölkerung die
„Grenzen Tirols, Inner-Österreichs und der Küste zu schützen, ziehe Ich mit
„dem Reste der Armee zur Verstärkung unserer Streitmacht nach Norden,
„wo die Entscheidung liegt [1]).

„Waffengefährten! Ich weiss, Ihr könnt den Schauplatz Eures jüngsten
„Triumphes nur mit schwerem Herzen verlassen; doch möge hiefür die Hoff-
„nung auf neue Siege, Eueren freudigen Muth, Euere Kraft auch neu beleben.
„Ihr seid berufen, im Norden zu vollenden, was Ihr im Süden so glänzend
„begonnen! Soldaten der Besatzungen der venetianischen Festungen, in Tirol
„und im Küstenlande! Euch mache Ich zu Erben unseres Sieges von Custoza;
„Euch lasse Ich als die treuen und tapferen Hüter des begonnenen Werkes
„zurück. Haltet das ruhmvolle Vermächtniss mit unerschütterlicher Zähig-
„keit fest. Was auch kommen möge, haltet mit der Ausdauer Euerer Vorfah-
„ren die Fahnen unseres theueren Österreichs hoch! Euere Aufgabe ist so
„nothwendig im Süden, als die unsere im Norden; Allen wird gleiche Ehre,
„gleiche Anerkennung zu Theil werden. Voll ruhigen Vertrauens rufe Ich
„Euch in Meinem und im Namen aller Scheidenden ein herzliches Lebewohl
„zu, doch gleichzeitig auch auf Wiedersehen!

„Und Ihr, die Ihr mit Mir gegen Norden zieht, lasst uns im Vereine
„mit unseren dortigen tapferen Waffenbrüdern der Welt zeigen, dass Öster-
„reichs Kraft noch ungebrochen, lasst uns zum Entscheidungskampfe gehen
„mit dem Vertrauen auf Gott und unsere Kraft, welches uns bereits die
„grössten Schwierigkeiten siegreich überwinden gelehrt!"

Nach den getroffenen Dispositionen sollten das Hauptquartier und drei
Brigaden des 9. Corps vom 13. bis zum Abende des 16. Juli in Conegliano,
die 4. Brigade am 17. in Casarsa; endlich der Train dieses Corps, dann
die Brigade Bienerth des 5. Corps im Laufe des 18. und 19. Juli in Codroipo
einwaggonirt werden.

Die Reserve-Cavallerie-Brigade Pulz, welcher statt des 11. das 13.
Huszaren-Regiment zugewiesen ward, hatte bis zum 23. Juli über Osoppo,
Resciuta, Pontebba, Tarvis nach Villach zu marschiren und von dort die
Bahn nach Wien zu benützen.

Der Armee-Munitions-Park, das 3. und 4. Pionnier-Bataillon mit den
Kriegs-Brücken-Equipagen hatten über Codroipo, Görz, Adelsberg bis 24. Juli
nach Laibach zu marschiren und, falls es nicht in einer der frühern Stationen
möglich würde, von dort auf der Eisenbahn weiter befördert zu werden.

Bei den nahezu auf das Höchste gesteigerten Anforderungen, welche

---

[1]) Das kaiserliche Manifest erscheint später im III. Bande dieses Werkes.

um diese Zeit an alle Bahnlinien der Monarchie gestellt werden mussten, war es nicht zu vermeiden, dass der Betrieb vielfache Hemmnisse erlitt, und dass ie obige Disposition nicht strikte ausgeführt werden konnte. Der Abschub der Truppen zog sich länger als berechnet hinaus, hauptsächlich weil die leeren Waggons nicht rechtzeitig wieder in die Aufnahms-Stationen zurückkehren konnten.

Am Abende des 13. Juli stand die Armee wie folgt: das Hauptquartier des 7. Corps in Susigana, die Brigaden und die Geschütz-Reserve mit dem Train im Lager zwischen der Piave und Piavesella; das 9. Armee-Corps im Lager zwischen S. Lucia und Mareno, die Reserve-Cavallerie-Brigade Pulz bei Parè (1 Escadron bei Spressiano zur Beobachtung der Strasse nach Treviso), die Brigade Bienerth bei Ponte di Piave, die Arrieregarde der Armee (13. Huszaren-Regiment und 10. Jäger-Bataillon) im Volpago.

Das Hauptquartier des FML. Baron von Maroičić war in Conegliano.

Am 14. hielten die Truppen Rasttag, das Hauptquartier und die Brigade Karl von Kirchsberg des 9. Armee-Corps wurden in Conegliano einwaggonirt.

Da nach einer Nachmittags eingetroffenen Meldung der Brigade Pulz eine gegen Treviso vorpoussirte Patrulle auf den Feind gestossen, auch wegen Mangels an Waggons die fernere Einwaggonirung am Bahnhofe in Conegliano nicht möglich war, so liess FML. Br. Maroičić die Eisenbahn-Brücke über die Piave sprengen, Ponte della Priula anzünden und gab für den 15. Juli Dispositionen, denen zu Folge an diesem Tage die Brigaden Töply und Welsersheimb mit den Reserve-Anstalten des 7. und 9. Corps auf der Chaussée nach Sacile, die Brigade Pulz nach Pordenone und die Brigade Weckbecker über Codognè, Gajarine nach Brugnera auf das linke Livenza-Ufer rückten.

Die Brigaden Dahlen mit der ihr zugetheilten Cavallerie-Batterie Nr. 4/VII und 1 Escadron Württemberg-Huszaren blieb als Arrieregarde so lange an der Piave, bis der Bahnhof von Conegliano gänzlich geräumt war und rückte dann ebenfalls nach Sacile. Zur Deckung ihrer südlichen Flanke gingen die beiden Escadrons Huszaren nebst zwei Cavallerie-Geschützen. über S. Lucia, Mareno, Vazzola, Campo Cervaro, Codognè, Gajarine nach Brugnera.

Die Brigade Bienerth hatte am 15. nach Motta, die ihr beigegebenen Pionnier-Abtheilungen, nach Portogruaro zu marschiren; diese, so wie die Brigade Dahlen hatten Befehl, während des Marsches an allen grösseren Wasserlinien die Brücken und sonstigen Übergangsmittel zu zerstören, um dem Gegner das Vorrücken zu erschweren.

Diese Disposition ward anstandslos ausgeführt.

Das Hauptquartier des FML. Baron Maroičić und die Brigade Pulz kamen nach Pordenone.

Die Brigade Kleudgen des 9. Corps war über Sacile nach Pordenone marschirt, wo noch am selben Abende deren Einwaggonirung begann, und im Laufe des 16. beendet ward.

Am 16. Juli zog sich die Armee an den Tagliamento, u. z. rückten vom 9. Corps die Brigade Weckbecker von Brugnera über Tamai, Palsè, Rorai piccolo, Pordenone nach Casarsa, wo sie am rechten Ufer des Partidor-Baches das Biwak bezog.

Die beiden Escadrons Württemberg-Huszaren mit den zwei Geschützen rückten einige Stunden nach der Brigade Weckbecker nach Rorai piccolo ab.

Die Brigade Welsersheimb rückte auf der Chaussée, nach Casarsa, wo deren Einwaggonirung begann.

Der Train des 9. Corps marschirte über Casarsa nach Passariano hinter den Tagliamento. Die Génietruppen rückten nach Casarsa und hatten daselbst die Tagliamento-Brücken zur Zerstörung herzurichten.

Vom 7. Armee-Corps marschirten das Hauptquartier, die Brigade Töply und die Reserve-Anstalten nach Casarsa, das Colonnen-Magazin nach Bertiolo (über den Tagliamento) die Arrieregarde-Brigade Dahlen hinter den Noncello-Bach (östlich Pordenone), an welchem die Vorposten aufgestellt wurden.

Das Hauptquartier des FML. Br. Maroičić kam nach Codroipo.

Die Brigade Oberst Bienerth des 5. Corps rückte nach Portogruaro, während die bei derselben eingetheilten Pionnier-Abtheilungen bis Latisana marschirten und noch am selben Tage eine Kriegsbrücke für den Übergang der Brigade schlugen.

Die Brigade Pulz rückte auf das linke Ufer des Tagliamento nach S. Odorico.

Am 17. Juli ward die Brigade Welserheimb in Casarsa gänzlich einwaggonirt; der Rest der Truppen, mit Ausnahme der Arrieregarde, rückte auf das linke Tagliamento-Ufer. Die Brigade Weckbecker biwakirte am Bache S. Odorico zwischen Goricizza und dem Bahnhof von Codroipo.

Die Artillerie-Reserven und der Train des 9. Corps, welche unter Bedeckung des bisher in Codroipo und Umgebung in Garnison gelegenen 4. Bataillons Erzherzog Salvator Nr. 77 über Bertiolo, Talmassons nach Udine rückten, lagerten vor der Stadt.

Das Hauptquartier des 7. Corps, die Brigade Töply, 1 Escadron Württemberg-Huszaren und die Ambulancen lagerten in und südlich

Passariano, die Artillerie-Reserven dieses Corps bei Goricizza; das Colonnen-Magazin blieb in Bertiolo.

Die Arrieregarde-Brigade Dahlen rückte nach Casarsa und bezog das Lager am rechten Ufer des Partidor, deren Cavallerie bei S. Vito.

Die Génie-Abtheilungen des 9. Corps rückten zur Brigade Weckbecker ein, um mit selber einwaggonirt zu werden.

Die Brigade Bienerth überschritt bei Latisana den Tagliamento und lagerte bei diesem Orte; worauf die Kriegsbrücke wieder abgebrochen wurde.

Das nach Kärnthen bestimmte 37. Jäger-Bataillon marschirte jedoch bis Codroipo, in den nächsten Tagen im Vereine mit dem 4. Bataillon Maroičić, der 5. Escadron Württemberg-Huszaren, dann der 4pfündigen Fussbatterie Nr. 4/VII nach Tarvis, wo selbe am 22. anlangten und unter die Befehle des Obersten Baron Böck traten.

An der Bergfeste Osoppo vorbeimarschirend, nahm diese Colonne die dortige Besatzung, Armirung, etc. mit sich.

Die Brigade Pulz hatte schon am 17. den Marsch nach Kärnthen begonnen, traf am 22. und 23. Juli in Villach ein, und ward daselbst nach Wien einwaggonirt.

Der Armee-Munitions-Park, das 3. und 4. Pionnier-Bataillon langten am 17. in Görz an und marschirten dann nach der ursprünglichen Disposition nach Laibach weiter.

Am 18. rückte die Brigade Bienerth in Codroipo ein, wo sie das 10. Jäger-Bataillon von der Brigade Dahlen erhielt, welch' letzterer dafür das 4. Bataillon Wimpffen zugetheilt ward.

Oberst Baron Dahlen überschritt am Morgen des 18. den Tagliamento und liess dann die beiden Brücken zerstören. Die Brigade lagerte zwischen Goricizza und Pozzo am Rio Odorico; die Division Württemberg-Huszaren zwischen Pozzo und Molin di campagna.

Die Brigade Töply rückte nach Udine [1]).

---

[1]) Die Stadtbehörde glaubte bereits die Zeit gekommen, um kaiserliches Gut als freie Beute erklären zu können; dieselbe verweigerte die Bezahlung oder Herausgabe einer grössern Quantität von Salz und Tabak, welche ihr gegen einen Bon übergeben worden war. FML. Baron Maroičić liess nun sofort am 18. Juli die Brigade Töply mit einer Escadron Huszaren nach Udine rücken und befahl, dass sowohl diese Truppen als auch die Besatzung der Stadt (6 Compagnien), ferner der ganze Train des 9. Corps mit dessen Bedeckung (4. Bataillon Erzherzog Salvator Nr. 77), zusammen etwa 8000 Mann und 600 Pferde, so lange von der Stadt mit den vollen Etappen-Gebühren zu verpflegen seien, bis der letzte Eisenbahnzug von Udine abgegangen wäre.

Dieses Mittel half. Die Tabak- und Salz-Vorräthe wurden auf Kosten der Stadt mit deren Fuhrwerken schnell transportirt; ein Rest, der wegen Mangels an

Im Laufe des 18., 19. und 20. wurden in Codroipo die Brigaden Weckbecker und Bienerth, dann die Génie-Truppen des 9. Corps, in Udine am 19. und 20. Juli die Artillerie-Reserven dieses Corps einwaggonirt.

Die Truppen des 7. Corps blieben während dieser Zeit in ihren Aufstellungen.

Vom Feinde zeigten sich nur am Nachmittage des 19. etwa 200 Lancieri, welche den Tagliamento neben der zerstörten Eisenbahnbrücke zu passiren suchten. Eine Abtheilung Württemberg-Huszaren durchwatete den Tagliamento und verfolgte den davonjagenden Gegner bis Comunale.

FML. Baron Maroičić blieb mit seinem Stabe bis 18. in Codroipo, und begab sich am 19. nach Palmanuova, am nächsten Tage nach Görz.

Am 20. rückten vom 7. Corps die Brigade Dahlen mit der Division Württemberg-Huszaren um 10½ Uhr Vormittags (der letzte Train von Codroipo ging um 10 Uhr ab) nach Sevegliano; die Artillerie-Reserve nach Ajello, das Colonnen-Magazin nach Romans.

Das Hauptquartier des 7. Corps war in Privano.

Die Brigade Töply, welche noch nachträglich die Bestimmung nach Wien erhielt, marschirte am 22. von Udine nach Trivignano, am 23. nach Görz, wo sie noch am selben Abende die Waggons bestieg. Die Besatzungs-Truppen und Gendarmerie-Abtheilungen von Udine marschirten mit dieser Brigade nach Görz.

Die Brigade Dahlen mit der Cavallerie rückte am 22. nach Romans, am 23. nach Görz, detachirte ein Bataillon nach Cormons, welches sich durch Vorschieben einzelner Abtheilungen nach Brazzano deckte.

Diesem Bataillon ward ein Huszarenzug beigegeben, welcher längs der Grenze bis Medea und Versa patrullirte; der Rest der Brigade cantonnirte in Görz, die Cavallerie in Pódgora und Lucinico.

Der Train des 7. Corps und dessen Artillerie-Reserven lagerten bei Merna und Ruppa.

Die Brigade Hayduk cantonnirte in Gradisca, Sagrado und Monfalcone, hatte ein Bataillon als Vorposten nach Romans-Versa vorgeschoben, und liess durch die Abtheilung Kaiser-Huszaren gegen Aquileja und Cervignano streifen.

Ausserdem ward eine halbe Escadron Württemberg-Huszaren

Wagen nicht fortgeschafft werden konnte, ward von der Stadt übernommen und mit 12.000 fl. baar bezahlt; ebenso trug die Stadt die Verpflegung der Truppen durch vier Tage.

nach Versa verlegt, welche nach vorwärts patrullirte und in Visco einen stehenden Posten zur Verbindung mit Palmanuova aufstellte.

Seine kaiserl. Hoheit FML Erzherzog Heinrich ward nach Wien berufen und das Commando des FML. Baron Maroičić hatte fortan den Titel: „7. Armee-Corps-und Truppen-Commando für Istrien, Kärnthen, Krain, Küstenland, Görz und Triest", zu führen.

Demselben waren unterstellt: Die Brigade Dahlen des bisherigen 7. Armee-Corps, dann von der Truppen-Division in Istrien die mobilen Brigaden Hayduk und Wagner (letztere in Triest) und die Besatzungs-Brigaden Rudolf in Pola und Pesić in Fiume; ferners die Landesvertheidigungs-Brigade in Kärnthen des Obersten Baron Böck, endlich die Depôts und Besatzungen in Kärnthen, Krain und in der Festung Palmanuova.

Diese Truppen betrugen Alles in Allem 42:000 Mann mit circa 2300 Pferden; allein hievon entfielen 14:000 Mann, 1540 Pferde an Depôts und Besatzungen, 3400 Mann mit 350 Pferden für die Vertheidigung von Kärnthen, die Brigade Wagner, 6000 Mann, war in Triest, so dass im Momente des Anlangens am Isonzo eigentlich nur die beiden Brigaden Hayduk und Dahlen, dann drei Escadrons des Regiments Württemberg-Huszaren, mit einer streitbaren Stärke von circa 12—13.000 Mann, 300 Pferden und 40 Geschützen zur Verfügung standen.

Diesem Corps und den in Tirol stehenden k. k. Truppen gegenüber, überschwemmte nach und nach die ganze italienische Armee das Venetianische.

G. d. A. Cialdini hatte sich nach dem Überschreiten des Po gegen Rovigo in der Absicht gewendet, das Fort Boara anzugreifen und zu zerstören. Während des Marsches dahin liess er bei Pontelagoscuro zwei Kriegsbrücken schlagen, um die directe Verbindung zwischen Bologna und Rovigo herzustellen.

Den 11. Juli war Cialdini in Rovigo eingerückt. Den 12. wurden mehrere Brücken über die Etsch geschlagen, auf welchen den 13. der Übergang erfolgte.

Den 14. ward Padua, den 15. Vicenza besetzt.

Indessen hatte sich am 10. auch die Armee des Königs vom Oglio gegen Ferrara in Bewegung gesetzt. Das II. Corps und die Linien-Cavallerie-Division deckten den Abmarsch, machten die Brücken unpraktikabel, und folgten dann der Armee gegen Ferrara.

Die Fusstruppen wurden sämmtlich mit der Eisenbahn nach Ferrara befördert; die Cavallerie und der Train passirten den Po bei Casalmaggiore und marschirten über Guastalla, Mirandola und Bondeno.

Schon den 12. Juli überschritt das I. Armee-Corps den Po bei Pontelagoscuro; den 15. war das III. Corps bei Ferrara vereinigt. Die ganze Bewegung war in acht Tagen durchgeführt.

Das Hauptquartier des Königs war am 12. von Torre Malamberti nach Ferrara gekommen.

Der neue Operationsplan, der diesen Bewegungen zu Grunde lag, war der folgende: Das um einige Divisionen verstärkte Corps Cialdini sollte so schnell als thunlich den Isonzo zu erreichen suchen, um von dort nach Umständen über die Alpen vorzudringen, während das II. (Cucchiari) und III. Corps (Della Rocca) die Festungen zu belagern, und die Operationslinie Cialdini's zu sichern hatten. Die Flotte sollte in jeder Weise eine Begegnung mit der österreichischen suchen, diese schlagen, und sich dann der Stadt Triest bemächtigen, um das Corps Cialdini zu unterstützen und dessen Verproviantirung zu vermitteln.

Am 14. Juli fand in Ferrara unter dem Vorsitze des Königs ein grosser Kriegsrath statt, an welchem ausser den Generalen La Marmora und Cialdini auch der Minister-Präsident, die Minister des Krieges, der Marine und des Äusseren Theil nahmen.

Fortsetzung des Krieges zu Wasser und zu Land bis auf's Äusserste ward beschlossen; die Flotte sollte Lissa angreifen, um sich dieses wichtigen Punktes zu bemächtigen und wenn möglich die österreichische Flotte zum Kampfe auf offener See heranzulocken [1]).

Die Land-Armee ward in 7 Armee-Corps neu eingetheilt, von welchen 5 das Expeditions-Corps unter G. d. A. Cialdini formirten.

Im Kriegsrathe ward ferner die unverzügliche Aufstellung eines VIII. (Reserve-) Armee-Corps beschlossen, welches aus fünften Infanterie-, neuerrichteten Bersaglieri-Bataillons und aus den letztformirten Batterien zusammengestellt, und zwischen Parma und Bologna concentrirt werden sollte.

Die am 16. Juli angeordnete neue Eintheilung des Heeres war die folgende:

---

[1]) Corvetto in „La Campagna del 1866 in Italia" bemerkt dazu: „Ungeachtet all dieser energischen Entschlüsse, sah die Regierung wohl ein, dass der Tag nicht mehr ferne sei, an welchem der Friede unterschrieben werden würde.

Preussen drängte zu dreisten und beschleunigten Operationen, und beinahe machte uns Bismarck Vorwürfe, dass unsere Colonnen noch nicht die Grenzen des Kaiserthums Österreichs überschritten hatten. Aber man begriff wohl, dass dieses Drängen jetzt nur noch dahin zielte, die Unterwerfung Österreichs unter die harten Bedingungen des Siegers zu beschleunigen. Der Friede von Nikolsburg war damals schon so zu sagen, vereinbart. Mit einem Worte Alles, was geschah, war nur noch Rüstzeug für die Diplomatie."

III. Ereignisse nach der Schlacht von Custoza, und Abmarsch etc.

Unter directem Befehle des Königs (84.000 Mann).

II. Armee-Corps (Cucchiari).
6. Division (Cosenz); 9. Division (Govone); 19. Division (Longoni).

III. Armee-Corps (Della Rocca).
4. Division (Ferrero); 10. Division (Angioletti); 16. Division (Prinz Humbert).

Reserve-Corps (Di Mignano).
21. Division (Balegno); 22. Division (Cusani). Cavallerie-Brigade (Revel) [1]).

Linien-Cavallerie-Division.
1. Brigade (Strada), 2. Brigade (Prinz Amadeo).

Leichte Cavallerie-Brigade.
Novara-Lancieri, Caserta-Cavalleggieri, Guiden.

Armee-Reserve.
Artillerie: 6 Batterien, Génie: 11 Compagnien.

Expeditions-Armee, unter Befehl des G. d. A. Cialdini (180.400 Mann).

I. Armee-Corps (Pianell).
1. Division (Revel); 2. Division (Bossolo); 5. Division (Campana).

Cavallerie-Brigade (Aribaldi-Ghilini).
Aosta-Lancieri, Lucca-Cavalleggieri.

IV. Armee-Corps (Petitti).
7. Division (Bixio); 8. Division (Cugia); 18. Division (Della Chiesa).

Cavallerie-Brigade (Pralormo).
Foggia-Lancieri, Alessandria-Cavalleggieri.

V. Armee-Corps (Cadorna).
11. Division (Casanova); 12. Division (Ricotti); 13. Division (Mezzacapo).

Cavallerie-Brigade (La Forest.)
Vittorio-Emmanuele-Lancieri, Monferrato-Cavalleggieri.

VI. Armee-Corps (Brignone).
14. Division (Chiabrera); 15. Division (Medici), 20. Division (Franzini.)

---

[1]) Das Reserve-Corps war erst Anfangs August organisirt und ist daher in obigen 84,000 Mann nicht mitbegriffen; es bestand aus 41 fünften Infanterie- und 9 neu errichteten Bersaglieri-Bataillons, welche in fünf Brigaden formirt waren; einem aus sechsten Escadrons combinirten Lancieri- und einem eben solchen Cavalleggieri-Regiment, beide in eine Brigade zusammengestellt; aus 9 Batterien, 1 Artillerie-Park-, 1 Pontonnier-Compagnie, 3 Génie-Compagnien mit einem Génie-Park und 3 Train-Compagnien.

Cavallerie-Brigade (De Barral).
Milano-Lancieri, Piacenza-Huszaren.
VII. Armee-Corps (De Sonnaz).
3. Division (Sacchi); 17. Division (Gozzani).
Cavallerie-Brigade (Poniński).
Montebello-Lancieri, Lodi-Cavalleggieri.
Cavallerie-Brigade (Piola).
Firenze-Lancieri, Saluzzo-Cavalleggieri.
Artillerie-Reserve.
12 Feldbatterien, 13 Artillerie- und Pontonnier-Compagnien.
Génie-Reserve.
4 Compagnien Génie-Truppen.

Von gutem Einflusse auf die Kräftigung des durch die Schlacht von Custoza sehr erschütterten Selbstvertrauens der Armee ward die zwei Tage später erfolgte Zerstörung des Brückenkopfes von Borgoforte[1]).

Dieser bestand aus 4 selbständigen halbpermanenten Werken, von welchen Rocchetta, Bocca di Ganda und Centralwerk den Ort Borgoforte am linken Po-Ufer auf 3 Seiten umgaben, während das 4. Werk, Noyau genannt, am rechten Ufer des Po, gegenüber dem Orte erbaut war.

Letzteres Werk hatte früher die Bestimmung gehabt, die Stütze der Vertheidigung an dem vorgelegenen Zara-Graben zu bilden und trug hievon seinen Namen.

Doch war der Zara-Graben nicht befestigt; die passageren Werke, mittelst welcher man denselben im Jahre 1859 gedeckt hatte, waren im darauffolgenden Jahre eingeebnet worden.

Das dem feindlichen Angriffe zunächst ausgesetzte Werk Noyau bestand aus einer stark profilirten Erd-Enveloppe mit einer crennelirten, freistehenden Escarpemauer, hatte Grabenkoffer, eine gemauerte Kehle mit Kehlkoffern und im Innern ein stockhohes, gemauertes und gewölbtes Reduit.

Es war armirt mit 32 Geschützen verschiedenen Kalibers [2]).

Rocchetta und Bocca di Ganda waren geschlossene Erdwerke mit crennelirten Grabenmauern und ebenerdigen Kreuzblockhäusern im Innern.

---

[1]) Siehe den Plan.

[2]) 12 6-, 7- und 24pfd. glatte Kanonen,
  6 12pfd.
  2 24 „ } gezogene Hinterlader,
  8 7 „ Haubitzen,
  2 30 „
  2 60 „ } Bomben-Mörser.

III. Ereignisse nach der Schlacht von Custoza, und Abmarsch etc.

Rocchetta hatte 13, Bocca di Ganda 11 Geschütze [1]).

Das Centralwerk war ein Achteck, hatte gleichfalls eine crennelirte freistehende Escarpemauer, 5 Grabenkoffer und ein stockhohes Reduit.

Dessen Armirung bestand aus 19 Geschützen, worunter 8 gezogene 12 pfder.

Alle 4 Werke hatten Wassergräben.

Die Besatzung bestand aus dem 4. Bataillon Eh. Leopold unter Major Drasenović, und der nöthigen Artillerie- und Génie-Mannschaft, und war wie folgt, vertheilt:

Im Noyau: Major Drasenović mit 3 Compagnien Infanterie, 120 Mann Artillerie (Oberlieutenant Layée, Unterlieutenant Lengauer), 12 Mann Génie (Unterlieutenant Tomanoczy).

In Rocchetta: ½ Compagnie Infanterie, 52 Mann Artillerie (Oberlieutenant Nowak), 8 Mann Génie.

In Bocca di Ganda: wie in Rocchetta (Artillerie-Officier Unterlieutenant Reinisch).

Im Centralwerk: 2 Compagnien Infanterie, 110 Mann Artillerie mit dem Commandanten des Brückenkopfes, Artillerie-Major Purgay, dann Artillerie-Hauptmann Stephany, Oberlieutenant Spitzer, Unterlieutenant Heinzl, 12 Mann Génie (Hauptmann Gierster).

Die Bekämpfung der Befestigungen von Borgoforte war schon bei Ausbruch des Krieges im italienischen Hauptquartier beschlossen worden; man war der Meinung, sich der Werke durch eine blosse Beschiessung ohne Belagerungs-Arbeiten bemächtigen zu können. Anfänglich bestand die Absicht, den Angriff am linken Ufer gegen das Centralwerk und Bocca di Ganda zu führen; mit Rücksicht auf die Beschaffenheit des Terrains entschied man sich später für den Angriff vom rechten Po-Ufer.

GL. Mignano, welcher damit am 22. Juni beauftragt worden war, überschritt mit der Brigade Regina den Fluss bei Viadana und rückte vor Borgoforte. Eine beträchtliche Menge schwerer aus Piacenza, Pavia und Cremona herbeigeschaffter Geschütze ward ihm zur Verfügung gestellt.

Der Angriff war für den 25. Juni festgesetzt, unterblieb jedoch, da der Ausgang der Schlacht von Custoza und der Rückzug der italienischen Armee auch den Rückzug Mignano's nach Guastalla zur Folge hatte.

---

[1]) 2 24pfd. glatte Batterie-Kanonen,
    2 7 „   Granat-Kanonen,
    2 12 „ gezogene Lahitte- ⎫
    4 12 „   „   Hinterladungs- ⎬ Kanonen,
    1 (bei Rocchetta 3) 10pfd. glatte Haubitzen.

Am 5. Juli versuchte General C i a l d i n i durch eine heftige Beschiessung den Brückenkopf zum Falle zu bringen.

Gedeckt durch die Division M i g n a n o und einen Theil der Division M e d i c i, fuhren am rechten Po - Ufer bei 100 Geschütze 12, 16 und 24pfd. Kalibers in 11 Batterien gegen die Werke Noyau, Rocchetta und Bocca di Ganda auf, begannen mit Tages - Anbruch das Feuer, gaben diesem bald eine ausserordentliche Heftigkeit und setzten es in dieser Weise bis 10 Uhr Vormittags fort.

Fort Rocchetta, Noyau und auch Bocca di Ganda beantworteten mit Umsicht und ausserordentlichem Erfolge das feindliche Feuer.

Bis 10 Uhr gewann der feindliche Commandant die Überzeugung, dass die Werke sichtlich nicht besonders gelitten hatten und von einer derartigen Beschiessung, in welcher die Batterien, grösstentheils ungedeckt, dem sicheren Feuer der Fortsgeschütze ausgesetzt waren, keine Erfolge zu erzielen seien [1]).

Die Beschiessung ward eingestellt und General C i a l d i n i befahl nun die Durchführung eines regelmässigen Angriffes gegen den Brückenkopf.

Am 6. Juli gingen auf Befehl dieses Generals 54 16pfd. Geschütze sammt ihrer Munition gegen Felonica ab, und es blieben vor dem Brückenkopfe 50 gezogene 16pfder und 24 gezogene 40pfder disponibel.

Die 4. Division stellte sich bei Suzzara auf, besetzte die ganze Zara-Linie mit einzelnen Abtheilungen, ebenso Scorzarolo und S. Benedetto, und begann, nachdem sie aus Piacenza das nöthige Schanz-Materiale, darunter über 40.000 Sandsäcke und die Munition auf 300 Schuss per Geschütz an sich gezogen hatte, mit 4 Artillerie- und 3 Génie-Compagnien den Batterie-Bau am Zara-Bache.

Ein diesen Bach auf der dem Po zugekehrten Seite begleitender Damm erleichterte bedeutend die Arbeiten.

Dieselben bestanden in 8 Batterien, von denen die meisten im Damme eingeschnitten wurden.

Batterie Nr. 1. und 2 am linken Flügel der Angriffsfront gegen Fort Rocchetta wurden am 7. Abends begonnen und am 14. Juli beendet Nr. 1 mit 6 gezogenen 40Pfündern, Nr. 2 mit 12 16Pfündern armirt.

Batterie Nr. 3, 4, 5, 6 in der Mitte der Angriffsfront bei Sailetto gegen das Noyau; begonnen am 11., beendet am 16. Juli; armirt im Ganzen mit 32 16Pfündern, und 12 40Pfündern.

Batterie Nr. 7 und 8 am rechten Flügel bei Villa Saviola gegen Fort

---

[1]) Fort Rocchetta hatte keinen besonderen Schaden erlitten, jedoch 6 Geschütze demontirt, 2 Mann todt und 1 Officier und 2 Mann verwundet.

Im Fort Noyau waren 2 Geschütze und 1 Laffete beschädigt, jedoch nicht unbrauchbar gemacht; 2 Mann todt, 1 Mann verwundet.

Bocca di Ganda; begonnen am 11. und 13., beendet in der Nacht zum 17.; armirt mit 6 16Pfündern und 6 40Pfündern.

Der Bau der feindlichen Angriffs-Batterien war, theils um die Munition zu schonen, theils weil die Arbeiten des Gegners durch die Cultur gedeckt an mehreren Stellen beinahe unbemerkt vor sich gingen, nicht wesentlich gestört worden.

Bis zum 17. Morgens waren alle acht Batterien schussfertig. Dieselben hatten mit Tagesanbruch das Feuer zu eröffnen, und zwar sollten bei Tage die 40pfündigen Geschütze 6, die 16pfündigen 8 Schüsse, in der Nacht aber jede Batterie acht Schüsse in der Stunde durchschnittlich abgeben.

Auf österreichischer Seite waren inzwischen alle Schäden an den Werken ausgebessert, die Munition aus Mantua ergänzt und überhaupt alle Vorbereitungen zur Abwehr des zu gewärtigenden neuen Angriffes getroffen worden.

Auf eine vom Festungs-Commandanten von Mantua am 14. Juli gestellte Anfrage, ob der auf die Dauer nicht haltbare Brückenkopf noch weiters zu vertheidigen sei, war vom FM. Erzherzog Albrecht der telegraphische Befehl erfolgt: Borgoforte hat noch auszuharren."

Am 17. Juli 1½ Uhr Früh machte Hauptmann Staudacher aus Fort Noyau mit einer halben Compagnie Infanterie und einer Arbeiter-Abtheilung einen Ausfall, um eine der Batterien im Centrum der feindlichen Aufstellung zu zerstören. Doch die Batterie war stark besetzt; die Ausfalls-Abtheilung musste sich unverrichteter Sache wieder zurückziehen.

Dieselbe war kaum im Noyau zurück, als, nach 4½ Uhr Morgens, das Fort Rocchetta zu feuern begann und gleich darauf fast sämmtliche feindliche Batterien in eine heftige und andauernde Beschiessung der Brückenkopf-Werke übergingen.

Nur die Batterie Nr. 3 konnte erst um 7½ Uhr Morgens das Feuer beginnen, da vorerst noch die vorliegende Friedhofsmauer niedergerissen werden musste.

Die Werke antworteten mit einem gutgezielten und wohlgenährten Feuer.

Von 10 Uhr an ward jedoch jenes des Noyau langsamer; denn das Werk hatte bereits bedeutend gelitten.

Die Bonnetirungen waren abgekämmt, der rechte Flügel des Reduits war so zusammengeschossen, dass mehrere Mannschaftszimmer beinahe blossgelegt waren und der Einsturz dieses Theiles des Gebäudes zu befürchten stand.

Drei Geschütze waren demontirt.

Das Fort Rocchetta setzte, unterstützt vom Centralwerk, bis gegen 4$^1/_2$ Uhr Nachmittags das Feuer ziemlich gleichmässig fort, glich aber auch zu dieser Zeit nur mehr einem Trümmerhaufen. Die crennelirte Mauer im Graben war mehrfach in Bresche gelegt, die Brustwehr an vielen Stellen bis auf die Höhe des Wallganges abgekämmt, das Reduit sehr beschädigt und an einer Stelle in Bresche geschossen; vier Geschütze waren demontirt.

Ähnlich waren die Verhältnisse in Bocca di Ganda zu dieser Zeit; beinahe die ganze Brustwehre und das Reduit bildete nur mehr einen Schutthaufen.

Im Centralwerk hatten wohl auch zahlreiche feindliche Geschosse eingeschlagen, doch war dasselbe nur wenig beschädigt.

Die feindlichen Batterien setzten das Feuer noch bis 8 Uhr Abends fort und zerstörten namentlich die Bauten an der Kehlseite des Noyau. Dann folgte eine Pause bis 10 Uhr, worauf das Feuer die ganze Nacht wieder fortgesetzt wurde.

Der Feind hatte keine Ahnung von der Grösse der Zerstörung, die sein Feuer angerichtet. Dieselbe war indessen eine derartige, dass eine weitere Vertheidigung kaum mehr möglich war.

Nachdem der Festungs-Commandant von Mantua FML. Baron Sztanković, im Laufe des Tages mehrere Rapporte über den Stand der Dinge erhalten hatte, stellte dieser endlich um 8 Uhr Abends an den Brückenkopf-Commandanten telegraphisch die Frage, ob der Brückenkopf noch weiter haltbar sei?

Die Antwort von 9 Uhr Abends lautete: „Die Werke in dem jetzigen „Zustande, bei dem Mangel an Munition, nicht weiter haltbar."

Ein in der Festung versammelter Kriegsrath beschloss hierauf die Einstellung der Vertheidigung und es erging sonach um 10$^3/_4$ Uhr der telegraphische Befehl an den Commandanten des Brückenkopfes, alle vier Werke zu sprengen und den Rückzug längstens um 2 Uhr Nachts anzutreten. Hierauf wurden die Geschütze vernagelt, die letzten Vorbereitungen zur Sprengung getroffen und um Mitternacht die Werke verlassen.

Aus dem Noyau schiffte die Besatzung über den Po, ohne einen Verlust dabei zu erleiden.

Die Sprengung gelang nur bei den Flügelwerken; im Noyau wirkte die Zündung theilweise, im Centralwerke gar nicht, da ein Mann vom Civile die Zündung unterbrochen hatte.

Die zurückgehenden Abtheilungen wurden bei Cappeletta durch zwei Bataillons der Mantuaner Besatzung aufgenommen.

III. Ereignisse nach der Schlacht von Custoza, und Abmarsch etc.

Der Verlust an Mannschaft während der Beschiessung betrug:
Im Noyau 2 Mann todt, 8 Mann verwundet (hievon 7 der Artillerie);
Rocchetta 4 Mann verwundet;
Bocca di Ganda 5 Mann verwundet;
im Centralwerke 1 Officier und 1 Mann verwundet.
Der Feind hatte 29 Mann todt und verwundet.

Seine Batterien, welche im Ganzen 6533 Schüsse abgegeben hatten, waren vielfach beschädigt, zwei Geschütze demontirt worden.

Bald nach erfolgter Räumung der Werke besetzten italienische Truppen dieselben. Es fiel ihnen dabei das ganze Geschütz-Materiale der Forts in die Hände.

Der Kampf um Borgoforte, war der erste, in dem sich halbpermanente Werke einem mit durchaus gezogenen Geschützen unternommenen Angriffe entgegensetzten.

Die Werke, obgleich gut vertheidigt, litten doch in kurzer Zeit sehr.

Dem überlegenen Geschützangriffe widerstanden noch am besten die Erdwälle; alles Mauerwerk, selbst in den Gräben ward von den feindlichen explodirenden Geschossen durchschlagen und in kurzer Zeit unhaltbar gemacht.

Die Armee Cialdini's organisirte sich im Vormarsche auf Udine; den 26. war die Neuorganisirung vollzogen.

Die Cavallerie-Brigade La Forest, welcher damals auch das Regiment Firenze-Lancieri angehörte, bildete die Vorhut der Armee und erreichte am 17. Mirano, am 18. Treviso, am 20. die Piave bei Ponte di Piave.

Hinter dieser Brigade formirten sich die Corps, welche den 21. Juli wie folgt standen: das V. Corps bei Treviso; das VI. (mit Ausnahme der 15. Division) bei Assegiano zwischen Mestre und Mirano; das I. zwischen Mirano und Salzano, das VII. mit der Armee-Reserve bei S. Maria di Sala, das IV. bei Camposampiero.

Die 15. Division (Medici), welche den 20. bei Limena (nördlich von Padua) stand, setzte sich den 21. in Doppelmärschen gegen die Val Sugana in Bewegung.

Das Hauptquartier Cialdini's kam den 22. von Padua nach Treviso.

Den 23. standen: Die Cavallerie-Brigade La Forest, nachdem sie gegen Mittag den Tagliamento bei Latisana [übersetzt hatte, bei Muzzano; das V. Corps bei S. Michele di Latisana am Tagliamento; das VI. bei Ponte di Piave, das I. mit der 2. und 5. Division (die 1. war noch zurück) bei S. Biagio di Callalta; das VII. bei Treviso und das IV. bei Noale.

Am 24. Juli kam die Avantgarde-Brigade La Forest nach Castions di

Strada, das V. Corps nach S. Giorgio di Nogaro, das VI. nach Pramaggiore, das I. nach Motta, das VII. nach Roncadelle, das IV. nach S. Giuseppe und S. Lazzaro bei Treviso. Vom Letzteren ward die 8. Division (Cugia) bei Carpenedo zur Beobachtung Venedig's gelassen.

Bei der Annäherung an die österreichischen Streitkräfte zog General Cialdini die Corps näher zusammen und es kamen in Folge dessen am 26. das V. Corps nach Biccinicco und Lavariano, das VI. nach Udine, das I. nach Talmassons zur Unterstützung der Vorigen, das IV. nach Pramaggiore, das VII. nach S. Vito.

Die Cavallerie-Brigaden der Armee-Corps waren, da sie auf der Hauptstrasse folgten, noch weit zurück, und zwar jene des I Corps bei Paderno, des VI. bei Orsago, des IV. bei Pordenone, Brigade Poniński bei Pozzo und Goricizza (nördlich von Codroipo).

Das Hauptquartier Cialdini's kam an diesem Tage nach Pradamano, südöstlich von Udine.

FML. Baron Maroičić hatte daran denken müssen, seine nicht mehr als 12—13.000 Mann Infanterie, 300 Pferde und 40 Geschütze zählenden Streitkräfte zu verstärken und daher möglichst viele Truppen aus Istrien und Dalmatien an sich zu ziehen, was glücklicherweise nach dem Siege der kaiserlichen Flotte bei Lissa (20. Juli), welcher die Gefahr einer Landung feindlicher Streitkräfte in den Küstenländern und die Bedrohung der Flanke und des Rückens der Aufstellung am Isonzo, beseitigte, möglich geworden war [1]).

Die Brigade Hayduk concentrirte sich den 25. bei Sagrado; an demselben Tage traf die Brigade Wagner aus Triest bei Monfalcone, die Brigade Pesić aus Fiume, wo nur 2 Compagnien zurückblieben, in Triest ein.

Von den am 24. Juli aus Dalmatien eingetroffenen 4 Bataillons wurde: das 3. Bataillon Hohenlohe und das 3. Bataillon Hartung zur Brigade Hayduk, das 4. Bataillon Erzherzog Carl und das 4. Bataillon Jellačić zur Brigade Dahlen eingetheilt.

Das 4. Bataillon Thun der Brigade Hayduk, welches nicht ganz feldmässig ausgerüstet war, und das 4. Bataillon Erzherzog Ludwig Victor der Festungs-Besatzung von Palmanuova wurden in ihrer Eintheilung gegenseitig verwechselt [2]).

Durch die herangezogenen Verstärkungen erreichte das Corps am Isonzo den Stand von circa 25.000 Mann, von denen 20.000 Mann Infanterie, 350 Mann Cavallerie mit 48 Geschützen streitbar waren.

---

[1]) Die Schilderung der erwähnten Seeschlacht folgt in einem späteren Bande.

[2]) Jede Brigade ward in mehrere Halb-Brigaden zu 2—3 Bataillons unter eigenen Commandanten getheilt.

III. Ereignisse nach der Schlacht von Custoza, und Abmarsch etc.

Die Brücken über den Isonzo bei Görz und Sagrado, dann jene über den Torre und Judrio bei Versa, wurden zum Verbrennen und Sprengen hergerichtet.

In der Nacht zum 25. Juli überfielen Lanciers von der Avantgarde der italienischen Brigade La Forest, welch' letztere am 26. nach Trivignano rücken, sich daselbst mit 6 Bersaglieri-Bataillons und 3 Batterien vereinigen und dann der Brücke bei Versa bemächtigen sollten, — den nach Visco vorgeschobenen Huszaren-Posten [1]).

Da mit der Meldung hierüber zugleich die Nachricht eintraf, dass der Feind mit 5000 Mann S. Giorgio di Nogaro besetzt habe, eine grössere Macht mit einem Belagerungsparke gegen Palma im Anmarsche sei und Alles auf die Vorrückung der feindlichen Armee gegen den unteren Theil des Isonzo deutete, so liess FML. Baron Maroičić die Vorposten bei Romans auf 2 Bataillons Infanterie (4. Bataillons Erzherzog Ludwig Victor und Nagy), 2½ Escadrons Württemberg-Huszaren und 2 Cavallerie-Geschütze der Batterie Nr. 7/VII verstärken und übertrug das Commando dieser Truppen dem Obersten Török ab Erdöd von Württemberg-Huszaren mit dem Auftrage, Versa angemessen zu besetzen, an den wichtigsten Übergangsstellen (Furten), des Torre und Natisone Posten auszustellen und mit Palmanuova durch Streifcommanden thunlichst die Verbindung aufrecht zu erhalten. Romans und Versa waren in Vertheidigungsstand zu setzen.

Im Falle eines überlegenen feindlichen Angriffes sollte sich Oberst Török nach Sagrado zurückziehen und dort durch die Brigade Hayduk aufgenommen werden. Das in Cormons stehende Bataillon sollte im Falle eines weitern Vordringens des Feindes in dessen linke Flanke vorgehen, nöthigenfalls auf der Chaussée zur Eisenbahnbrücke bei Görz zurückweichen und diese vertheidigen.

Bei einem ernsthaften feindlichen Angriffe hatten sich die Brigaden vorerst in Görz, Sagrado und Monfalcone zu concentriren.

FML. Baron Maroičić hatte schon am 24. Kenntniss erhalten, dass Waffenstillstands-Verhandlungen im Zuge seien und ward am 25. spät Abends telegraphisch von dem Abschlusse dieser Verhandlungen benachrichtigt.

Es war nicht möglich, zeitlich genug die am weitesten vorgeschobenen Abtheilungen hievon zu verständigen und auch dem italienischen Armee-Commando gelang es nicht, seine am linken Tagliamento Ufer stehenden Truppen rasch genug von der eingetretenen Waffenruhe in Kenntniss zu setzen. Es kam sonach am 26. noch zu einem letzten hartnäckigen Zusammenstosse.

---

[1]) Der Posten-Commandant ward verwundet und nebst zwei Huszaren gefangen.

Gefecht bei Versa am 26. Juli [1]). Oberst Török, von dessen Truppen drei Compagnien Erzherzog Ludwig Victor und ein Zug Huszaren in Versa waren, der Rest bei Romans stand, erhielt am Abende des 25. durch Kundschafter die Nachricht, dass am 26. feindliche Truppen in Topogliano, Ajello, Crauglio und den umliegenden Ortschaften eintreffen sollten und die quartiermachenden Officiere schon in der Nacht in Crauglio erwartet würden, — bedeutende feindliche Abtheilungen sollten in Strassoldo und Cervignano stehen.

Oberst Török beschloss hierauf, eine grössere Streifung auszuführen, dabei mit der Festung Palmanuova in Verbindung zu treten und einen eben angelangten, für die Besatzung der Festung bestimmten Ergänzungstransport in dieselbe zu werfen. Dabei sollte Crauglio überfallen werden.

Sämmtliche Truppen setzten sich um 2 Uhr Morgens des 26. theils gegen Visco, theils gegen Crauglio in Marsch. Letzterer Ort ward jedoch unbesetzt gefunden, ebenso die Gegend nördlich der Chaussée. Südlich derselben zeigten sich nur bei Strassoldo feindliche Lanciers, welche sich bei Annäherung der kaiserlichen Huszaren-Patrullen zurückzogen.

Oberst Török setzte den Marsch nach Palmanuova fort, vor welchem Platze sein Gros gegen $7\frac{1}{2}$, die äussersten Seitenpatrullen aber erst gegen $8\frac{1}{4}$ — $8\frac{1}{2}$ Uhr eintrafen. Nachdem das verrammelte Festungsthor geöffnet worden war, rückte das Streif-Commando gegen 9 Uhr in den Platz, wo ihm eine kurze Rast gegönnt ward, nach welcher es wieder hinter den Torre zurückmarschiren sollte.

Allen in der Festung erhaltenen Nachrichten zufolge, sollten vom Feinde 30 — 40.000 Mann von San Giorgio di Nogaro und Castello di Porpetto über Cervignano in Bewegung gegen den Isonzo sein; es ward ferner erzählt, dass 5000 Mann auf dem Marsche von S. Maria la longa nach Porpetto seien, wo der gegen Palmanuova bestimmte Belagerungspark von 30 schweren Cavalli-Kanonen eingetroffen gewesen sein soll.

Der Rückmarsch des Streif-Commando's erschien sonach sehr gefährdet und Oberst Török wählte daher für denselben die Strasse über Jalmicco und Nogaredo, von welcher man im Nothfalle noch weiter nördlich ausweichen und einen Übergang über den Torre und Judrio gewinnen konnte.

Der Rückmarsch wurde um $9\frac{3}{4}$ Uhr angetreten, und die Colonne erreichte in gefechtsbereiter Ordnung Jalmicco.

Von hier aus detachirte Oberst Török eine Compagnie Erzherzog Ludwig Victor und die 4. Escadron Württemberg-Huszaren unter Führung des Generalstab Hauptmanns Thyr auf dem Wege gegen Viscone, während das Gros direct auf Nogaredo rückte.

---

[1]) Hiezu ein Gefechtsplan.

Doch schon in der Nähe dieses Ortes gewahrte die Vorhut um 11¼ Uhr einige feindliche Bersaglieri, welche sich in denselben zurückzogen. Das 4. Bataillon **Erzherzog Ludwig Victor** und 1 Division **Nagy** gingen sofort nach dem Orte vor, in welchem ein schwacher feindlicher Posten grösstentheils niedergemacht und ein Bersagliere gefangen ward.

Indessen war die Colonne des Hauptmanns **Thyr** vor Viscone am Torre angekommen, und deren Huszaren-Patrullen fanden 7 — 800 Schritte nördlich des Weges, an der Chaussée nach Udine gleichfalls den Feind.

Auch brach sofort eine Abtheilung Lancieri vor; die hinter Gräben und Hecken an der Chaussée eine Feuerlinie bildende Compagnie **Erzherzog Ludwig Victor** empfing jedoch dieselben mit zwei Salven, die Huszaren attakirten und warfen sie bis an die weiter rückwärts befindliche Infanterie, welche, wie es scheint, eines Angriffes nicht gewärtig, von den Huszaren ebenfalls zum Theile durchbrochen wurde.

Der Feind stand hier mit beiläufig zwei Bersaglieri-Bataillons, einem Lancieri-Regiment und mehreren Geschützen. Oberst **Török** hievon in Kenntniss gesetzt, hielt Angesichts einer solchen Macht das Übersetzen des Torre für zu gewagt und entschloss sich, gegen die Chaussée-Brücke von Versa zu rücken, welche zur Zeit noch offen schien. Die Colonne des Hauptmanns **Thyr** hatte über Nogaredo dahin zu folgen und ward am Marsche nach diesem Orte neuerdings von der feindlichen Cavallerie angegriffen; doch wiesen die Huszaren mit ungemeiner Bravour und wiederholten Attaken die sehr überlegene feindliche Reiterei zurück.

Indessen war die Spitze des Gros in die Nähe der Torre-Brücke gelangt und hatte auch hier den Feind gefunden. Eine da zurückgelassene Compagnie **Nagy** war nach 10 Uhr V. M. angegriffen und verdrängt worden. Nun meldete noch eine Huszaren-Patrulle, dass auch auf der Chaussée von Vicso her, eine starke feindliche Colonne im Anmarsche sei.

Das Streif-Commando war somit von 3 Seiten her durch überlegene feindliche Abtheilungen eingeschlossen, und befand sich in einer sehr kritischen Lage, aus welcher nur Umsicht und Kühnheit führen konnten [1]).

Oberst **Török** beschloss, durch einen Sturm die Brücke zu öffnen und dem von Norden und Westen drohenden Angriffe inzwischen mit seinen Huszaren-Escadrons, welche an der Chaussée-Abzweigung östlich S. Vito aufgestellt wurden, zu begegnen.

Diese letzteren wurden bald angegriffen, und zwar von Nogaredo und Visco her, durch nicht weniger als 2 Lancieri-Regimenter, deren vorgescho-

---

[1]) Nach Corvetto's Angaben war La Forest in drei Colonnen, jede aus 1 Lancieri-Regiment, 2 Bersaglieri-Bataillons und 1 Batterie bestehend, vorgerückt.

bene Escadrons viele Male auf der Chaussée vorrückten, aber immer wieder durch die Huszaren zurückgeworfen wurden.

Indessen ging das 4. Bataillon Erzherzog Ludwig Victor in Divisions-Colonnen auf und zu beiden Seiten der Chaussée gegen die Brücke vor. Der Damm am rechten Torre-Ufer war mit einer dichten Kette Bersaglieri in der Ausdehnung von 2 — 300 Schritten besetzt; südlich davon stand eine Cavallerie-Abtheilung. Die Stärke des Gegners auf diesem Punkte schien etwa $\frac{1}{2}$ Bataillon Infanterie und 2—3 Lancieri-Escadrons.

Ungefähr 200 Schritte vor der feindlichen Aufstellung angelangt, ward die auf der Chaussée vorgehende Division von einer schwächeren Abtheilung dieser feindlichen Cavallerie attakirt. Dieselbe empfing jedoch den Gegner in fester Haltung, gab auf 30—40 Schritte die Dechargen und schlug den Angriff ab.

Kurz darauf ging aber die ganze Reiterei von der Brücke vor und es gelangten die mittlerweile vorgenommenen und etwa 700 Schritte vor der feindlichen Aufstellung placirten Geschütze in grosse Gefahr; dieselben waren noch nicht schussbereit, als die feindliche Cavallerie auf der Chaussée vorprellte und die Geschütze erreichte.

Doch auch dieser gefährliche Angriff ward zurückgeschlagen.

Zunächst warf sich die Geschütz-Bedeckung (30 Huszaren) mit Aufopferung dem Feinde entgegen und brachte ihn — vereint mit dem verzweifelten Widerstande der Artillerie-Mannschaft, welche mit dem Ladezeug ihre Geschütze vertheidigte — zum Stehen. Das Bataillon Erzherzog Ludwig Victor, dann eine Division Nagy hatten unterdessen in den Chausséegräben dichte Schützenlinien beiderseits der Strasse gebildet, und beschossen mit einem mörderischen Feuer die feindliche Reiterei, welche in dem Defilé zusammengepresst und unfähig sich zu bewegen oder zu wenden, ausserordentliche Verluste erlitt; endlich liess auch noch Oberst Török durch eine rasch herangezogene Huszaren-Abtheilung angreifen. Die Todten und Verwundeten der feindlichen Cavallerie bedeckten im vollsten Sinne des Wortes die Strasse.

Nun rückten die Bataillons Erzherzog Ludwig Victor und Nagy gegen die Brücke umfassend vor, worauf der Feind dieselbe räumte.

Die kaiserlichen Truppen, welche sich den Übergang so muthig erstritten, passirten die Brücke, rallirten sich und gingen dann, gedeckt durch eine Halb-Escadron, welche noch einige Zeit am rechten Ufer des Torre blieb, und durch eine Division Nagy, welche die Brücke hielt, auch über den Judrio zurück, an dessen Brücke bei Versa das 4. Bataillon Toscana Nr. 66 eingetroffen war.

Die erwähnte halbe Escadron, welche zuletzt den Rückmarsch antrat, ward, in der Nähe der Brücke angelangt, von Vicso her wieder attakirt; sie warf jedoch die feindliche Cavallerie zurück und verfolgte dieselbe einige hundert Schritte weit.

Noch jenseits des Judrio ward der Rückzug des Streif-Commandos durch eine starke feindliche Cavallerie-Masse (1 bis 2 Regimenter), welche bei Ruda den Torre passirt haben dürfte, über Villesse bedroht. Doch kam es hier zu keinem ernsteren Zusammenstosse mehr, da der Feind zurückging, sobald ihm von Romans her Oberst Török mit den Huszaren und Geschützen entgegen ging.

Die Vorgänge an der Brücke von Versa waren Ursache geworden, dass FML. Baron Maroičić Nachmittags die Brigaden Wagner und Hayduk in die Stellung von Sagrado, — die Brigade Dahlen von Görz gegen Romans und Fratta disponirte. Nach dem Gefechte und da mittlerweile kein Zweifel mehr über den Abschluss der Waffenruhe herrschen konnte, wurden alle Truppen wieder in ihre früheren Dislocationen zurück versetzt.

Der Verlust der kaiserlichen Truppen in dem Gefechte bestand in 30 Mann todt, 1 Officier und 50 Mann verwundet, 83 Mann vermisst [1]).

Der Verlust des Feindes ist nicht bekannt, muss jedoch sehr stark gewesen sein. 3 Officiere, 60 Mann und 40 Pferde wurden gefangen [2]).

Mit dem eben geschilderten Gefechte von Versa fanden die Feindseligkeiten zwischen den Truppen des FML. Baron Maroičić und jenen des italienischen Heeres am Isonzo ihren Abschluss.

Auf die Notification der Waffenruhe, welche am 26. durch Oberstlieutenant Kopfinger bei der italienischen Avantgarde abgegeben wurde, erfolgte italienischerseits erst am 29. Juli eine Antwort des Inhaltes, dass der Generalstabschef des gegen den Isonzo vorrückenden Heerestheiles sich zum Zwecke der Verhandlungen für die Feststellung der Demarcationslinie an der Judriobrücke bei Brazzano einfinden werde. FML. Baron Maroičić entsandte seinen Generalstabschef Oberst Baron Rueber dahin und es kam am 29. Juli eine Militär-Convention zu Stande, in welcher nachstehende Demarcationslinie festgesetzt wurde:

Der Torrente Judrio von seinem Ursprunge bis 1000 mètres abwärts der Brücke von Versa; von hier einerseits eine gerade Linie nach Topogliano,

---

[1]) Diese als Vermisst Angegebenen gelangten zum grössten Theile nach Palmanuova.

[2]) Die kaiserlichen Truppen, besonders die Huszaren hatten bereits 2 Stabs-Officiere und 3—400 Mann gefangen; selbe wurden jedoch noch während des Kampfes, als Niemand zu deren Bewachung entbehrlich war, frei gelassen. Ausser den oben angegebenen erbeuteten Pferden kamen noch etwa 20 feindliche, ledige Pferde bis nach Romans und wurden dort aufgefangen.

dann der über Perteole, Saciletto, Cervignano, Pradiziolo laufende Wassergraben bis zu seiner Mündung in die Ausa, endlich dieser Fluss bis zum Meere; — anderseits der Torre und weiter der Isonzo bis zu des letzteren Mündung. — Das zwischenliegende Terrain wurde neutral erklärt. Oberhalb der Judrio Quelle sollte die politische Grenze zwischen den Erbprovinzen und dem Venetianischen die Demarcationslinie bilden.

G. d. A. Cialdini weigerte sich, den Bestimmungen der Convention entgegen, in die am 24. Abends innegehabte Stellung zurück zu gehen und es kamen von der italienischen Armee

das V. Corps nach Trivignano und Manzano,
„ VI. „ „ Buttrio, Pavia und Cividale,
„ IV. „ „ Cussignacco,
„ I. „ „ Lavariano, Biccinicco, und S. Steffano.
„ VII. „ „ Pozzuolo, Mortegliano, Talmassons.

Die kaiserlichen Truppen blieben während der Waffenruhe im Allgemeinen in ihren Stellungen.

Während Cialdini gegen den Isonzo vordrang, war von der Armee des Königs das III. Armee-Corps nach Vicenza, das II. nach Badia marschirt. Das Hauptquartier des Königs kam den 17. Juli von Ferrara nach Rovigo, von wo es dann nach Padua verlegt ward.

Wir verlassen nun diesen Kriegsschauplatz, uns vorbehaltend, noch auf die übrigen Ereignisse im Süden seinerzeit zurückzukommen.

Wir werden dann Gelegenheit finden, die Thaten der heldenmüthigen österreichischen Marine und jener kleinen aber tapfern Schaar zu besprechen, welcher der Kaiser die Vertheidigung Tirols anvertraut hatte, und welche diesem Vertrauen in so aufopfernder und erfolgreicher Weise zu entsprechen gewusst hat.

Leider hat der glänzende Feldzug des FM. Erzherzog Albrecht im Süden, den noch der Heldenmuth der kaiserlichen Flotte so ausserordentlich verherrlichte, dem Staate die Provinz Venetien nicht erhalten können, denn bei der Nord-Armee, dort, wo Alles auf dem Spiele gestanden, war Alles verloren worden.

Doch so düster das Schicksal dieser Armee war, der Glanz des Feldzugs der kaiserlichen Armee im Süden dünkt uns gross genug, um noch einen Schimmer auf die Unglücksstätten Böhmens werfen zu können.

Das so ungleiche Kampfresultat der kaiserlichen Armeen auf den beiden Kriegsschauplätzen war nur die Folge ungleicher Führung. Die Armee selbst war im Glück und Unglück, im Süd und Nord wie immer tapfer, todesmuthig und brav.

Kühn und mit Selbstvertrauen geführt, besiegte sie im Süden einen dreimal stärkeren Feind; unsicher im Norden geführt, unterlag sie dort dem kaum stärkeren Gegner.

Möge sich die Armee, wenn sie an dem erlittenen Unglücke im Norden verzweifeln möchte, an der Erinnerung ihres glänzenden Erfolges im Süden aufrichten.

Beilagen

zu

„Österreichs Kämpfe"

1866.

II. Band.

Beilage 1 zu „Österreichs Kämpfe 1866." I. Abschnitt. (1.)

Ordre de Bataille der italienischen Armee
den 23. Juni 1866.

Ober-Commandant:	Se. Majestät der König.
General-Stabs-Chef:	General der Armee La Marmora.
General-Adjutant:	GL. Petitti.
Sous-Chef des Stabes:	Oberst Bariola.
Artillerie-Chef:	GL. Valfré.
Génie-Chef:	GL. Menabrea.

Intendant:	GM. Bertolé-Viale.
General-Gewaltiger:	GM. Serpi.
Train-Commandant:	Oberstlieutnant Raimondi.
Sanitäts-Director:	Inspector Cortese.
Justiz-Referent:	Substitut Cortellini.
Veterinär-Dienst:	Inspector Perosini.

I. Armee-Corps. General der Armee Durando.

							Formiren				Streitbare		
Division	Brigade	Regiment	Bersaglieri-Bat.	Batterie	Train-Comp.	Génie	Bass.	Comp.	Escdr.	Bait.	Mann Infl.	Reiter	Gesch.
I. Cerale	Pisa (Di Villarey)	29., 30.	2., 18.	10., 11., 12/VI	8/I	2/I	18	2	—	3	10.000	—	18
	Forlì (Dhó)	43., 44.											
II. Pianell	Aosta (Dall' Aglio)	5., 6.	8., 17.	13., 14., 15/VI	6/I	8/I	18	2	—	3	10.000	—	18
	Siena (Cadolino)	31., 32.											
III.	Granatieri di Sardegna (Gozzani di Treville)	1., 2.											
Brignone	Granatieri di Lombardia (Prinz Amadeo)	3., 4.	13., 37.	1., 2., 3/VI	5/I	9/I	18	2	—	3	10.000	—	18
V. Sirtori	Brescia (Villahermosa)	19., 20.	3., 5.	1., 2., 3/IX	6/III	13/I	18	2	—	3	10.000	—	18
	Valtellina (Lopez)	65., 66.											
	Corps-Cavallerie	Lancieri Aosta Cavall. Lucca Guiden	—	—	—	—	—	—	15	—	—	1800	—

Beilage 1 zu „Österreichs Kämpfe 1866." I. Abschnitt. (1.)

Division	Brigade	Regiment	Bersaglieri-Bat.	Batt.	Train-Comp.	Génie	Formiren Boss.	Comp.	Escdr.	Streitbare Batt.	Mann Inf.	Reiter	Gesch.
	Artillerie-Park: 10. u. 15. Comp. des 2. Rgts.		—	—	—	—	—	2	—	—	—	—	—
	Brücken-Equip.: 3. Comp. des 1. Art.-Rgts.		—	—	—	—	—	1	—	—	—	—	—
	Génie: Ein Armee-Corps-		—	—	—	15/I	—	1	—	—	—	—	—
	Génie-Park und Train des Hauptquartiers		—	—	2/I	—	—	1	—	—	—	—	—
	Summe des I. Corps		—	—	—	—	72	13	15	12	40.000	1800	72

II. Armee-Corps. GL. Cucchiari.

Division	Brigade	Regiment	Bersaglieri-Bat.	Batt.	Train-Comp.	Génie	Formiren Boss.	Comp.	Escdr.	Streitbare Batt.	Mann Inf.	Reiter	Gesch.
IV. Mignano	Regina (Carini) Ravenna (Fioruzzi)	9., 10. 37., 38.	1., 21.	4., 5., 6/VI	3/I	1/I	18	2	—	3	10.000	—	18
VI. Cosenz	Acqui (Schiaffino) Livorno (Radicati)	17., 18. 33., 34.	15., 20.	5., 6., 8/IX	4/I	14/I	18	2	—	3	10.000	—	1
X. Angioletti	Umbria (Masi) Abruzzi (Peyron)	53., 54. 57., 58.	24., 31.	4., 7., 12/IX	7/I	18/I	18	2	—	3	10.000	—	18
XIX. Longoni	Calabria (Adorni) Palermo (Caffarelli)	59., 60. 67., 68.	33., 40.	10., 11., 12/VII	9/I	1/II	18	2	—	3	10.000	—	18
	Corps-Cavallerie	Lancieri Novara Usseri di Piacenza	—	—	—	—	—	—	10	—	—	1200	—
	Artillerie-Park: 10. Comp. des 2. Rgts.		—	—	—	—	—	1	—	—	—	—	—
	Brücken-Equip.: 1. Comp. des 1. Art.-Rgts.		—	—	—	—	—	1	—	—	—	—	—
	Génie: Ein Armee-Corps-		—	—	—	17/I	—	1	—	—	—	—	—
	Génie-Park und Train des Hauptquartiers		—	—	1/I	—	—	1	—	—	—	—	—
	Summe des II. Corps		—	—	—	—	72	12	10	12	40.000	1200	72

Beilage 1 zu „Österreichs Kämpfe 1866." I. Abschnitt. (1.)

III. Armee-Corps. General der Armee Della Rocca.

VII. Birio	Del Rè (De Fornari) Ferrara (Novaro)	1., 2. 47., 48.	9., 19.	1., 2., 3/V	7/II	8/II	18	2	—	3	10.000	—	18
VIII. Cugia	Piemonte (Noaro) Cagliari (Gabet)	3., 4. 63., 64.	6., 30.	7., 8., 9/VI	1/II	7/II	18	2	—	3	10.000	—	18
IX. Govone	Pistoja (Bottaeco) Delle Alpi (Danzini)	35., 36. 51., 52.	27., 34.	4., 5., 6/V	5/III	5/II	18	2	—	3	10.000	—	18
XVI. Prinz Humbert	Parma (Ferrero) Mista (De Sauget)	49., 50. 8., 71.	4., 11.	10., 11., 12/V	4/III	17/II	18	2	—	3	10.000	—	18
	Corps-Cavallerie	Lancieri Foggia Cavall. Saluzzo Cavall. Alessandria	—	—	—	—	—	—	15	—	—	1800	—
	Artillerie-Park: 1. Comp. des 4. Rgts.		—	—	—	—	—	1	—	—	—	—	—
	Brücken-Equip.: 6. Comp. des 1. Art.-Rgts.		—	—	—	—	—	1	—	—	—	—	—
	Génie: Ein Armee-Corps-Génie-Park und		—	—	—	18/II	—	1	—	—	—	—	—
	Train des Hauptquartiers		—	—	—	—	—	1	—	—	—	—	—
	Summe des III. Corps		—	—	2/III	—	—	72	12	15	12	40.000	1800	72

Beilage 1 zu „Österreichs Kämpfe 1866." I. Abschnitt. (1.)

Armee-Reserven.

Linien-Cavallerie-Division. GL. de Sonnaz.

Brigade	Regiment	Batterien	Train-Comp.	Génie	Formiren Bess.	Comp.	Escdr.	Batt.	Streitbare Mann Inf.	Reiter	Gesch.
I. Soman	Cavall. { Savoia / Genova	zwei reitende Batterien des 5. Artillerie-Rgts.	3/III	—	—	1	20	2	—	2400	12
II. Cusani	Cavall. { Nizza / Piemonte reale										

Armee-Geschütz-Reserve. Oberst Mattei.

Major Dogliati	7., 8., 9/V										
Major Carrascosa	14/V, 16/VI, 13/IX										
Major Palmeri	7., 14., 15/VII		—	—	—	—	—	9	—	—	54

Génie: Ein Armee-Corps-Génie-Park und Train des Hauptquartiers			7/III	5/II, 10/I	—	2	—	—	—	—	—
Summe der Armee-Reserven			—	—	—	4	20	11	—	2400	66
Summe der Haupt-Armee am Mincio			—	—	216	41	60	47	120.000	7200	282

Beilage 1 zu „Österreichs Kämpfe 1866." I. Abschnitt. (1.)

IV. Armee-Corps. General der Armee Cialdini.
General-Stabs-Chef: GM. Piola-Caselli.

Brigade	Regiment	Batterien	Train-Comp.	Génie	Formiren Baons.	Formiren Comp.	Formiren Escdr.	Batt.	Streitbare Mann Inft.	Streitbare Mann Cav.	Streitbare Mann Gesch.
XI. Casanova	Pinerolo (Mazé de la Roche) Modena (Bonvicini)	13., 14. 41., 42.	9., 10., 11/IX	3/II 3/II	18	2	—	3	10.000	—	18
XII. Ricotti	Casale (Bonardelli) Como (Brianza)	11., 12. 23., 24.	4., 5., 6/VIII	6/II 4/II	18	2	—	3	10.000	—	18
XIII. Mezzacapo	Savona (Pallavicini) Bologna (Angelino)	15., 16. 39., 40.	4., 5., 6/VII	8/II 10/II	18	2	—	3	10.000	—	18
XIV. Chiabrera	Reggio (Drusti) Marche (Bossolo)	45., 46. 55., 56.	1., 2., 3/VIII	4/II 12/II	18	2	—	3	10.000	—	18
XV. Medici	Pavia (Parrocchia) Sicilia (Sacchi)	27., 28. 61., 62.	23., 25., 14., 15., 16/IX	5/II 13/II	18	2	—	3	10.000	—	18
XVII. Cadorna	Granat. di Napoli (Manca) Granat. di Toscana (Diann)	5., 6. 7., 8.	28., 32. 7., 8., 9/VIII	1/III 15/II	18	2	—	3	10.000	—	18
XVIII. Della Chiesa	Cremona (Balegno di Carpeneto) Bergamo (Castelli)	21., 22. 25., 26.	29., 36. 8., 9., 16/VII	8/III 3/I	18	2	—	3	10.000	—	18
XX. Franzini	Mista (Barieri) Ancona (Alberti)	7., 72. 69., 70.	38., 39. 11., 12., 13/VIII	9/II 7/I	18	2	—	3	10.000	—	18
Corps-Cavallerie	I. Poniński { Lancieri Milano, " Montebello, Cavalleggieri Lodi, Lancieri Firenze } II. De La Forest { " Vittorio Emanuele, Cavalleggieri Monferrato }				—	—	30	—	—	3600	—

	Train-Comp.	Génie	\multicolumn{4}{c	}{Formiren}	\multicolumn{3}{c	}{Streitbare}
	Train-Comp.	Génie	Baon.	Comp.	Escdr.	Batt.	Mann Inft.	Reiter	Gesch.
Artillerie-Reserve: 1., 2., 3., 13. Batterie des 7. Rgts.	—	—	—	—	—	4	—	—	24
Artillerie-Park: 7. Comp. des 4. und 5. des 2. Rgts.	—	—	—	2	—	—	—	—	—
Brücken-Equipage: 2. Comp. des 1. Art.-Rgts.	—	—	—	1	—	—	—	—	—
Génie: Ein Corps-Génie-Park und	—	9., 14/II	—	2	—	—	—	—	—
Train des Hauptquartiers:	2, II	—	—	—	—	—	—	—	—
Summe des IV. Corps am untern Po	—	—	144	22	30	28	80.000	3600	168
Haupt-Armee am Mincio	—	—	216	41	60	47	120.000	7200	282
Totale der mobilen Armee	—	—	360	63	90	75	200.000	10.800	450

Anmerkung. Genaue Ziffern über den Stand der italienischen Armee sind noch nicht bekannt geworden. Der streitbare Stand ist in dieser Ordre de Bataille möglichst geringe angenommen. Corvetto gibt — wie im Texte erwähnt — die Aufmarschstärke des italienischen Heeres mit 270.000 Mann an.

Beilage 2 zu „Österreichs Kämpfe 1866." I. Abschnitt. (2.)

Ordre de Bataille der k. k. Süd-Armee
den 24. Juni 1866.

Armee-Commandant: Se. k. k. Hoheit FM. EH. Albrecht.

Armee-Hauptquartier:

Armee-Commandant:	GM. Baron John.	Armee-Intendant: GM. v. Arbter.
General-Stabs-Chef:	Oberst v. Pürcker.	Zugetheilt für Marine-Angelegenheiten: Contre-Admiral Baron Pöck.
Chef der Detail-Kanzlei:	Oberst v. Stubenrauch.	Chef-Arzt: Oberstabs-Arzt 1. Classe Dr. Petter.
Chef der Operations-Kanzlei:	GM. v. Hutschenreiter.	General-Gewaltiger: Major v. Pasquali.
Artillerie-Chef:	GM. v. Radó.	Train-Commandant: Titular-Oberst Ritter Lendl v. Murgthal.
Génie-Chef:		

5. Armee-Corps-Commandant General der Cavallerie Friedrich Fürst zu Liechtenstein (schwer krank), zugetheilt und Comdt. ad interim GM. Gabr. Baron Bodich.

General-Stabs-Chef: Oberst Gallina. **Artillerie-Chef:** Oberst Winterstein.

Brigade	Truppenkörper	Formiren					Verpflegs-Stand			Streitbarer Stand		
		Baon.	Comp.	Eschr.	Batter.	Brk.-Eq.	Mann	Pferde		Mann	Pferde	Gesch.
	Corps-Stab	.	.	.	.	.	80	20		20	3	—
Oberst Bauer	Brigade-Stab	.	.	.	.	.	17	15		3	—	—
	19. Jäger-Bat.	.	.	.	.	.	1106	37		986	—	—
	Inft.-Rgt. Benedek Nr. 28, 1., 2., 3. Bat.	1	.	.	.	.	3258	95		2979	—	—
	„ Baron Nagy Nr. 70, 1., 2., 3. Bat.	3	.	.	.	.	3324	107		3081	—	—
	4pfd. Fuss-Batterie Nr. 3/V . .	.	.	.	1	.	152	109		—	—	8
	Summe der Brigade	7	.	.	1	.	7857	363		7049	3	8
Möring	Brigade-Stab	.	.	.	.	.	11	17		3	—	—
	21. Jäger-Bat.	.	.	.	.	.	1031	36		922	—	—
	Inft.-Rgt. Erzherzog Leopold Nr. 53, 1., 2., 3. Bat.	3	.	.	.	.	3256	101		3016	—	—
	„ Baron Grueber Nr. 54, 1., 2., 3. Bat.	3	.	.	.	.	3079	96		2787	—	—
	4pfd. Fussbatterie Nr. 4/V . .	.	.	.	1	.	152	109		—	—	8
	Summe der Brigade	7	.	.	1	.	7529	359		6728	—	8

Beilage 2 zu „Österreichs Kämpfe 1866." I. Abschnitt. (2.)

Brigade	Truppenkörper	Bass.	Formiren				Verpflegs-Stand		Streitbarer Stand		
			Comp.	Esch.	Batter.	Brk-Kp.	Mann	Pferde	Mann	Pferde	Gesch.
GM. Eugen Baron Piret	Brigade-Stab	—	—	—	—	—	13	21	4	—	—
	5. Kaiser-Jäger-Bat.	1	—	—	—	—	1060	39	951	—	—
	Inf.-Rgt. Grossherzog von Baden Nr. 50, 1., 2., 3. Bat.	3	—	—	—	—	3380	104	3070	—	—
	Inf.-Rgt. Graf Crenneville Nr. 75, 1., 2., 3. Bat.	3	—	—	—	—	3263	101	3018	—	—
	Huss.-Rgt. Kaiser Franz Josef Nr. 1, 1., 3., 4., 5. Escdr.	—	—	2	—	—	383	375	—	313	—
	Uhl.-Rgt. König beider Sicilien Nr. 12, 4., 6. Escdr.¹)	—	—	1	—	—	149	109	—	—	—
	4pfd. Fuss-Batterie Nr. 2/V	—	—	—	1	—	—	—	—	—	8
	Summe der Brigade	7	—	2	1	—	8248	749	7038	313	8
Corps-Geschütz-Reserve	Commando	—	—	—	—	—	14	7	—	—	—
	4pfd. Fuss-Batterie Nr. 5	—	—	—	1	—	158	113	—	—	8
	4 „ Cavall.- „ „ 7	—	—	—	1	—	181	147	—	—	8
	8 „ Fuss- „ „ 10	—	—	—	1	—	184	147	—	—	8
	Summe	—	—	—	3	—	537	414	—	—	24
Corps-Munitions-Park	1/V. Park-Compagnie	—	1	—	—	—	174	82	—	—	—
	Zeugs-Artillerie-Abtheilung	—	—	—	—	—	16	—	—	—	—
	Park-Bespannungs-Escadron Nr. 147, 148	—	—	—	—	—	144	212	—	—	—
	Summe	—	1	—	—	—	884	294	—	—	—
	Abtheilung des Gendarmerie-Kriegsflügels	—	—	—	—	—	17	8	—	—	—
	Für den Stabsdienst vom 1. Husz.-Rgt.	—	—	—	—	—	16	16	—	—	—
	1. Compagnie des 2. Génie-Regiments	—	1	—	—	—	211	15	—	—	—
	Von der 5. Sanitäts-Compagnie mit der Sanitäts-Bespannungs-Escadron Nr. 104	—	³/₆	—	—	—	168	85	—	—	—
	Corps-Ambulance Nr. 1	—	—	—	—	—	87	67	—	—	—
	Corps-Sanitäts-Reserve	—	—	—	—	—	4	8	—	—	—
	Cassa- und Kanzlei-Bespannungs-Detachement Nr. 5	—	—	—	—	—	31	54	—	—	—
	Kriegs-Transports-Escadron Nr. 86, 87	—	—	—	—	—	303	428	—	—	—
	Fuhrwesen-Feld-Inspection Nr. 22, 23	—	—	—	—	—	8	4	—	—	—
	Fuhrwesen-Ergänzungs-Depôt	—	—	—	—	—	256	354	—	—	—
	Schlachtvieh-Vertheilungs-Depôt	—	—	—	—	—	34	3	—	—	—
	Summe	—	1³/₆	2³/₆	—	6	1135	1042	—	—	—
	Summe des 5. Armee-Corps	21	—	—	—	—	25.720	3241	20.835	313	48

¹) Bei der Brigade Pulz zugetheilt.

Beilage 2 zu „Österreichs Kämpfe 1866." I. Abschnitt. (2.)

7. Armee-Corps Commandant FML. Baron Maroičić.
General-Stabs-Chef: Oberst R. v. Littrow. Artillerie-Chef: Oberst R. v. Hübl.

Brigade							85	30	21		
	Corps-Stab	—	—	—	—	—	6	10	8	—	—
Oberst v. Töply	Brigade-Stab	—	—	—	—	—	6	10	8	—	—
	7. Jäger-Bat.	—	—	—	—	1	1030	38	984	—	—
	Inf.-Rgt. Baron Alemann Nr. 43, 1., 2., 3. Bat.	—	—	—	—	3	3107	97	2839	—	—
	Erzherzog Ludwig Victor Nr. 65, 1., 2., 3. Bat.	—	—	—	—	3	2905	94	2652	—	—
	4pfd. Fuss-Batterie Nr. 1/VII . . .	—	—	—	—	1	162	108	—	—	8
	Summe der Brigade	—	—	—	—	7	7260	347	6478	—	8
GM. Bar. Scudier	Brigade-Stab	—	—	—	—	—	6	10	8	—	—
	10. Jäger-Bat.[1])	—	—	—	—	1	1044	36	964	—	—
	Inf.-Rgt. Kronprinz Erzherzog Rudolf Nr. 19, 1., 2., 3. Bat.	—	—	—	—	3	3800	102	3000	—	—
	„ Erzherzog Ernst Nr. 48, 1., 2., 3. Bat.	—	—	—	—	3	3117	91	2879	—	—
	4pfd. Fuss-Batterie Nr. 2/VII . . .	—	—	—	—	1	180	111	—	—	8
	Summe der Brigade	—	—	—	—	7	7647	350	6846	—	8
Oberst Graf Welsersheimb	Brigade-Stab	—	—	—	—	—	5	9	3	—	—
	3. Kaiser Jäger-Bat.	—	—	—	—	1	1024	37	936	—	—
	Inf.-Rgt. Grossherzog v. Mecklenb.-Strel. Nr. 31, 1., 2., 3. Bat.	—	—	—	—	3	3149	108	2911	—	—
	„ Baron Paumgartten Nr. 76, 1., 2., 3. Bat.	—	—	—	—	3	3183	108	2941	—	—
	4pfd. Fuss-Batterie Nr. 3/VII . . .	—	—	—	—	1	160	109	—	—	8
	Husz.-Rgt. Prinz Carl v. Bayern Nr. 3, 6. Escadron .	—	1	—	—	—	167	159	—	142	—
	Summe der Brigade	—	1	—	—	7	7688	530	6791	142	8
	Corps-Geschütz-Reserve { Commando	—	—	—	1	—	9	7	—	—	—
	4pfd. Fuss-Batterie Nr. 4/VII	—	—	—	1	—	159	108	936	—	8
	4 „ Cavall.- „ 7/VII	—	—	—	1	—	198	145	—	—	8
	8 „ Fuss- „ 9/VII	—	—	—	—	—	188	145	—	—	8
	Summe	—	—	—	3	—	554	405	—	—	24
	Corps-Munitions-Park { 1/VII Park-Compagnie	—	1	—	—	—	151	76	—	—	—
	Zeugs-Artillerie-Abtheilung . .	—	—	—	—	—	16	—	—	—	—
	Park-Bespannungs-Escadron Nr. 149, 150	—	—	—	—	—	129	197	—	—	—
	Summe	—	1	—	—	—	296	273	—	—	—

[1]) Am unteren Po.

Beilage 2 zu „Österreichs Kämpfe 1866." I. Abschnitt. (2.)

Brigade	Truppenkörper	Formiren					Verpflegs-Stand				Streitbarer Stand	
		Baons.	Comp.	Escdr.	Batter.	Brk.-Eq.	Mann	Pferde	Mann	Pferde	Streitbarer	Gesch.
	Abtheilung des Gendarmerie-Kriegs-Flügels	—	—	—	—	—	22	9	—	—	—	—
	Für den Stabsdienst v. 12. Uhlanen-Regmt.	—	—	—	—	—	26	23	—	—	—	—
	3. Compagnie des 2. Génie-Regts.	—	1	—	—	—	201	14	—	—	—	—
	Von der 7. Sanitäts-Compagnie mit der	—	⁴/₆	—	—	—	193	85	—	—	—	—
	Corps-Ambulance Nr. 3 ⎫ Sanitäts-Bespannungs-	—	—	—	—	—	87	74	—	—	—	—
	Corps-Sanitäts-Reserve ⎬ Escadr. Nr. 105	—	—	—	—	—	6	8	—	—	—	—
	Cassa- und Kanzlei-Bespannungs-Detachement ⎭	—	—	—	—	—	35	57	—	—	—	—
	Kriegs-Transports-Escadron Nr. 88, 89	—	—	—	—	—	278	415	—	—	—	—
	Fuhrwesen-Ergänzungs-Depôt Nr. 7	—	—	—	—	—	123	173	—	—	—	—
	Fuhrwesen-Feld-Inspection Nr. 24, 25	—	—	—	—	—	8	4	—	—	—	—
	Schlachtvieh-Vertheilungs-Depôt	—	—	—	—	—	19	3	—	—	—	—
	Summe	—	1⁴/₆	—	—	—	998	865	—	—	—	—
	Summe des 7. Armee-Corps	21	2⁴/₆	1	6	—	24.528	2800	20,136	142		48

9. Armee-Corps. Commandant FML. Hartung.

General-Stabs-Chef: Oberstlieutenant v. Pielsticker. Artillerie-Chef: Oberstlieutenant Müller.

Brigade	Truppenkörper	Baons.	Comp.	Escdr.	Batter.	Brk.-Eq.	Mann	Pferde	Mann	Pferde	Streitbarer	Gesch.
	Corps-Stab	—	—	—	—	—	70	33	24	4	—	—
GM. Karl v. Kirchsberg	Brigade-Stab	—	—	—	—	—	11	16	4	—	—	—
	23. Jäger-Bat.	1	—	—	—	—	1017	36	918	—	—	—
	Inft.-Rgt. Baron Maroičić Nr. 7, 1., 2., 3. Bat.	3	—	—	—	—	2915	107	2677	—	—	—
	Husz.-Rgt. Graf Thun Nr. 29, 1., 2., 3. Bat.	3	—	—	—	—	3024	112	2740	—	—	—
	Husz.-Rgt. Prinz Württemberg Nr. 11, 4. Escadron	—	—	1	—	—	148	144	—	132		—
	4pfd. Fuss-Batterie Nr. 5/VII	—	—	—	1	—	179	109	—	—		8
	Summe der Brigade	7	—	1	1	—	7294	524	6339	132		8
GM. Ritter v. Weckbecker	Brigade-Stab	—	—	—	—	—	18	18	4	—	—	—
	4. Kaiser-Jäger-Bat.	1	—	—	—	—	1040	37	940	—	—	—
	Inft.-Rgt. König von Bayern Nr. 5, 1., 2., 3. Bat.	3	—	—	—	—	2991	103	2731	—	—	—
	Inft.-Rgt. Dom Miguel Nr. 39, 1., 2., 3. Bat.	3	—	—	—	—	3008	104	2800	—	—	—
	4pfd. Fuss-Batterie Nr. 2/VIII	—	—	—	1	—	165	109	—	—		8
	Summe der Brigade	7	—	—	1	—	7222	371	6475	—		8

Beilage 2 zu „Österreichs Kämpfe 1866." I. Abschnitt. (2.)

Oberst Bar. Böck	Brigade-Stab	—	—	—	—	—	11	—	—
	15. Jäger-Bat.	1	—	—	—	1025	13	4	8
	Inft.-Rgt. König der Niederlande Nr. 63, 1., 2., 3. Bat.	3	—	—	—	3101	38	927	—
	Ferd. IV. Grossherzog v. Toscana, Nr. 66, 1., 2., 3. Bat.	3	—	—	—	3229	108	2820	—
	4pfd. Fuss-Batterie Nr. 1/VIII	—	1	—	—	170	104	2952	8
	Summe der Brigade	7	1	—	—	7536	109	6703	—
							372		8
Corps-Geschütz-Reserve	Commando	—	—	—	—	5	—	—	—
	4pfd. Fuss - Batterie Nr. 6/VII	—	1	—	—	177	110	—	8
	4 „ Cavall.- „ 8/VII	—	1	—	—	185	147	—	8
	8 „ Fuss- „ 10/VII	—	1	—	—	203	147	—	8
	Summe	—	3	—	—	570	409	—	24
Corps-Munitions-Park	1/2 Park-Compagnie 2/V	—	—	—	—	—	—	—	—
	1/3 „ „ 2/VII und								
	Detachement der Park-Compagnie 2/VIII	—	1	—	—	222	71	—	—
	Zeugs-Artillerie-Abtheilung . . .	—	—	—	—	16	—	—	—
	Park-Bespannungs-Escadron Nr. 151, 152 .	—	—	—	—	135	214	—	—
	Summe	—	1	—	—	373	285	—	—
Abtheilung des Gendarmerie-Kriegsflügels .		—	—	—	—	22	12	—	—
Für den Stabsdienst vom 11. Huszaren-Regmt. .		—	—	—	—	17	14	—	—
Für den Stabsdienst (von Maroičiķ-Infanterie)		—	—	—	—	122	—	—	—
4. Compagnie des 2. Génie-Regts.		—	1	—	—	207	14	—	—
Von der 6. Sanitäts-Compagnie mit der		—	%	—	—	172	68	—	—
Corps - Ambulance Nr. 2 Sanitäts-Bespannungs-		—	—	—	—	94	68	—	—
Corps - Sanitäts - Reserve Escadron Nr. 106		—	—	—	—	6	8	—	—
Cassa- und Kanzlei-Bespannungs-Detachement .		—	—	—	—	35	58	—	—
Kriegs-Transports-Escadron Nr. 90, 91 . .		—	—	—	—	290	419	—	—
Fuhrwesen-Ergänzungs-Depôt Nr. 9 . . .		—	—	—	—	134	182	—	—
Fuhrwesen-Feld-Inspection Nr. 26, 27 . .		—	—	—	—	10	6	—	—
Schlachtvieh-Vertheilungs-Depôt Nr. 9 . .		—	—	—	—	23	3	—	—
Summe		—	1%	1	6	1132	852	—	—
			2%/6				182		
Summe des 9. Armee-Corps		21	—	—	—	24.197	2846	19.641	48

Infanterie-Reserve-Division. Commandant ad interim GM. v. Rupprecht.
General-Stabs-Chef: Oberstlieutenant R. v. Franz.

Brigade	Truppenkörper	Formiren: Baons.	Comp.	Escdr.	Batter.	Brk.-Eq.	Verpflegs-Stand: Mann	Pferde	Streitbarer Stand: Mann	Pferde	Gesch.
	Brigade-Stab	—	—	—	—	—	6	6	3	—	—
Oberst	36. Jäger-Bat.	1	—	—	—	—	900	35	800	—	—
	Inft.-Rgt. Graf Degenfeld Nr. 36, 1., 2., 3. Bat.	3	—	—	—	—	3099	89	2783	—	—
Prinz Weimar	4. Bat. vom Inft.-Rgt. Baron Maroičić Nr. 7	$\frac{5}{6}$	—	—	—	—	720	30	700	—	—
	4. Bat. „ „ Baron Paumgartten Nr. 76	1	—	—	—	—	930	30	881	—	—
	4pfd. Fuss-Batterie Nr. 6/V	—	—	—	1	—	160	109	—	—	8
	Summe der Brigade	$5\frac{5}{6}$	—	—	1	—	5815	299	5167	—	8
	Brigade-Stab	—	—	—	—	—	6	6	3	—	—
GM.	37. Jäger-Bat.	1	—	—	—	—	900	35	800	—	—
Benko	Inft.-Rgt. Prinz Hohenlohe Nr. 17, 1., 2., 4. Bat.	3	—	—	—	—	2988	89	2742	—	—
	Grenz-Inft.-Rgt. Deutsch-Banater Nr. 12, 1., 2., 3. Bat.	3	—	—	—	—	2944	89	2600	—	—
	8pfd. Fuss-Batterie Nr. 9/V	—	—	—	1	—	205	147	—	—	8
	Summe der Brigade	7	—	—	1	—	7043	366	6145	—	8
	Sanitäts-Abtheilung (je ein Zug der 5., 6. u. 7. Comp.)	—	$\frac{3}{6}$	—	—	—	105	26	—	—	—
	Reserve-Munition für die beiden Batterien	—	—	—	—	—	21	34	—	—	—
	Summe der Infanterie-Reserve-Division	$12\frac{5}{6}$	$\frac{3}{6}$	—	2	—	12.984	725	11.312	—	16

Cavallerie-Reserve unter Oberst Pulz.

Brigade	Truppenkörper	Baons.	Comp.	Escdr.	Batter.	Brk.-Eq.	Verpflegs-Stand: Mann	Pferde	Streitbarer Stand: Mann	Pferde	Gesch.
	Brigade-Stab	—	—	—	—	—	11	16	—	4	—
	Uhl.-Rgt. Graf Trani Nr. 13, 1., 2., 5., 6. Escadron	—	—	4	—	—	707	646	—	605	—
Oberst	Husz.-Rgt. Fürst Liechtenstein Nr. 13, 3., 4., 5., 6. Escadr. [1]	—	—	4	—	—	714	659	—	600	—
	Husz.-Rgt. Kaiser Franz Josef Nr. 1, 1., 3., 4., 5. Escadr.	—	—	4	—	—	672	654	—	595	—
Pulz	4pfd. Cavallerie-Batterie Nr. 8/V	—	—	—	1	—	187	147	—	—	8
	Stabs-Cavallerie-Abtheilung	—	—	—	—	—	24	22	—	—	—
	2. Zug der 5. Sanitäts-Compagnie	—	$\frac{1}{6}$	—	—	—	52	23	—	—	—
	Kriegs-Transports-Escadron Nr. 93	—	—	—	—	—	152	204	—	—	—
	Summe der Brigade	—	$\frac{1}{6}$	12	1	—	2519	2371	—	1804	8

[1]) Am unteren Po.

Beilage 2 zu „Österreichs Kämpfe 1866." I. Abschnitt. (2.)

Oberst v. Bujanovics	Brigade-Stab	—	—	—	—	—	—	—	—	—
	Vom Uhl.-Rgt. Sicilien Nr. 12, 1., 2. Escadron . . .	—	—	2	—	—	335	326	297	3
	„ Husz.-Rgt. Prinz Württemberg Nr. 11, 2., 5., 6. Escadron	—	—	3	—	—	550	482	414	3
	„ Husz.-Rgt. Prinz Carl v. Bayern Nr. 8, 1., 3., 4. Escadron	—	—	3	—	—	478	479	431	—
	Summe der Brigade	—	—	8	—	—	1366	1290	1145	—
	Summe der Cavallerie-Reserve	1/6	20	1	—	—	3886	8661	2949	8

Technische Truppen, Stabs-Truppen des Armee-Hauptquartiers und Armee-Reserve-Anstalten.

Armee-Munitions-Park	Commando	—	1	—	18	5
	½ 2/V und ½ 2/VII Park-Compagnie . . .	—	—	—	175	55
	Von der Zeugs-Artillerie	—	—	—	1	—
3. Pionnier-Bataillon mit der Zeugs-Reserve	—	4	—	791	53
Kriegsbrücken-Beapgs.-Escadron Nr. 123, 124, 125, 126, 173	—	—	4	370	577
4. Pionnier-Bataillon mit der Zeugs-Reserve¹) . . .	—	8	—	605	47
Kriegsbrücken-Beapgs.-Escadron Nr. 127, 128, 129, 130	—	—	3	801	464
Vom 2. Genie-Rgt.	1. Bataillons-Stab . .	—	—	—	2	8
	2. Compagnie . . .	—	1	—	200	13
Gendarmerie-Kriegsflügel	½	—	—	79	31
Für den Stabsdienst {	20. Comp. des 7. Inft.-Rgts. .	—	—	—	150	—
	Cavallerie . . .	—	—	—	98	90
Cassa- und Kanzlei-Bespannungs-Detachement Nr. 19	—	—	—	181	186
Kriegs-Transports-Escadron Nr. 85	—	—	—	141	224
Fuhrwesen-Feld-Inspection Nr. 20, 21, 29 . . .	—	—	—	18	6
Armee-Fuhrwesen-Ergänzungs-Depôt	—	—	—	185	235
Armee-Fuhrwesen-Commando	—	—	—	9	2
Schlachtvieh-Vertheilungs-Depôt	—	—	—	2	—
Schlachtvieh-Einlieferungs-Depôt	—	—	—	6	—
Feldspitäler Nr. 1, 3, 6, 31, 32, 33	—	—	—	867	—
Summe	½	9	—	7	4144	1996

¹) Eine Compagnie in Venedig.

Mobile Streifbrigade

Oberst: Zastavniković. General-Stabs-Hauptmann: v. Sterneck.

Truppenkörper	Formiren Baon.	Formiren Comp.	Formiren Escdr.	Formiren Batt.	Formiren Brk.-Eq.	Verpflegs-Stand Mann	Verpflegs-Stand Pferde	Verpflegs-Stand Tragthiere	Streitbarer Stand Mann	Streitbarer Stand Pferde	Streitbarer Stand Gesch.
Brigade-Stab	—	—	—	—	—	12	3	—	4	—	—
Inft.-Rgt. Graf Wimpffen Nr. 22, 1., 2., 3., 4. Bat.	4	—	—	—	—	4166	144	—	3846	—	—
Grenz-Inft.-Rgt. Warasdiner Kreutzer Nr. 45, 1., 2., 3. Bat.	3	—	—	—	—	3067	105	—	2820	—	—
Für den Botenjägerdienst	—	—	—	—	—	16	16	—	—	—	—
2. Escadron Sicilien-Uhlanen	—	—	1	—	—	170	150	—	—	148	—
Raketen-Batterie 11/VII	—	—	—	1	—	132	60	—	—	—	8
1 Zug der 5. Sanitäts-Compagnie	—	1/8	—	—	—	53	20	—	—	—	—
Summe der Brigade	7	1/8	1	1	—	7616	498	—	6670	148	8

Truppen in Tirol. Commandant: GM. Freiherr v. Kuhn.

General-Stabs-Chef: Oberstlieutenant Baron Dumoulin. Artillerie-Chef Oberstlieutenant Barth.

Halb-Brigade Oberstlt. Thour des 11. Inft.-Rgts.

Truppenkörper	Formiren Baon.	Formiren Comp.	Formiren Escdr.	Formiren Batt.	Formiren Brk.-Eq.	Verpflegs-Stand Mann	Verpflegs-Stand Pferde	Verpflegs-Stand Tragthiere	Streitbarer Stand Mann	Streitbarer Stand Pferde	Streitbarer Stand Gesch.
Brigade-Stab	—	—	—	—	—	3	3	—	3	—	—
6. Kaiser-Jäger-Bataillon	2/6	—	—	—	—	329	6	—	310	—	—
1. Bataillon des Inft.-Rgts. Sachsen Nr. 11	1	—	—	—	—	1019	24	—	795	—	—
3. Zug der 5. Escadron Trani-Uhlanen	—	—	1/4	—	—	23	21	—	—	21	—
3pfd. Gebirgs-Batterie Nr. 2/V	—	—	—	1	—	88	1	63	—	—	4
Detachement der 6. Sanitäts-Compagnie mit 1/8 der Sanitäts-Bespannungs-Escadron Nr. 106	—	—	—	—	—	16	8	—	—	—	—
Detachement der 76. Tragthier-Escadron	—	—	—	—	—	5	—	8	—	—	—
Landes-Schützen-Compagnie Botzen-Neumarkt	—	1	-	—	—	99	—	—	97	—	—
Summe der Halbbrigade	1 2/6	1	1/4	1	—	1582	63	71	1205	21	4

Oberstlt. R. v. Höffern des Kaiser-Jäger-Regiments

Truppenkörper	Formiren Baon.	Formiren Comp.	Formiren Escdr.	Formiren Batt.	Formiren Brk.-Eq.	Verpflegs-Stand Mann	Verpflegs-Stand Pferde	Verpflegs-Stand Tragthiere	Streitbarer Stand Mann	Streitbarer Stand Pferde	Streitbarer Stand Gesch.
Brigade-Stab	—	—	—	—	—	3	3	—	3	—	—
1. Kaiser-Jäger-Bataillon	2/6	—	—	—	—	359	13	—	336	—	—
2. Bat. des Inft.-Rgts. Sachsen Nr. 11	1	—	—	—	—	1044	27	—	866	—	—
2. Zug der 5. Escadron Trani-Uhlanen	—	—	1/4	—	—	28	26	—	—	26	—
3pfd. Gebirgs-Batterie Nr. 3/V	—	—	—	1	—	86	1	61	—	—	4
Sanitäts-Detachement	—	—	—	—	—	22	6	9	—	—	—
Detachement der 76. Tragthier-Escadron	—	—	—	—	—	5	—	8	—	—	—
Landes-Schützen-Compagnie Innsbruck, Stadt	—	1	—	—	—	95	—	—	94	—	—
Landes-Schützen-Compagnie Innsbruck, Mieders	—	1	—	—	—	124	—	—	120	—	—
Landes-Schützen-Compagnie Brixen	—	1	—	—	—	102	—	—	100	—	—
Summe der Halbbrigade	1 3/6	3	1/4	1	—	1868	76	78	1519	26	4

Beilage 2 zu „Österreichs Kämpfe 1866." I. Abschnitt. (2.)

Einheit													
Major v. Albertini des Inft.-Rgts. Nr. 59													
Brigade-Stab F.	³/₈	—	—	—	—	—	3	3	—	3	—	—	—
2. Kaiser-Jäger-Bataillon	1	—	—	—	—	—	347	6	—	328	31	—	4
3. Bat. des Inft.-Rgts. Erzherzog Rainer Nr. 59	—	—	—	1	—	—	1080	29	—	950	—	—	—
4. Zug der 5. Escadron Trani-Uhlanen	¹/₈	—	—	—	—	—	83	30	61	—	—	—	—
3pfd. Gebirgs-Batterie Nr. 1/V	—	—	—	—	—	—	84	1	—	—	—	—	—
Sanitäts-Detachement	—	—	—	—	—	—	16	8	14	—	—	—	—
Detachement der Tragthier-Escadron	—	—	—	—	—	—	8	—	—	87	—	—	—
Landes-Schützen Compagnie Lana	—	—	1	—	—	—	89	—	—	95	—	—	—
Landes-Schützen Compagnie Kaltern	—	—	1	—	—	—	95	—	—	—	—	—	—
Summe der Halbbrigade	1⁵/₈	—	2	—	1	—	1705	77	75	1463	31	—	4
Major v. Metz des Kaiser Jäger-Rgts.													
Stab	³/₈	—	—	—	—	—	2	2	—	2	—	—	—
2. Kaiser-Jäger-Bataillon	1	—	—	⁵/₈	—	—	629	27	—	521	—	—	—
½ Raketen-Batterie Nr. 11/IX	—	—	—	—	—	—	46	27	—	—	—	—	—
Landes-Schützen Compagnie Sils	—	—	1	—	—	—	106	—	—	102	—	—	—
Landes-Schützen Compagnie Schlanders	—	—	1	—	—	—	95	—	—	95	—	—	—
Compagnie Glurns	—	—	1	—	—	—	81	—	—	80	—	—	—
Summe der Halbbrigade	⁵/₈	—	3	—	⁵/₈	—	959	56	—	800	—	—	—
Brigade GM. v. Kaim													
Brigade-Stab	⁵/₈	—	—	—	—	—	3	3	—	3	—	—	—
1. Kaiser-Jäger-Bataillon	3	—	—	—	—	—	741	26	—	637	—	—	—
Inft.-Rgt. Erzherzog Rainer Nr. 59, 1., 2., 4. Bat.	—	—	—	—	—	—	3158	89	—	2895	63	—	8
13. Compagnie des 2. Génie-Rgts.	—	—	—	—	—	—	203	71	—	—	—	—	4
1. Zug der 5. Escadron Trani-Uhlanen	¹/₈	—	—	—	—	—	80	42	18	—	—	—	—
²/₆ der 6. Sanitäts-Comp. mit ¹/₃ der Sanit.-Beep.-Escadr. Nr. 106	⁵/₆	—	—	—	—	—	124	—	—	—	—	—	—
1., 2., 3. Festungs-Compagnie des 9. Art.-Rgts.	—	—	—	—	—	—	492	109	—	—	—	—	—
4pfd. Fuss-Batterie I/V	1	—	—	—	—	—	160	32	—	—	—	—	—
½ Raketen-Batterie Nr. 11/IX.	⁴/₈	—	—	—	—	—	77	—	—	—	—	—	—
Botenjäger-Abtheilung eigener Stand	—	—	—	—	—	—	12	—	—	—	—	—	—
Colonnen-Verpflegs-Magazin	—	—	—	—	—	—	14	—	—	—	—	—	—
Kriegstransports-Escadron Nr. 96	—	—	—	—	—	—	141	219	—	—	—	—	—
Tragthier-Escadron Nr. 76	—	—	—	—	—	—	63	12	93	—	—	—	—
Mun.-Park, v. d. 2.Park-Cp. 5. Art.-Rgt. u. Zgs.-Art.-Cmdo. Nr. 14	—	—	—	—	—	—	3	2	—	—	—	—	—
Fuhrwesen-Feld-Inspection Nr. 28	—	—	—	—	—	—	5	—	—	—	—	—	—
Schlachtvieh-Einlieferungs-Depôt	—	—	—	—	—	—	27	27	—	—	—	—	—
Ambulance Nr. 13	—	—	—	—	—	—	66	6	—	—	—	—	—
Feldspital Nr. 4	—	—	—	—	—	—	125	—	—	—	—	—	—
Summe	3⁵/₆	4³/₈	½	1⁷/₈	—	—	5494	638	111	3535	63	—	12

Beilage 2 zu „Österreichs Kämpfe 1866." I. Abschnitt. (2.)

Halb-Brigade	Truppenkörper	Formiren Bsns.	Comp.	Eschdr.	Batter.	Brk.-Eq.	Verpflegs-Stand Mann	Pferde	Tragthiere	Streitbarer Stand Mann	Pferde	Gesch.
	Feldspital Nr. 48	3/6	4²/6	—	1³/8	—	5494	638	111	3535	63	12
	Cassa- und Kanzlei-Bespannungs-Escadron	.	—	—	—	—	134	8	—	—	—	—
	Fuhrwesen-Ergänzungs-Depôt	.	—	—	—	—	13	25	—	—	—	—
	Depôt-Bat. des Kaiser-Jäger-Regiments	1	—	—	—	—	64	64	37	—	—	—
							1219	—	—	872	—	—
	Summe der Brigade	4⅚	4²/6	—	1³/8	—	6921	735	148	4407	63	12
Oberst Loos des Kaiser-Jäger-Rgts.	Brigade-Stab	.	—	—	—	—	3	3	—	3	—	—
	2. Depôt-Division des Inft.-Rgts. Nr. 11	.	2	—	—	—	347	—	—	300	—	—
	„ „ „ „ „ „ 14	.	2	—	—	—	254	—	—	247	—	—
	„ „ „ „ „ „ 59	.	2	—	—	—	342	—	—	324	—	—
	„ „ „ „ „ „ 75	.	2	—	—	—	385	—	—	380	—	—
	Summe der Halbbrigade	—	8	—	—	—	1328	3	—	1254	—	—
Oberst Baron Montluisant des Kaiser-Jäger-Rgts.	Stab	.	—	—	—	—	3	3	—	3	—	—
	6. Kaiser-Jäger-Bataillon	⁶/₈	1	—	—	—	781	27	—	684	—	—
	Rgts.-Stab und 3. Bat. des Inft.-Rgt. Sachsen Nr. 11	1	—	—	—	—	1082	47	—	887	—	—
	4. Bat. des Inft.-Rgts. Grossherzog v. Hessen Nr. 14	1	—	—	—	—	1012	34	—	926	—	—
	8pfd. Gebirgs-Batterie 4/V	.	—	—	1	—	84	1	61	—	—	4
	Wiener Tiroler Scharfschützen-Compagnie	.	1	—	—	—	133	—	—	130	—	—
	Summe der Halbbrigade	2⁶/₈	1	—	1	—	3045	109	61	2580	—	4
	Truppen in Tirol	12	22⁶/₆	1	6	—	17.408	1119	433	13.228	141	32

Truppen in Istrien. Commandant: FML. Baron Weslar.
General-Stabs-Chef: Oberstlieutenant G u r a n. Artillerie-Chef: Major Pulsator.

Brigade	Truppenkörper	Bsns.	Comp.	Eschdr.	Batter.	Brk.-Eq.	Mann	Pferde	Tragthiere	Mann	Pferde	Gesch.
Oberst Radolf	Brigade-Stab	.	—	—	—	—	8	6	—	2	—	—
	2. Banal-Grenz-Inft.-Rgt. Nr. 11, 1., 2., 3. Bat.	3	—	—	—	—	3019	21	40	2671	38	—
	Ein Zug der 2. Escadron Kaiser-Huszaren Nr. 1	.	—	⅙	—	—	39	40	—	—	—	—
	4. Bataillon des Küsten-Art.-Rgts.	.	5	—	—	—	1284	—	—	—	—	—
	2/XII Feetgs.-Artill.-Compagnie	.	1	—	—	—	254	—	—	—	—	—
	8 Züge der 12. Compagnie des 2. Génie-Rgmts.	.	⅝	—	—	—	169	—	—	—	—	—
	Summe der Brigade	3	6³/₈	⅛	—	—	4768	67	—	2673	38	—

GM. R. v. Wagner	Brigade-Stab	—	—	—	—	—	10	8	—	3	—	—
	Oguliner Grenz-Inft.-Rgt. Nr. 3, 1., 2., 3. Bat.	3	—	—	—	—	2939	89	—	2674	—	—
	Szluiner-Grenz-Inft.-Rgt. Nr. 4, 1., 2., 3. Bat.	3	—	—	—	—	3022	89	—	2622	—	—
	Ein Zug der 2. Escadron des 1. Husz.-Rgts.	—	—	¹/₄	—	—	31	80	—	—	30	—
	4pfd. Fuss-Batterie Nr. 6/VIII	—	—	—	1	—	154	103	—	—	—	8
	Küsten-Art.-Rgt., Stab, 5. Comp. des 4. Bat., Depôt-Comp. des 3. und 4. Bat.	—	3	—	—	—	862	2	—	—	—	—
	Ein Zug der 12. Compagnie des 2. Génie-Regts.	—	¹/₄	—	—	—	49	—	—	—	—	—
	Summe der Brigade	6	3¹/₄	¹/₄	1	—	7067	321	—	5299	30	8
Oberst Hayduk	Brigade-Stab	—	—	—	—	—	10	8	—	3	—	—
	4. Bataillon des Inft.-Regts. Herzog Nassau Nr. 15	1	—	—	—	—	1048	36	—	920	—	—
	4. Bataillon „ „ Erzherzog Ludwig Victor Nr. 65	1	—	—	—	—	900	33	—	800	—	—
	4. Bataillon „ „ Grossherzog v. Toscana Nr. 66	1	—	—	—	—	1069	33	—	936	—	—
	4. Bataillon „ „ Baron Nagy Nr. 70	1	—	—	—	—	983	33	—	734	—	—
	4. Bataillon „ „ Erzh. Salvator v. Toscana Nr. 77	1	—	—	—	—	976	36	—	870	—	—
	5. Bat. „ „ Prinz Hohenlohe Nr. 17	1	—	—	—	—	747	2	—	726	—	—
	5. Bat. „ „ Graf Wimpffen Nr. 22	1	—	—	—	—	675	2	—	656	—	—
	1. Depôt-Division des Inft.-Rgts. Baron Maroičić Nr. 7	²/₆	—	—	—	—	334	—	—	320	—	—
	1. Depôt-Compagnie des 7. und 19. Jäger-Bataillons	²/₆	—	—	—	—	342	—	—	317	—	—
	2 Züge der 2. Escadron des 1. Husz.-Rgts.	—	—	²/₄	—	—	86	77	—	—	71	8
	Raketen-Batterie Nr. 11/VIII	—	—	—	1	—	103	61	—	—	—	—
	2/III. Festungs-Artillerie-Compagnie	—	1	—	—	—	254	—	—	—	—	—
	⁵/₉ der 2/VI. Festungs-Compagnie	—	⁵/₉	—	—	—	105	—	—	—	—	—
	6. Zug der 7. Sanitäts-Compagnie	—	¹/₆	—	—	—	54	23	—	—	—	—
	¹/₂ 11. Compagnie des 2. Génie-Regts.	—	¹/₂	—	—	—	92	—	—	—	—	—
	Summe der Brigade	7⁴/₆	1⁵/₉	²/₄	1	—	7773	344	—	6282	71	8
	Detachement der 2/VIII. Park-Compagnie	—	—	—	—	—	23	1	—	—	—	—
	Gendarmerie-Kriegsflügel (Seressaner des 3. u. 4. Grenz-Rgts.)	—	—	—	—	—	32	32	—	—	—	—
	Cassa- und Kanzlei-Bespannungs-Detachement	—	—	—	—	—	6	12	—	—	—	—
	Kriegs-Transports-Escadron Nr. 95	—	—	—	—	—	142	197	—	—	—	—
	5. Zug der 7. Sanitäts-Compagnie	—	¹/₆	—	—	—	54	23	—	—	—	—
	Corps-Ambulance Nr. 4 mit Bespannung	—	—	—	—	—	61	27	—	—	—	—
	Feldspital Nr. 5	—	—	—	—	—	116	—	—	—	—	—
	Fuhrwesen-Ergänzungs-Depôt	—	—	—	—	—	82	106	—	—	—	—
	Schlachtvieh-Vertheilungs- und Einlieferungs-Depôt	—	—	—	—	—	8	—	—	—	—	—
	Summe	—	¹/₆	—	—	—	524	398	—	—	—	—

20 Beilage 2 zu „Österreichs Kämpfe 1866." I. Abschnitt. (2.)

Zugetheilt vom Landes-General-Commando in Agram.

Brigade	Truppenkörper	Bataillon	Comp.	Escdr.	Battr.	Brt.-Eq.	Verpflegs-Stand Mann	Pferde	Streitbarer Stand Mann	Pferde	Gesch.
	Stab	.	—	—	—	—	3	3	2	—	—
Oberst	4. Bataillon des Grenz- Liccaner Nr. 1 Infanterie-Regiments Ogulliner Nr. 3	1	—	—	—	—	635	3	601	—	8
Pessić	10. Division des Warasdiner Kreutzer 5. Grenz-Rgts.	1	—	—	—	—	634	3	611	—	8
	Raketen-Batterie Nr. 11/III	²/₆	—	—	1	—	326	—	815	—	—
							124	66	—	—	8
	Summe der Brigade	2³/₆	1	—	1	—	1722	75	1529	—	8
	Summe der Truppen in Istrien	19⁵/₆	11⁵/₆	1	8	—	21.854	1205	15.783	139	24

Verona mit Pastrengo und Cerajno. Commandant FML. B. v. Jacobs.

General-Stabs-Chef: Oberst v. Friedberg. Artillerie-Director: Oberst Thiel. Génie-Director: Oberstlieutenant v. Tunkler.

	Stab	—	—	—	—	—	3	3	2	—	—
	Warasdiner St. Georger Grenz-Inft.-Rgt. Nr. 6, 1., 2., 3. Bat.	3	—	—	—	—	3081	5	2893	—	—
GM.	4. Bataillon des Inft.-Regts. Dom Miguel Nr. 39	1	—	—	—	—	948	1	893	—	—
	„ „ Erzherzog Ernst Nr. 48	1	—	—	—	—	869	1	798	—	—
	2. Escadron Prinz Carl v. Bayern-Huszaren Nr. 3	—	—	1	—	—	175	156	—	152	—
Graf Daun	4pfd. Fuss-Batterie Nr. 6/V	—	—	—	1	—	177	102	—	—	8
	Stab und Depôt-Division des 2. Génie-Rgts.	—	2	—	—	—	600	1	—	—	—
	Depôt-Compagnie des 3. Pionnier-Bataillons	—	1	—	—	—	247	—	—	—	—
	Pionnier-Feld-Depôt	—	—	—	—	—	27	—	—	—	—
	Summe der Brigade	5	3	1	1	—	6077	269	4081	152	8
	Stab	—	—	—	—	—	4	8	2	—	—
	des Inft.-Regts. Baron Martini Nr. 80	1	—	—	—	—	1073	84	940	—	—
Oberst	4. Batail- „ „ Graf Hartmann „ 9	1	—	—	—	—	1016	85	982	—	—
	lon „ „ König v. Bayern „ 5	1	—	—	—	—	842	1	794	—	—
	„ „ Grh. v. Mecklenb.-Strelitz Nr. 31	—	—	—	—	—	841	1	784	—	—
Drechsler	1. und 5. Festungs-Compagnie des 5. Artill.-Rgts.	—	2	—	—	—	407	—	—	—	—
	³/₅ 1. „ „ 6.	—	³/₅	—	—	—	132	—	—	—	—
	1. und 2. „ „ 7.	—	2	—	—	—	521	—	—	—	—
	1. „ 4. „ „ 8.	—	2	—	—	—	482	—	—	—	—

Beilage 2 zu „Österreichs Kämpfe 1866." I. Abschnitt. (2.)

	Unit								
	1., 2., 3., 4. Festungs-Compagnie des 11. Artill.-Rgts.	—	4	—	—	977	—	—	—
	Kriegs-Transports-Escadron Nr. 93	—	—	—	—	154	221	—	—
	4. Bat.-Stab, 15. und 16. Compagnie des 2. Génie-Rgts.	—	2	—	—	410	—	—	—
	Summe der Brigade	4	12³/₅	—	—	6859	295	3452	—
	Summe der Festungs-Besatzungen Verona und Dependenz	9	15³/₅	1	1	12.936	564	7533	162	8

Mantua mit Borgoforte. Commandant FML. Baron Sztankovics.
General-Stabs-Chef: Oberstlieutenant Schmelzer. Festungs-Artillerie-Director: Oberst Beranek. Génie-Director: Oberstlieutenant Leard.

	Unit								
	Brigade-Stab	—	—	—	—	3	3	2	—
GM.	Brooder Grenz-Inf.-Rgt. Nr. 7, 1., 2., 3. Bat.	3	—	—	—	3009	81	2756	—
	Peterwardeiner Grenz-Inf.-Rgt. Nr. 9, 1., 2., 3. Bat.	3	—	—	—	2783	2	2640	—
	4. Bat. des Inft.-Rgts. Erzherzog Leopold Nr. 53	1	—	—	—	1030	2	959	—
	5. Escadron Prinz Württemberg-Huszaren Nr. 11	—	—	—	1	149	139	—	125
Baron	Pionnier-Detachement	—	—	—	—	7	—	—	—
Vécsey	2., 3. und 4. Festungs-Compagnie des 5. Artill.-Rgts.	—	3	—	—	562	—	—	—
	³/₅ der 1. und ²/₅ der 2. Festungs-Compagnie des 6. Art.-Rgts.	—	³/₅	—	—	192	—	—	—
	2., 3. und 5. Festungs-Compagnie des 8. Art.-Rgts.	—	3	—	—	604	—	—	—
	3. Bat.-Stab und 10. Compagnie des 2. Génie-Rgts.	—	1	—	—	198	1	—	—
	¹/₂ Kriegs-Transports-Escadron Nr. 92	—	—	—	—	87	125	—	—
	Summe der Brigade	7	7⁷/₅	—	1	8624	353	6357	125

Peschiera mit Malcesine. Commandant GM. Baron Baltin.
General-Stabs-Hauptmann Trapsch. Artillerie-Director: Major Kirilovich. Génie-Director: Major v. Mossig.

	Unit								
	Brigade-Stab	—	—	—	—	2	2	2	—
Oberst	Gradiscaner Grenz-Inf.-Rgt. Nr. 8, 1., 2., 3. Bat.	3	—	—	—	2877	3	2820	—
	4. Bat. des Inft.-Rgts. Kronprinz Erzherzog Rudolf Nr. 19	1	—	—	—	1033	1	848	—
	¹/₃ 1. Escadron Fürst Liechtenstein-Huszaren Nr. 13	—	—	—	¹/₃	81	77	—	77
v. Klapka	1., 3., 4., 5. Festungs-Compagnie des 3. Artill.-Rgts.	—	4	—	—	910	—	—	—
	³/₁₀ 3. Festungs-Compagnie des 6. Artill.-Rgts.	—	³/₁₀	—	—	51	—	—	—
	9. Compagnie des 2. Génie-Rgts.	—	1	—	—	185	—	—	—
	¹/₄ Kriegs-Transports-Escadron Nr. 92	—	—	—	—	29	49	—	—
	Summe der Brigade	4	5³/₁₀	—	¹/₃	5168	132	3470	77

22 Beilage 2 zu „Österreichs Kämpfe 1866." I. Abschnitt. (2.)

Venedig. Commandant FZM. Baron Alemann.

General-Stabs-Chef: Oberst Doda. Artillerie-Director: Oberst v. Horetzki. Génie-Director: Oberst v. Neuhauser. Besatzungs-Truppen-Divisionär FML. Baron Schneider.

Brigade	Truppenkörper	Formiren					Verpflegs-Stand			Streitbarer Stand		
		Bann.	Comp.	Escl.	Batter.	Brt.-Eq.	Mann	Pferde	Mann	Mann	Pferde	Gesch.
	Brigade-Stab	—	—	—	—	—	8	4	2	—	—	—
GM. Bzr. Gaal	1. Banal-Grenz-Inft.-Rgt. Nr. 10, 1., 2., 3. Bat.	3	—	—	—	—	2951	5	2828	—	—	—
	4. Bataillon { des Inft.-Regts. Grossherzog v. Baden Nr. 50	1	—	—	—	—	1030	31	783	—	—	—
	„ „ Erzherzog Franz Carl Nr. 52	1	—	—	—	—	1060	31	928	—	—	—
	Summe der Brigade	5	—	—	—	—	5049	71	4536	—	—	—
	Brigade-Stab	—	—	—	—	—	8	1	2	—	—	—
	{ des Inft.-Regts. Graf Coronini Nr. 6	1	—	—	—	—	887	1	842	—	—	—
GM.	4. Bataillon { „ „ Graf Gyulay Nr. 33	1	—	—	—	—	1034	1	985	—	—	—
R.v.Weymann	„ „ Baron Alemann Nr. 43	1	—	—	—	—	852	1	801	—	—	—
	„ „ Herzog v. Sachsen-Mein. Nr.46	1	—	—	—	—	931	1	981	—	—	—
	Titler Grenz-Infanterie-Bataillon	1	—	—	—	—	965	1	881	—	—	—
	1. Compagnie des 4. Pionnier-Bataillons	—	1	—	—	1	184	—	—	—	—	—
	2. Bat.-Stab und 6. Compagnie des 2. Génie-Rgts.	—	1	—	—	—	176	1	—	—	—	—
	Raketen-Batterie Nr. 11/V	—	—	—	1	—	122	61	—	—	—	8
	1/2 3, 4, 5. Festungs-Compagnie des 6. Artill.-Rgts.	—	2½	—	—	—	630	—	—	—	—	—
	3. Kisten-Artillerie-Bataillon . . .	—	6	—	—	—	2149	—	—	—	—	—
	Summe der Brigade	5	10½	—	1	1	7938	68	4442	—	—	8
	Summe der Festungs-Besatzung von Venedig	10	10½	—	1	1	12.987	139	8978	—	—	8

Legnago. Commandant GM. Weinović.

Artillerie-Director: Major Bochsl. Génie-Director: Major Komadina.

	4. Bataillon { des Inft.-Regts. Erzherzog Albrecht Nr. 44.	⅔	—	—	—	—	731	1	696	—	—	—
	„ „ Baron Sokčević Nr. 78 . .	1	—	—	—	—	988	1	937	—	—	—
	1. Escadron des Fürst Liechtenstein-Husz.-Rgts. Nr. 13	—	—	⅙	—	—	42	39	—	—	87	—
	11. Compagnie des 2. Génie-Rgts. . . .	—	½	—	—	—	98	—	—	—	—	—
	4., 5. Festungs-Compagnie des 7. Artill.-Rgts.	—	2	—	—	—	483	—	—	—	—	—
	1/8 Kriegs-Transports-Escadron Nr. 92 . .	—	—	—	—	—	28	49	—	—	—	—
	Summe der Besatzung von Legnago	1⅔	2½	⅙	—	—	2370	90	1633	—	87	—

Rovigo.

Commandant: Oberstlieutenant Baron Salis-Soglio des Géniestabes.

4. Bataillon des Inft.-Regts. Graf Thun Nr. 29	1	—	—	—	—	922	1	806	—	—
4. „ „ „ Erzherzog Albrecht Nr. 44	$3/5$	—	—	—	—	345	—	322	—	—
$1/4$ 1. Escadron Liechtenstein-Huszaren Nr. 13	—	—	$1/4$	—	—	40	36	—	36	—
5. Compagnie des 2. Génie-Rgts.	—	1	—	—	—	155	—	—	—	—
$3/10$ 3. Festungs-Compagnie des 6. Artill.-Rgts.	—	$3/10$	—	—	—	81	—	—	—	—
8. „ „ „ 7. „ „	—	1	—	—	—	281	—	—	—	—
Summe der Besatzung von Rovigo	$1\,3/5$	$2\,3/10$	$1/4$	—	—	1824	37	1128	36	—
Totale der selbständigen Besatzungen	33	$43\,4/9\,5/10$	3	2	—	48.909	1315	29.099	427	16

Local-Truppen-Brigade zu Laibach.

GM. v. John

Depôt-Division des 8. Jäger-Bataillons	—	2	—	—	—	410	—	391	—	—
„ „ „ 26. „ „	—	2	—	—	—	329	—	320	—	—
„ Compagnie des 5. Artillerie-Regiments	—	1	—	—	—	482	—	—	—	—
„ „ „ 7. „ „	—	1	—	—	—	433	—	—	—	—
2. „ „ „ 7. Jäger-Bataillons	—	1	—	—	—	202	—	190	—	—
2. „ „ „ 19. „ „	—	1	—	—	—	202	—	191	—	—
Summe der Brigade	—	8	—	—	—	2008	—	1092	—	—

Local-Truppen-Brigade zu Klagenfurt.

Oberst v. Tóth

5. Bataillon des Inft-Regts. Baron Maroičić Nr. 7	$3/4$	—	—	—	—	468	—	462	—	—
Depôt-Escadrons: Kaiser Franz Josef-Husz.-Rgt. Nr. 1	—	—	1	—	—	304	62	—	62	—
Prinz Carl v. Bayern- „ „ „ 3	—	—	1	—	—	313	105	—	105	—
Prinz v. Württemberg- „ „ „ 11	—	—	1	—	—	488	151	—	151	—
Fürst Liechtenstein- „ „ „ 13	—	—	1	—	—	389	188	—	188	—
König beider Sicilien-Uhl.-Rgt. „ 12	—	—	1	—	—	362	64	—	64	—
Graf Trani- „ „ „ 13	—	—	1	—	—	368	896	—	362	—
Summe der Brigade	$3/4$	—	6	—	—	2692	916	462	882	—

Beilage 2 zu „Österreichs Kämpfe 1866." I. Abschnitt. (2.)

Recapitulation.

Brigade	Truppenkörper	Formiren					Verpflegs-Stand			Streitbarer Stand		
		Bataill.	Comp.	Escd.	Batter.	Drk.-Eq.	Mann	Pferde	Tragthiere	Mann	Pferde	Gesch.
	Operirende Armee im Lombardisch-Venetianischen	76	17⁶/₈	24	21	7	96.468	15.269	—	71.824	3586	168
	Mobile Streifbrigade	7	⅛	1	—	—	7616	498	—	6670	148	8
	Truppen in Tirol	12	22²/₈	1	6	—	17.408	1119	438	18.228	141	32
	Truppen in Istrien und Friaul	19	11	1	3	—	21.854	1205	—	15.783	139	24
	Festungs-Besatzung von Verona und Dependenz	9	15³/₈	1	1	—	12.986	564	—	7533	152	8
„ „ „ Mantua „		7	7	—	—	—	8624	353	—	6357	125	—
„ „ „ Peschiera „		4	⅖	—	1	1	5168	182	—	3470	77	8
„ „ „ Venedig „		10	5³/₁₀	—	—	—	12.987	189	—	8978	—	—
„ „ „ Legnago „		1⁴/₈	2¹/₂	—	1	—	2370	90	—	1683	37	—
„ „ „ Rovigo „		1²/₈	2³/₁₀	—	—	—	1824	37	—	1128	36	—
	Truppen-Brigade GM. v. John zu Laibach	⁷/₈	8	—	—	—	2008	—	—	1092	—	—
	Brigade Oberst v. Tóth zu Klagenfurt	⁵/₈	⁷/₈	—	6	—	2692	916	—	462	882	—
	Totale der Süd-Armee	147	104	36	33	8	190.945	20.322	438	138.158	5273	248

Von der k. k. Kriegs-Marine.
Hafen-Admiralat zu Venedig.

		Besatzung	Pferdeinhalt
	Matrosen-Depôt II, 9., 10., 11. und 13. Compagnie	1344	—
	Marine-Zeugs-Corps, 2., 4. Compagnie	565	—
	Marine-Infanterie, 1. u. 2. „	1008	—
Hafen-Admiral: Contre-Admiral Ritter v. Wissiak	Raddampfer { Gorczkowsky	16	18
	Thurn-Taxis	29	40
	Alnoch	16	40
	Messaggiere	16	18
	Kanonenboote Nr. 1—VI	174	150
	Prahme Vesuvio	52	—
	Obusiera Saetta	35	—
	4 kleinere Positions-Schiffe	106	—
	Summe	3361	266

				Pferde	Gesch.
				2	2
				2	2
				12	—
				10	—
				6	—
				4	—
				36	—

Beilage 2 zu „Österreichs Kämpfe 1866." I. Abschnitt. (2.)

Marine-Stations-Commando zu Pesclera.

	Commandant						Mann				
Stab		—	—	—	—	—	8	—	—	—	—
12. Matrosen-Compagnie		—	—	—	—	—	233	—	—	—	—
3. Marine-Infanterie-Compagnie		1	—	—	—	—	190	—	—	—	—
Vom Marine-Zeugs-Corps		1	—	—	—	—	16	100	—	—	4
Raddampfer { Hess	Corvetten-	—	—	—	—	—	44	50	—	—	2
Franz Josef	Capitän	—	—	—	—	—	34	90	—	—	4
Speiteufel (gepanzert)	v. Monfroni	—	—	—	—	—	61	90	—	—	4
Uskoke		—	—	—	—	—	60	90	—	—	4
Kanonen- { Scharfschütze		—	—	—	—	—	60	90	—	—	4
boote { Wildfang		—	—	—	—	—	59	90	—	—	4
Weape (gepanzert)		—	—	—	—	—	58	90	—	—	4
Raufbold		—	—	—	—	—	60	—	—	—	—
6 Patrullen Toppi		—	—	—	—	—	42	—	—	—	—
Summe		**2**	—	—	—	—	**925**	**690**	—	—	**30**

Marine-Detachement zu Mantua.

	Cmdt. Linien-Schiffs-Fähnr. Schmidt										
Detachement der 12. Matrosen-Compagnie		—	—	—	—	—	48	—	—	—	—
11 kleinere Boote		—	—	—	—	—	—	—	—	—	—
Summe		**10**	—	—	—	—	**48**	—	—	—	—

| Zusammen von der k. k. Kriegs-Marine | | | | | | | 4384 | 956 | | | 66 |

Verluste in der Schlacht von Custoza.

I. Kaiserl. königl. Armee.

V. Armee-Corps.

Truppenkörper	todt Stabs- u. Ober-Of.	todt Mann	todt Pf.	verwundet Stabs- u. Ober-Of.	verwundet Mann	verwundet Pf.	gefangen Stabs- u. Ober-Of.	gefangen Mann	gefangen Pf.	vermisst Stabs- u. Ober-Of.	vermisst Mann	vermisst Pf.	Summe derer Stabs- u. Ober-Of.	Summe derer Mann	Summe derer Pf.
Brigade GM. Br. Piret	14	109	2	21	383	—	—	2	—	1	105	—	36	599	2
„ Oberst Bauer	5	96	—	14	366	2	—	4	—	—	132	—	19	598	2
„ GM. Möring	—	7	1	2	51	—	—	—	—	—	18	—	2	76	1
Corpsgeschütz-Reserve	—	—	—	—	—	1	—	—	—	—	—	—	—	4	—
4. und 6. Escdr. Sicilien-Uhlanen Nr. 13.	2	9	11	—	8	5	—	—	—	1	75	72	3	92	88
Summe	21	221	15	37	812	8	—	6	—	2	330	72	60	1369	95

VII. Armee-Corps.

Truppenkörper	Stabs- u. Ober-Of.	Mann	Pf.	Stabs- u. Ober-Of.	Mann	Pf.	Stabs- u. Ober-Of.	Mann	Pf.	Stabs- u. Ober-Of.	Mann	Pf.	Stabs- u. Ober-Of.	Mann	Pf.
Corps-Commando	—	—	1	—	—	—	—	—	—	—	—	—	—	—	1
Brigade GM. Br. Scudier . . .	4	133	2	22	386	4	—	—	—	1	317	—	27	836	6
„ Oberst von Töply . .	3	67	1	7	170	4	—	4	—	—	154	—	10	395	5
„ Oberst Graf Welsersheimb .	6	75	4	26	327	1	—	—	—	—	110	35	32	512	40
Corpsgeschütz-Reserve	—	—	—	—	2	1	—	—	—	—	—	—	—	2	1
Summe	13	275	8	55	885	10	—	4	—	1	581	35	69	1745	53

IX. Armee-Corps.

Truppenkörper	Stabs- u. Ober-Of.	Mann	Pf.	Stabs- u. Ober-Of.	Mann	Pf.	Stabs- u. Ober-Of.	Mann	Pf.	Stabs- u. Ober-Of.	Mann	Pf.	Stabs- u. Ober-Of.	Mann	Pf.
Corps-Commando	—	—	—	1	—	—	—	—	—	—	—	—	1	—	1
Brigade GM. Carl v. Kirchsberg .	1	37	—	12	192	1	—	4	—	—	134	—	13	367	1
„ GM. Ritter v. Weckbecker	11	174	2	31	592	1	—	—	1	1	378	1	42	1144	4
„ Oberst Frh. von Böck .	7	123	—	26	365	2	—	—	—	1	268	1	36	761	3
Corpsgeschütz-Reserve	—	1	3	—	5	3	1	10	—	2	—	—	—	6	6
Summe	19	335	5	70	1154	7	1	14	1	2	775	2	92	2278	14

Beilage 1 zu „Österreichs Kämpfe 1866." II. Abschnitt. (3.)

Infanterie-Reserve-Division.

Brigade Oberst Prinz von Weimar	5	11	99	—	23	245	1	—	2	78	—	7	493	—	37	915	2
„ GM. Br. Benko			119	9	21	575	1	—	—	—	—	—	241	8	32	935	18
Summe	16		218	10	44	820	2	—	2	78	—	7	734	8	69	1850	20
Ausfalltruppe von Peschiera	—		3	—	4	14	—	—	—	6	—	1	18	1	5	41	1

Cavallerie-Reserve.

Brigade Oberst Bujanovics	—		2	27	7	21	16	—	1	—	—	1	67	8	90	182	95
„ Pulz	2		45	28	6	55	25	—	1	8	1	2	161	11	269	355	58
Summe	2		47	55	13	76	41	—	1	8	1	3	228	19	359	487	14

Recapitulation.

5. Armee-Corps	21		221	15	37	812	8	—	—	6	—	2	330	60	72	1369	95
7. „	13		275	8	55	885	10	—	—	4	—	1	581	35	69	1745	58
9. „	19		335	5	70	1154	7	—	1	14	—	2	775	2	92	2278	14
Reserve-Infanterie-Division	16		218	10	44	820	2	—	2	78	—	7	734	8	69	1850	20
Cavallerie-Reserve	2		47	55	13	76	41	—	1	8	1	8	228	69	390	359	487
Ausfalltruppe von Peschiera	—		3	—	4	14	—	—	—	6	—	1	18	1	5	41	1
Zusammen	71		1099	93	223	3761	68	—	4	116	1	16	2666	508	314	7642	670

II. Italienische Armee [1]).

Truppenkörper	Officiere					Mannschaft			
	todt	verwundet	gefangen verwundet	gefangen gesund	vermisst	todt	verwundet	gefangen	vermisst
1. Division	12	26	10	26	6	53	352	6	972
2. „	6	9	1	—	—	22	148	—	129
3. „	14	83	20	17	2	124	513	—	918
5. „	9	32	12	2	—	120	530	1	802
Reserve des Armee-Corps	6	10	1	—	—	50	222	—	50
II. Armee-Corps (vom 18., 59., 60. und 67. Rgt.)	—	—	—	1	—	—	2	—	9
7. Division	4	8	7	2	2	4	10	2	206
8. „	9	40	6	—	—	45	239	24	708
9. „	—	1	3	—	—	220	831	5	289
16. „	1	5	4	—	—	3	43	—	106
Cavallerie des Armee-Corps	—	—	—	2	—	4	12	—	12
Reserve-Cavallerie-Division	1	1	—	—	—	1	13	1	37
Summe	61	165	61	50	10	651	2915	39	4238
			347				7838		
						8185			

Anmerkung. [1]) Diese Tabelle ist dem officiellen italienischen Berichte über die Schlacht entnommen. Die Vermissten, mit geringen Ausnahmen, wurden gefangen.

www.ingramcontent.com/pod-product-compliance
Lightning Source LLC
Chambersburg PA
CBHW021354300426
44114CB00012B/1232